凤凰师轩
FENGHUANG SHIXUAN

行知工程
Education
校本研修系列

校本研修资源的开发与利用

陈朝林 编著

江蘇鳳凰教育出版社
Phoenix Education Publishing, Ltd

图书在版编目（CIP）数据

校本研修资源的开发与利用/陈朝林编著．—南京：江苏凤凰教育出版社，2015.12

ISBN 978-7-5499-4089-9

Ⅰ.①校…　Ⅱ.①陈…　Ⅲ.①中小学—教学研究　Ⅳ.①G632.0

中国版本图书馆CIP数据核字（2014）第110351号

书　　名	校本研修资源的开发与利用
作　　者	陈朝林
责任编辑	雷利军　祁篆萍
出版发行	凤凰出版传媒股份有限公司 江苏凤凰教育出版社（南京市湖南路1号A楼　邮编210009）
苏教网址	http：//www.1088.com.cn
照　　排	润星之源文化有限公司
印　　刷	三河市九洲财鑫印刷有限公司
厂　　址	河北省三河市灵山大口
开　　本	787毫米×1092毫米　1/16
印　　张	18.25
字　　数	299千字
版　　次	2015年12月第1版　2015年12月第1次印刷
书　　号	ISBN 978-7-5499-4089-9
定　　价	30.00元
网店地址	http：//jsfhjycbs.tmall.com
邮购电话	025-85406265，85400774　短信　02585420909
E - mail	jsep@vip.163.com
盗版举报	025-83658579

总　　序

推进校本研修，构建教师专业成长的新常态

陕西省教育科学研究所　杨雪峰

习近平同志指出："一个人遇到好老师是人生的幸运，一个学校拥有好老师是学校的光荣，一个民族源源不断涌现出一批又一批好老师则是民族的希望。"国家繁荣、民族振兴、教育发展，需要我们大力培养造就一支师德高尚、业务精湛、结构合理、充满活力的高素质专业化教师队伍。国之大计，教育为本；教育大计，教师为本。全面推进校本研修不仅是教师专业成长的必由之路，而且对教育的可持续发展有着深远的意义，是一项具有基础性、全局性、长期性的战略举措。

学校教育教学质量不断提升的基础是教师专业能力、教学水平的不断提升，是教师的专业成长。教师专业成长最为有效的途径是对日常教育教学实践的不断反思、对存在的问题的不断解决、对实践行为的持续改进、对教育教学规律的不懈学习和探究。教师的专业成长需要脱产的学习培训，但更为重要的是基于工作、基于学校、基于实践的校本研修。这是教师的职业特点所决定的，是教师专业成长的基本规律。

推进教育公平，促进教育均衡发展，提高教育的整体水平，关键在于不断提高教师队伍的整体素质，促进教师的全员发展。而教师的全员发展只能依靠校本研修，这不仅是教师成长的规律所决定的，也是基于培训经费不足和工学矛盾日益突出的现实的必然选择。实施"骨干带动，全员提升"战略，骨干队伍的培养和形成必须依赖于教师队伍的全面成长，而教师队伍的全面成长又离不开优秀骨干教师的带动和引领，二者相互促进，缺一不可。校本研修是骨干带动和全员提升的有机统一，因此，全面推进校本研修是落实"骨干带动，全员提升"战略的不二选择。

校本研修的核心要素是实践反思、同伴互助、专业引领，它不仅强调个人基于实践的学习和研究，更提倡同事之间的相互帮助、相互支持。它是建立在自主自强、互信互爱、终生学习的基础之上的，有利于建立和谐融洽的同事关系，有利于形成学习研究、交流互助、共同成长的职业生态。教师职业同其他职业一样，都避免不了职业倦怠的问题。克服教师职业倦怠，关键是教师的自我完善，不断提高专业水平，突破高原平台。校本研修是解决教师职业倦怠的有效途径，是使教师从平庸走向卓越，实现职业理想和自我价值，提高职业幸福感的桥梁。

课程改革的焦点在课堂，保证课堂教学改革成功的关键是教师。校本研修是基于教育教学实践的反思和研究，教师在解决问题、改进教学中不断得到提高和发展。因此，校本研修的过程就是教师不断改进教育教学的过程，与课程改革的目标是一致的。而且，随着专业水平和教学能力的提高，教师课程改革的能力也将不断提高。因此，校本研修为不断深入推进课程改革奠定了坚实的基础。

内涵发展是质量的提升，是精细化、特色化的发展，是源于内部变革力量推动的发展。教师是学校的主体，只有当教师在教育教学实践中不断成长的时候，学校的办学理念才有可能得到落实，学校的办学特色才有可能成为现实。校本研修的目的是促进教师的专业成长，是通过激发教师主动发展、自主发展意识，形成学习、反思、研究、交流的浓厚氛围和运行机制，从而催生学校的制度变革和文化变革，推动学校的内涵发展。

着力推进校本研修，促使校本研修常态化、制度化、规范化、特色化、个性化发展，引导教师由“经验型”向“学术型”“研究型”转变，使校本研修真正成为教师专业成长的“助推器”和“加速器”。陕西省中小学校本研修项目执行办公室组织专家编写了这套校本研修指导用书，目的在于帮助学校与广大中小学教师科学化、规范化、高效化地进行校本研修，并使校本研修面向全员、整体推进，区域协作、资源共享，以校为本、突出特色，聚焦课堂、注重实效，实现中小学校本研修全覆盖，培育良好的教师专业成长的生态环境，加强教师队伍建设，提升教师素质，努力造就一支师德高尚、业务精湛、结构合理、充满活力的高素质专业化教师队伍。

前 言

书写《校本研修资源的开发与利用》这本书，完全是出于工作的需要。

陕西省教育厅为了提高教师专业水平，加强教师队伍建设，特别重视校本研修工作。自《陕西省教育厅关于全面推进中小学教师校本研修的意见》和《陕西省中小学教师校本研修工作实施方案》两个文件下发后，省教育厅曾多次组织校本研修“引领者”培训和“校本研修现场推进会”。在省“校本研修项目办公室”的领导下，全省校本研修工作已进入全面阶段。

我身处基层教研室，分管全区校本研修工作，需要经常到学校与领导和教师就校本研修工作进行深入交流。通过交流我了解到，一些学校领导对校本研修工作的重要性和必要性有了较为深刻的认识，但是对校本研修工作的具体实施还存在疑惑。比如，校本研修工作如何开展？利用什么方式来开展？在开展校本研修工作中需要什么样的资源？我认为要解决这些具体的问题，需要一本既有科学理论依据，又有实践操作过程的书籍来指导他们。

也许是机缘巧合，我作为首批全省校本研修“引领者”高级研修班的一员，有幸聆听了一些教育大家的报告。陕西省教科所杨雪峰副所长、同军威主任和西安小学吴积军校长的报告使我对校本研修工作有了较为深刻的认识。吴积军校长在报告里形象地把校本研修工作比作磨刀。如果说校本研修工作是磨刀的话，那么校本研修资源就是一块磨刀石。受此启发，我萌生了选择“校本研修资源的开发与利用”作为研究方向的念头。

结合自己对教育资源开发的认识，我开始着手构思本书的框架结构。在2013年9月11日教科所召开的筹备会上，杨副所长、同主任、吴校长及出版社的专家对本书的思路体系提出了很好的修改意见。我根据他们的建议，对原书稿进行了体系结构的调整，并适当增加了相关的案例。

我根据校本研修工作的实际情况，围绕具体工作中遇到的一系列问题，按照“资源是什么”“为什么是这些资源”和“怎么利用这些资源”的思路，把全书分为六个章节。同时，我还选用了如张绪凤、邱俊、陈鹏、李爱侠、陈政、邓玉琼、陈守军、吕娟娟、朱雪梅等省级教学能手和骨干教师提供的案例，可以让读者更深刻地理解校本研修工作对教育教学和教师专业成长产生的重要作用。另外还有一些特岗教师的案例，如王晶珏和胡镕等教师的案例，能让广大教师认识到校本研修工作就是教育生活的一部分。

此书的服务对象主要是校本研修管理者和一线的广大教师。我希望广大读者能够通过这本书了解校本研修工作，能够知道校本研修的资源是什么，以及如何开发和利用。

在本书中，我参考并引用了部分教育教学和校本研修专著、教育教学报刊以及多家网站中的相关资料。对于这些，我已尽量在书中注明并将主要参考文献列出。在此我向涉及的相关资料的作者表示诚挚的谢意！

在撰写和修改书稿的过程中，我得到了省教科所杨雪峰副所长、同军成主任和吴积军校长等领导的倾心支持，同时还得到了汉滨区教研室朱寿安主任及其他同人的大力支持。他们对本书的体系和内容提出了自己独到的见解和宝贵的意见，李娜还在定稿过程中做了细致的工作，在此，我向他们表示真诚的感谢。

由于本人专业水平和能力有限，书中肯定还存在许多不足和疏漏之处。我诚请各位读者朋友不吝赐教，共同交流探讨。希望通过我们的共同努力，使校本研修工作在我们的教育教学和专业成长中发挥更大的作用。

目　　录

第一章

校本研修资源开发的概况

校本研修资源指的是在校本研修过程中，支持学校及教师进行实践反思、同伴互助和专业引领等校本研修活动的所有教育教学资源。而校本研修资源开发是指学校采取一定的措施，对本校的教育教学资源进行发掘、整合、优化，或者对校外的教育教学资源进行选择、借鉴，使之转化为校本研修的有效资源的过程。校本研修的基本途径有实践反思、同伴互助和专业引领。

第一节 了解校本研修资源

一、校本研修资源的含义

资源是一切可被人类开发和利用的物质、能量和信息的总称。校本研修资源指的是在校本研修过程中，支持学校及教师进行实践反思、同伴互助和专业引领等校本研修活动的所有教育教学资源，即一切可以被学校及教师开发和利用的物质、能量和信息，包括教师在校本研修中人力、物质条件、制度保障等校本研修所需的各种硬件、软件资源。

案例 1—1

茨沟镇位于安康市汉滨区北部最边远的山区。由于镇上的学校大部分规模较小，教师人数也较少，在进行校本研修过程中，部分教学点的教师缺少同伴互助和专业引领，所以学校的教学质量也不高。针对这种情况，中心校决定借助“教学点数字教育资源全覆盖项目”，以构家坝小学的项目资源为依托，充分利用项目中的优质课例及教育资源，定期组织交流研讨活动，对全镇教师进行专业引领，促使教师开展校本研修工作，最终达到促进教师共同成长、提高教学质量的目标。

案例 1—2

安康市汉滨高中是一所省级标准化高中，一直重视教师能力的提升。为了发挥学校内部正高级教师、特级教师和省级教学能手的积极带头作用，学校实施“青蓝工程”，提出了“1369”目标，即新教师一年上路，三年出师，六年成骨干，九年成名师。同时，学校经常邀请全国知名教师或专业教研人员到学校开展专题讲座，希望可以提高教师的校本研修能力。经过几年的不懈努力，学校的教师骨干群体已基本形成，在中青年教师中，有全国优秀教师 2 人，省级劳模 1 人，国家级教学骨干 3 人，陕西省首批正高级教师 1 人，陕西省特级教师 2 人，省级教学能手和骨干教师 20 余人，市级教学能手和骨干教师40余人。在这些教师的带动下，学校的教育教学质量不断提高，被评为“陕西省校本教研先进学校”。

以上两个案例中，案例1－1主要是根据区域实际情况，利用现代教育资源进行校本研修；案例1－2则是在本校骨干教师群体引领下，调动全体教师积极参与校本研修。

二、校本研修资源的类别及校本研修的基本途径

资源可分为人力资源和非人力资源。同样，校本研修资源也可分为人力资源和非人力资源。校本研修人力资源指校本研修过程中所需要的所有关于人的资源，如校长、专家、教师、学生等；校本研修非人力资源指各种物质条件、制度、文化等，如传统的图书馆、会议室、各项校本研修管理制度、教育教学案例、经验、基于网络环境下的网上资源和网上交流平台等。

校本研修的基本途径有三个，分别是实践反思、同伴互助和专业引领。校本研修资源的具体类别与校本研修的三个基本途径之间的关联作用，可以用下表表示。

校本研修资源的具体类别与校本研修的基本途径关联作用表

资源类别 \ 关联作用 \ 途径		实践反思	同伴互助	专业引领
人力资源	教师	√	√	√
	校长		√	√
	学生	√	√	
	教研员		√	√
	专家			√

续表

关联作用/途径/资源类别			实践反思	同伴互助	专业引领
非人力资源	硬件资源	会议室（集体备课室）		√	√
		图书音像资料	√		√
		摄像机（照相机）	√	√	
		多媒体、电脑	√	√	√
		电子阅览室、网络	√	√	√
		专题网站	√	√	√
	软件资源	课例、案例	√	√	√
		教学设计	√	√	
		导学案（学案）	√	√	
		校本研修制度	√	√	√
		校本研修模式	√	√	√
		校本研修课题	√	√	√
		校本研修文化氛围	√	√	√
		名校的成功经验	√	√	√
		先进的教学模式	√	√	√
		试卷、作业	√	√	

第二节　校本研修资源开发的含义与分类

校本研修资源开发是指学校采取一定的措施，对本校的教育教学资源进行发掘、整合、优化，或者对校外的教育教学资源进行选择、借鉴，使之转化为校本研修的有效资源的过程。校本研修资源开发分为两类，即校本研修人力资源开发和校本研修非人力资源开发。

一、校本研修人力资源开发

（一）校本研修人力资源开发的含义

校本研修人力资源开发的出发点和落脚点都是为了教师的专业成长。校本研修人力资源在校本研修中起着关键作用，人力资源作用发挥得好，校本研修就会起到事半功倍的效果。

校本研修人力资源开发就是学校在现有的师资基础上，依据学校发展目标，运用科学的方法，对教师进行适当的培训、调配与管理，对教师的思想观念和教育教学方法进行恰当的引导和协调，充分发挥教师的主观能动性，使每位教师人尽其才，各尽其用，实现学校的总体发展目标。

（二）校本研修人力资源开发的目标与任务

人力资源的开发是校本研修资源开发的重中之重。对于学校来说，提高校本研修人力资源开发的水平，不仅是提高学校教学质量的需要，也是学校可持续发展的重要保证。因此，我们确定校本研修人力资源开发的总目标是“基于教师、为了教师、发展教师”。具体来讲，校本研修人力资源开发应达到提高教师参与校本研修的主观能动性，提高教师校本研修的能力和水平的目标，促使教师转变教育教学思想，提升教育教学能力，改变教育教学行为，促进教师专业成长。

1. 提高教师参与校本研修的主观能动性

研究证明，如果能够充分调动职工的积极性和创造性，相比只为职业而工作的人来说，职工的潜力可提高60%以上。因此，提高教师参与校本研修的主观能动性是校本研修人力资源开发的首要目标和任务。

教师是一个特殊的职业，在年复一年、日复一日的工作中，教师极易产生职业倦怠。通过校本研修人力资源的开发，学校可以建立完善的激励机制，形成相互信任的、和谐的用人氛围。这样的氛围有助于教师形成正确的人生观、价值观，形成对教育教学正确的态度和认识，克服职业倦怠。

2. 提高教师校本研修的能力和水平

在课堂教学中，我们提倡以生为本，即以学生的发展为根本。对于学校，我们则应提倡以师为本，即以教师的发展为根本。教师发展的一个关键因素就是教师的专业素养和业务水平，而开发校本研修人力资源的目的就是为了提高教师校本研修的能力和水平。

案例 1—3

民主学校是位于安康市汉滨区五里镇的一所农村学校。学校根据本校教师的年龄和学历层次，积极开展了以高效课堂构建为中心的校本研修活动，通过重点培养和全员参与的方式，调动了全体教师进行校本研修的积极性。这一活动给年轻教师搭建了一个学习成长的舞台，给优秀的年长教师提供了一个展示才华的机会，培养了一批优秀的省、市级教学能手。随后，在这些骨干教师的带动下，学校初步形成了校本研修的良好氛围，教师的教育教学水平也得到了提高，学校还多次荣获“陕西省校本教研先进学校”“陕西省科研兴校明星学校”等名誉称号。

二、校本研修非人力资源开发

（一）校本研修非人力资源开发的含义

校本研修资源开发的重点是非人力资源的开发，这些资源既是校本研修的条件，也是校本研修人力资源有效开发的前提和保障。校本研修非人力资源开发就是由学校和教师共同努力，创造校本研修的软、硬件环境，开发一批供全体教师在校本研修活动中所需要的各种物质条件、软件环境、制度保障等资源，并将这些资源有效地应用到校本研修过程中。校本研修非人力资源的特点是涵盖面广，涉及硬件、软件和环境等方面。

（二）校本研修非人力资源开发的目标和任务

在校本研修中，非人力资源是校本研修的外在保障条件，也是校本研修的问题起源，更是校本研修过程中的成果。校本研修非人力资源开发的主要目标和任务是建立一套完整的校本研修机制，开发供学校和教师在校本研修中使用的学习研究资源，提供教师专业成长的平台，形成具有学校特色的校本研修文化。

案例 1—4

安康市汉滨初中是陕西省示范初中，为了推进课堂教学改革，学校在借鉴洋思中学“先学后教，当堂训练”和杜郎口中学“三三六”等名校先进教学模式的基础上，结合本校实际情况，探索出“预、展、评、测”的教学模式。在此基础上，学校各教研组又结合本学科的学科特点进行优化，在实践中进行反馈研究，不断校正，现已取得初步成效。

案例 1—5

大竹园初中是安康市汉滨区南部一所边远的山区学校。在学习了宜川中学“三环节导学式”的自主教学模式的基础上，结合本校实际情况，学校开始探索课堂教学改革。为了保障课堂教学改革的顺利进行，学校通过理念培训、学习考察等活动，提高教师在教学思想上的认识；通过召开教职工代表大会，制订了一系列的课堂教学改革制度，让所有教师统一思想认识，积极参与以构建高效课堂为中心的校本研修活动。经过近三年的实践，学校探索并形成了“三步十环导学案式”教学法，该成果获得陕西省中小学课堂教学改革优秀案例成果一等奖。同时，在基于构建高效课堂模式的校本研修活动中，学校还培养出了山区教师中首个省级教学能手。

第二章

校本研修人力资源开发的途径和方式

校本研修人力资源开发的对象是人，所以应依据有关人性的理论来开发。为了达到提高教师参与校本研修的主动性和提高校本研修能力的目标，在校本研修人力资源开发过程中，必须结合人性理论，遵循取长补短的原则、以人为本的原则、依据学校和教师实际的原则，通过培训、自主学习、整合调配、建立行动学习合作小组、建立校本研修名师培养基地等途径进行。

校本研修人力资源开发是校本研修的出发点和落脚点。人力资源的开发要依据一定的科学原理，利用科学的方法来开发，只有这样才能达到事半功倍的效果，否则就会费时费力，增加学校的开发成本和教师的工作量。

第一节　校本研修人力资源开发的理论依据和原则

校本研修人力资源开发的过程就是把教师的教学经验、教学技能、教学智慧以及教师工作的创造性、积极性当作资源加以发掘、培养、发展和利用的过程，这是一个系统工程。校本研修人力资源开发的对象是教师，为了使校本研修人力资源的开发更具针对性，在校本研修人力资源开发过程中，我们需要从人的本质特点来认识教师这个群体。因此，校本研修人力资源开发应依据人性的本质原则来合理开发。

一、校本研修人力资源开发的理论依据

校本研修人力资源开发的对象是人，应该依据有关人性的理论来开发。清华大学的张德教授在《人力资源开发与管理》一书中对人性进行了细致描述，阐述了人性假设理论、人的需要层次理论和马克思关于人的理论，这些理论都为校本研修人力资源开发提供了重要的理论依据。

（一）人性假设理论

人性假设理论是从人的动机来分析人性的基础理论。动机是推动人从事

某种行为的念头。美国行为科学家埃得加·沙因认为，人有着复杂的动机，人的工作动机包括生理的、心理的、社会的、经济的等各个方面，再加上不同的情境和时间因素而形成。复杂人性假设理论的要点有五个。

(1) 人的工作动机不但是复杂的，而且变动性很大。每个人都有许多不同的需求，人的动机结构不仅因人而异，而且同一个人也因时而异、因地而异。各种动机之间交互作用而形成复杂的动机模式。

(2) 一个人在组织中可以形成新的需求和动机。因此一个人在组织中表现的动机模式是他原来的动机与组织经验交互作用的结果。

(3) 人在不同的组织和不同的团体中可能表现出不同的动机模式。在正式组织中与别人不能和谐相处的人，在非正式组织中可能是合群的，从而满足其社会需要。在某些复杂的组织中，各个部门可以利用不同的动机来达到其目标。

(4) 一个人是否感到心满意足，是否愿意为组织尽力，取决于他本身的动机结构与他同组织之间的相互关系是否和谐一致。工作的性质、本人的工作能力和技术水平、动机的强弱、人际关系的好坏，都可能对一个人产生影响。

(5) 人可以按照自己的动机、能力及工作性质对不同的管理方式做出不同的反应，因此，没有一种适合于任何时代、任何人的管理方式。

从这些理论可以看出，在校本研修人力资源开发过程中，学校应根据教师职业的特殊性，通过合理的方式，充分调动教师参与校本研修的积极性和主动性，使教师对校本研修这一活动在态度上变被动为主动，在行为上变强制为自觉。

(二) 马斯洛的需要层次理论

最能反映人的本质的是人的需要，人的需要决定着人的动机。关于人的需要的理论最著名的是美国心理学家马斯洛提出的需要层次理论。

马斯洛把人的基本需要划分为五个层次。

(1) 生理需要。是级别最低、最具优势的需要，主要指衣、食、住、行、性等维持生存的基本需要。如食物、水、空气、性欲、健康。

(2) 安全需要。属于低级别的需要，其中包括对人身安全、生活稳定以及免遭痛苦、威胁或疾病等的需要。

（3）社交需要。属于较高层次的需要，指人与人交往的需要，归属一个团体的需要，对友谊、爱情以及隶属关系的需要。

（4）尊重需要。属于较高层次的需要，指人们自尊的需要，受别人尊重的需要，包括上级的赏识、表扬及成就、名声、地位和晋升机会等。尊重需要既包括对成就或自我价值的个人感觉，也包括他人对自己的认可与尊重。

（5）自我实现需要。是最高层次的需要，也叫成就需要，是人们充分发挥个人的聪明才智，取得成就，实现个人价值的需要。

马斯洛认为，人的需要层次按生理需要－安全需要－社交需要－尊重需要－自我实现需要逐步提高，其中生理需要和安全需要属于较低层次的、物质方面的需要；社交需要、尊重需要和自我实现的需要属于较高层次的、精神方面的需要。人的需要遵循递进规律，即在较低层次的需要满足之后，才会产生较高层次的需要，也就是说，在较低层次的需要得到满足之前，较高层次的需要的强度不会很大，更不会成为主导的需要。人们通常是五种需要同时存在的，只是各自需要的强度不同。马斯洛认为，需要产生动机，动机导致行为。在若干个需要中，总有一个最强烈的需要起主导作用，叫作主导需要；在若干个动机中，总有一个强度最大的动机，叫作优势动机。主导需要产生的优势动机是人们行为的直接原因。

在学校的校本研修资源开发工作中，我们应充分做好调查研究，了解并掌握教师的需要，开发教师的优势动机。

（三）马克思关于人的理论

马克思认为人有三大属性，即人的自然属性、社会属性和思维属性。人的自然属性也叫人的动物性，主要表现在人的生存需要——衣、食、住、行、性；人的社会属性表现在人是群居动物，必须在社会中生存，除了生存需要外，人还存在着许多需要——安全需要、社交需要、自尊需要、自我实现需要，这些需要来自社会，也只能通过社会得到满足；人的思维属性是指人能够独立思考事情，有自己的思想，这是人与动物的最大区别。人的行为受其观念的影响很大，理想、信念、价值观、道德观对人力资源开发管理来说都是十分重要的因素。

根据这个理论，结合教师的文人情结，学校在进行校本研修时，应创造条件，让教师的各种需要得到满足，体现教师的社会属性和思维属性，进而改变其教育教学行为。

二、校本研修人力资源开发的原则

为了达到提高教师参与校本研修的主动性和提高校本研修能力的目标，在校本研修人力资源开发过程中，我们必须结合人性理论，遵循一定的原则。这些原则应根据“从学校中来，到学校中去”的宗旨，体现“基于学校，在学校中，为了学校”的要求，结合学校实际和需求，达到“够用、实用、会用”的目标。

具体来说，校本研修人力资源开发的原则包括取长补短的原则，以人为本的原则，依据学校和教师实际的原则。

（一）取长补短、扬长避短的原则

俗话说：“金无足赤，人无完人。”每个人都不可能是完美的，都有自己的长处和短处，教师在文化素养、道德修养、专业技能等方面也有差异。因此，在校本研修人力资源开发过程中，我们应遵循“互补增值原理”，采用一定的方式使教师之间形成互相学习、取长补短的风气。

互补增值原理

工作往往是由群体承担的，作为群体，完全可以通过个体间取长补短而形成整体优势，达到组织目标，这就是互补增值原理。

增值的客观标准是1＋1＞2。如果1＋1＝2，则说明没有增值；若1＋1＜2，则不仅没有实现互补增值，而且发生了内耗减值。

互补的内容主要包括几个方面。

① 知识互补。一个集体中，若个体在知识领域、知识的深度和广度上实现互补，那么整个集体的知识结构就比较全面、比较合理。

② 能力互补。一个集体中，若个体在能力类型、能力大小方面实现互补，那么整个集体的能力就比较全面，在各种能力上都可以形成优势，这种集体的能力就比较合理。

③ 性格互补。一个集体中，若每个个体各具不同的性格特点，而且具有互补性。比如，有人内向，有人外向；有人沉稳，有人急躁；有人激烈，

有人温和；有人直爽，有人含蓄；有人热情，有人冷静……那么，作为一个整体而言，这个集体就易于形成良好的人际关系，形成能胜任各类工作的良好性格结构。

④ 年龄互补。人员的年龄不仅与人的体力、智力有关，也与人的经验和心理有关。一个集体，根据其承担任务的性质和要求，都有一个合适的人员年龄结构，既可以在体力、智力、经验、心理上互补，又可以顺利地实现人力资源和新陈代谢，焕发出持久的活力。

⑤ 关系互补。每个人都有自己特殊的社会关系，包括亲戚、朋友、同学、同乡，以及师傅、徒弟、师兄、老上级、老部下、老同事，等等。如果在一个集体中，各人的社会关系重合不多，具有较强的互补性，那么从整体上看，就易于形成集体的社会关系优势。

（来源于张德主编的《人力资源开发与管理》）

同时，每个学校或区域都有一些优秀教师，这些教师具有自己独特的个性、风格，也必然存在着一些别人不能容忍的不足，在人力资源开发过程中，应扬长避短，用其长处，发挥其优势。所谓“用人之长，则天下无不可用之人；用人之短，则天下无可用之人”。

（二）以人为本的原则

人是一种特殊的资源，也是学校最宝贵的资源。每个人都有自己独特的思想和复杂的感情，尤其是在学校内，教师作为具有高学历的特殊群体，他们具有更丰富而复杂的思想感情，并且对他们的行为具有直接的影响。因此，我们进行校本研修人力资源开发时必须遵循以人为本的原则。

以人为本主要体现在三个方面：一是对教师的尊重，尊重教师的个人人格，尊重教师的学习自主权，尊重教师的劳动成果；二是要满足教师专业成长的需要；三是提供展示自我的平台。

（三）依据学校和教师实际的原则

每一所学校都有自己独特的地理、人文环境和办学特色。校本研修人力资源开发应依据学校的实际情况，结合教师的年龄结构、学历结构、知识结构，通过合理有效的方式来开发教师的潜力，提高教师的教育教学能力。

案例 2—1

安康市某校有一位C老师，因其语言表达能力所限，在课堂教学中被许多学生不认可。但C老师在高中奥数辅导方面特别擅长，他辅导的学生屡获全国奥数比赛一、二等奖，其中有位学生还被清华大学破格录取。C老师在高中奥数辅导方面的特长吸引了西安某知名学校，把他作为人才引进，结合C老师的特点，学校让其专门从事奥数辅导研究工作，并带动一批教师，培养了一批有特长的学生。

案例中的C老师是一个优点和缺点同样突出的教师，但学校根据其特点，用其长处，发挥其优势，既给C老师提供了展现才华的平台，也促进了本校教师的整体发展。

第二节　校本研修人力资源开发的途径与方式

校本研修强调“以校为本”，校本研修人力资源的开发也必须体现“基于学校，在学校中，为了学校”的宗旨。我们在了解了校本研修人力资源开发的依据和原则后，就应该根据这些理论和原则，寻找有效的校本研修人力资源开发的途径。与人力资源开发一样，校本研修人力资源开发的常用途径有培训、自主学习、整合调配、建立行动学习合作小组和建立校本研修名师培养基地等几种。

一、培训

培训是一种常见的、效率高、见效快的人力资源开发方式，也是提高教师业务能力和职业道德素养最直接的方式。培训的目的是帮助教师建立共同愿景，提高教师对校本研修的思想认识和参与校本研修的能力，解决校本研修中的共性问题。下面将从培训的原则、培训的内容和培训的方式三个方面来分析。

（一）培训应遵循的原则

由于每所学校都有各自的特点，所以培训也应结合本校实际情况进行。但不管培训以什么方式进行，都要遵循学以致用、全员参与、统筹兼顾的原则。

1. 学以致用的原则

对教师的培训应从本校教师的工作需要出发，有明确的针对性，与教师的学科、年龄、能力、知识相结合，防止培训内容与教师的教学实际“两张皮”，理论与实践相脱节。

2. 全员参与的原则

学校要对全体教师有计划、按步骤地进行培训，提高全体教师参与校本研修的能力和水平。

3. 统筹兼顾的原则

统筹兼顾，一是在培训的内容上，学校要兼顾教师的学科知识、技能和相关的理念、方法的培训，同时还应加强教师的理想、信念、价值观、世界观和道德观的培训，使教师的思想和专业素养与学校的文化和发展相适应；二是在培训的人员上，学校要兼顾全体教师的基础培训和骨干教师的提高培训；三是在培训方式上，学校要兼顾多种培训方式。

（二）培训的内容

培训是为了提高教师的专业素养和教育教学水平，因此，在培训内容的选择上，学校要根据教育教学实践中的问题，选择那些能提高教师理论水平、改进教师教育教学方式的内容。具体内容包括教育教学基本知识和技能、教学管理理念及实践、班主任工作、校本研修的理论、校本研修的方式与途径、学科课程标准、教材教法、现代信息技术与课堂教学的深度融合、课堂有效性以及学校文化建设等教师职业所需要的一切知识技能和职业道德方面的内容。

（三）培训的方式

一般来讲，培训的方式有集中辅导式讲座、导师跟进式培训、教练技术式培训、主题研讨式培训、影像资源式培训和任务驱动式培训等。学校要根据培训的原则和内容，结合学校实际，选择科学有效的培训方式。

1. 集中辅导式讲座

集中辅导式讲座是学校校本研修培训最常用的培训方法，主要是为了提升教师的思想认识和对教育教学的深层理解。这种培训方式的优点是易于组织、便于操作、参与面广。学校可以根据教师的实际需求，选择具有共性的问题请专家、骨干教师进行专题讲座。

案例 2—2

某校结合本校开展的构建高效课堂活动的实际，确定以“高效课堂的理论与实践”“先进教学模式”等内容为集中培训专题，先后邀请专家、名校校长来学校做主题报告，同时要求教师根据专家的讲座进行分组研讨，写出参加培训研讨的心得体会。

同时，学校在组织培训时，应对参加培训的教师有明确的要求。参加培训的教师要及时记录培训的收获和感受，以专家的讲座为引导，把专家的思想内化为自己的认识，这样才能发挥专家引领的作用，提高教师自身的专业素养。

案例 2—3

我在上海参加校本研修高级研修班时，坚持每天把当日的培训过程及收获进行记录，以下是两则感悟片段。

片段一

精华在文章之外

4 月 20 日晚，我们拖着疲惫的身体，听陆伯鸿老师的讲座，他的即兴发言深深地吸引了我。一张铁嘴，让我领略了什么是厚积薄发，什么是旁征博引。在报告中，他一直在学员中间走动，时而寓言巧喻，时而举例实证。在这里附录几则。

1. 鸟笼效应与课程改革

陆老师说，中国的课程改革就像鸟笼，不管你需要不需要。不是你养不养的问题，而是活不活的问题，教师只能是适应。

2. 海鸟与树枝

用海鸟靠一根树枝飞越太平洋的故事，说明教师应有一根树枝，并具有使用树枝的勇气和能力。

3. 猴子和食物

美国学者的六只猴子实验说明了合作是怎样产生的，同时这个实验也说明目标定位应结合实际。

4. 关于当好教研员

陆老师认为："反思不等于反省"，"可以有过错，不要有错过"；教研员要"想得清楚，说得明白，写得准确"，要上层次而不是上台阶，千万不要讲自己好，也不要给教师的课下如何如何好的结论，更不能下如何如何差的结论；沟通要在一个频道上。

5. 十二生肖与管理

鼠与牛，巧思与实干；虎与兔，胆大心细；龙与蛇，刚柔相济；马与羊，知止知前；猴与鸡，多谋善断；狗与猪，坦诚宽容。关于这些动物的寓言或故事我们或多或少都听过，但这样的剖析，却让我眼界大开。

片段二

高人就是在别人的基础上补一点

——听张人利报告的启示

今天是赴沪参加校本研修高级研修班的第二天，按照安排，今天的活动都在静安教育学院附属学校。上午听了两节课，下午听了张人利校长的报告，感受很深，总体感觉是不走寻常路的人，不是寻常人。张校长就是一个不同寻常的人。

全国恐怕再找不出张人利这样的校长，从教师到教研组长，到校长，然后到教育学院的院长，到现在只担任教育学院附属学校的校长，按张校长的话说，官越当越小了，这是他的第一个不同寻常之处；在下午三个多小时的讲座中，张校长准备了讲稿，但他却是自由发挥，时而坐而论道，时而走到听众中交流互动，时而慷慨激昂，时而哈哈大笑，让我们看到了他的另一个不同寻常之处。在谈到学校和学校的师生时，张校长就像初当母亲的人谈起自己的孩子一样，言语中充满了自豪与满足，他是把学校和学校的师生当成了自己生命中的一部分。张校长还带课，学物理的，教过小学语文。"厉害吧！"这是张校长在讲话中常说的一句。

在谈到他提出的"后茶馆式"教学时，张校长说，他只是在著名教育家段力佩的"读读、议议、讲讲、练练"的基础上，结合学校实际进行了教学改革实践，却把一个薄弱学校在8年之内变成了一所名校。在谈到现在比较有名的教学模式，如“先学后教”“三三六”“学案导学式”时，张校长没有评价其成败，只是在最后总结时说，这些都是30年前段力佩教学实验成果的延续，而他所提出的“后茶馆式”教学依据的理论也都是苏联教育家维果茨基的“最近发展区”理论，他只是利用了物理学原理，用证据进行实验，用数据进行验证，用行动进行实践，结果成功了。

或许张校长所讲的这些理论和道理学教育学的都明白，但为什么张校长就能取得这样的辉煌成绩？这让我想到了于漪说的一句话：“什么是懂道理，身体力行就是懂道理。”

2. 导师跟进式培训

在学校中，骨干教师所占比例相对较少，而每年又都会有新教师加入学校的教师队伍行列。为了让青年教师尽快适应教师岗位的工作要求，学校除了进行必要的岗前培训外，还应发挥骨干教师的作用，建立导师跟进培训制度（师徒结对），即按学科教学管理需要，由一位骨干教师指导一个或同时指导几个青年教师的教学，并建立相应的考核和激励制度，明确导师和徒弟的责任、义务。导师的指导内容应包括教育教学思想、教学方法、工作作风、师德等方面。

案例 2—4

安康市汉滨高中是一所省级标准化高中，学校有一支由特级教师和省级教学能手组成的骨干教师队伍。为发挥特级教师、省级教学能手等骨干教师群体的作用，学校实施“青蓝工程”，让青年教师向经验丰富的老教师拜师，并举行拜师仪式，固定师徒关系。学校还把徒弟的进步情况与对师傅的考核捆绑在一起，对师徒结对中取得突出成绩的进行奖励，对成绩进步不明显的及时调整。通过几年的实践，学校青年教师都有了很大的进步。

附：汉滨高中“青蓝工程”日常工作要求（由安康市汉滨高中教科室提供）

1. “师傅”日常工作要求

(1) 定期检查徒弟的教案，做好交流、指导、改进工作，并及时签字。

(2) 尽量多听徒弟的课，每学期不少于10节，并认真记录、评课，做到当面指导。

(3) 师徒谈话要落在实处，从细务实，解决教学实际问题。

(4) 指导徒弟关注新课程改革，撰写优质教育教学论文，积极参与校本教研。

（5）按时写好谈话记录与总结，上交教科研室归档，签字。

2.“徒弟”日常工作要求

（1）必须认真研究教材、教法、学法，研究新试题、新课改与考纲。做到超前备课，教案规范，突出教学反思，教案经师傅签字后方可上课。

（2）每周听课一节以上，并主动与师傅交流心得，获得经验，以求共同进步。

（3）认真批改作业，特别提倡面批面改，目的性要强。

（4）青年教师听课，不限于指导教师，可在全校范围内听课，以求开拓视野，广泛吸纳，快速成长。

（5）要精心准备，上好汇报课。

（6）每学期至少要研读一本相关学科的理论书籍，写一篇阅读心得或教育叙事，师傅阅后签字上交教科研室。

（7）每学期做高考模拟试卷10套，由师傅签字上交教科室。

3. 教练技术式培训

教练技术是人力资源开发中新流行的一项技术，美国人添·高威对教练技术的定义是“释放人的潜能以最大限度地提高其绩效”，“教练是帮助人们学习而不是教他们”。教练技术与导师跟进制的主要区别：教练技术所涉及的关系不是固定的，教练可以用这种技术去帮助任何人，而导师跟进制所涉及的双方关系是相对固定的；教练技术关注的是马上改变表现和迅速运用技能，而导师跟进制则是需要在较长时间里获得技能。

在校本研修中，我们可以利用教练技术，通过提问帮助教师发现教育教学中的问题，并找到解决问题的答案，学校管理者和培训者可以利用这一技术对教师进行有效的提问，如可以结合教育教学实际提出以下问题供教师思考并行动。

（1）教学设计方面：你的教学设计包括哪些内容？教学目标是什么？这些目标是由什么因素决定的？怎样达到这些目标？怎么知道有没有达到目标？教学策略是什么？选择这些策略的依据是什么？教学流程安排是怎样的？导入怎么设计？为什么这样设计？创设了哪些教学情境？要达到什么目标？

（2）课堂教学过程方面：你在教学过程中的最大收获是什么？感悟是什么？什么地方是成功的？什么地方是失败的？有什么改进的想法？教学设计中的目标是不是达到了？

4. 主题研讨式培训

在主题研讨式培训中，学校教师可以将自己在教学中遇到的问题整理出来，形成主题，然后通过教研组活动或专题研讨会，将自己的具体问题提交到讨论会上进行充分的讨论，并请有经验的教师进行解答。这种培训方式对解决具体问题，提高参与人员尤其是青年教师的能力非常有效。

案例 2—5

某中学化学组针对学生在中考、高考中经常出现的化学式书写不规范的问题，进行主题研讨。首先让教师收集学生化学式书写的错误，然后在研讨会上分析错误的原因，并针对这些错误原因提出相应的教学策略。通过研讨交流，教师们提出了一系列的具体方法，提高了教师对这类问题的处理能力。

5. 影像资源式培训

在一些参加外出培训和组织校本培训有困难的学校，利用影像资源进行培训是一种成本较低、效果较好的方式。这样的培训有两种方式：一种是通过购买或网上收集等方式，选择一些对教师校本研修有用的名师课堂、专家讲座等影像资源组织大家观看，这种方式灵活、成本低；另一种是将教师自己的教学实践活动，包括课堂教学、班会、学生活动、教研活动等录下来，然后进行回放反馈，这种跟进式培训对教师的实践反思作用很大。

案例 2—6

安康市汉滨区某山区学校教师人数少，而且基本上都是近年来补充的新教师，在教育教学思想和方法上急需进行培训。由于学校采用包班制管理和教学，教师外出培训不方便，也没有时间和机会，同时校内的优秀教师资源少，也没有上网条件。结合这种实际情况，学校利用农村中小学现代远程教育工程配发的名师精品课和专家讲座光盘，在课余时间组织教师观看，对教师进行培训，要求教师写出学习笔记，并将学习到的知识和技能应用到教育教学实践中。通过几年的努力，取得了明显的效果。

6. 任务驱动式培训

任务驱动式培训以具体任务为载体，把培训内容渗透在每个培训单元的任务中，使参加培训的教师在完成一个个具体的任务情境中解决问题，实现对知识与技能、过程与方法的意义构建，从而提高教师的教学能力。任务驱动式培训的重点在于确定目标任务，关键在于培训流程的设计和考核。

在任务驱动式培训中，培训者应对培训进行及时反馈，以便对培训中出现的问题及时进行调整。我在承担陕西省英特尔未来教育基础课程培训工作过程中，对每天的培训都会进行及时的反馈，收集教师对培训的感受，并针对反馈情况调整自己的教学。

案例 2—7

Intel基础课程西安培训反馈

（一）2007 年 10 月 31 日西安培训第一天反馈分析

序号	内　容	人次
	当日教学评论	
1	合作方式多样，喜欢这种教学方式。	4
2	用自主探究方法启发自己思考、回答，较好。	2
3	了解了项目计划的基本目的以及教学方式。	8
4	教学环节安排紧凑，内容丰富。	1
5	真正的理念上的转变。	2
6	通过大量的活动真正理解了可以通过各种不同的形式为学生提供较好的学习环境，包括引导、活动的设置等，使学生能较为清楚、轻松地掌握所学的内容。	1
7	重新找回了做学生的感觉，认识到在教学中可以结合学生的心理特点组织教学。	2
8	思维风暴，打乱所有以前固有的传统教学模式，接收到新的教学模式，感触深。	4
9	通过各种形式的活动，理解了思辨能力的一般规律。	1
10	教学方式灵活，讲练结合，掌握技能，能充分激活学员思维，能打开学员创作的源泉。	5
11	符合新教学理念中教与学的关系，让教师在尝试做学生的过程中思考该用什么样的教法把学生带入活泼有趣的课堂中，能又快又准又全面地与人合作，共同完成任务。	1
12	一天的学习，对我的启发很大。新的教学理念、新的教学方法正在我头脑中涌动，这对一线教师更好地搞好教学大有帮助。	2
13	课讲得非常好，教态亲切。	2
14	内容和形式并重，对今后的教学工作有很强的促进作用。	3

续表

序号	内容	人次
15	对21世纪的教学方法有了一个全新的认识，知道了21世纪的基本技能、教学法、学生课程等都是以学生为中心的，将来运用到教学中一定会收到好的效果。	3
16	教会学生知识重要，教会学生获得知识的方法更重要，教学中体现了以学生为主体，强调了合作交流，重视教学策略。	1
17	要与人交流，提高了沟通和评价的能力。	1
18	团队的合作能力。更进一步认识到学生合作的意义，学生之间互动配合，从与他人的交往中获得很多新的知识。	4
19	分组讨论在教学中的重要性。	1
20	新的培训形式、流程式的教学方式很吸引人，对计算机常用软件的学习方法很独特，提供了一种模式。	3
21	转变角色，培养了适应能力；培养了操作能力；大家共同参与活动，培养了交际能力。	2
22	接触到很多优秀教师，看到了他们的教学法经验展示，听到了别的学员的好的建议、看法。	2
希望		
1	时间安排太紧，12个模块安排6天学习更为合适。	1
2	教学过程和方法是否可以不按课本的编排走?	1
3	应学一些比较实用的教学方法。	1
4	我以前电脑知识掌握得较少，请教师在电脑操作这方面给予重点培训。	1
5	最好不要把不同学科的教师放在一起培训。	1
6	希望能到新课改实施较好的学校进行进班实际的体验感受。	1
7	更想增加部分软件的使用方法的培训。	1
不足和建议		
1	内容太紧凑，任务重，反应时间有点短。	3
2	要注重学员的回答和感受。	1

续表

序号	内　容	人次
3	学员从表象上看积极性和主动性不错，参与热情高，但实质上有创意、有自主意识的观点较少，为刻意追求答案的理论性，往往指导简单、问题复杂化。	1
4	在教学过程中不太容易实现身份的转变。	1
5	多演示一些他人的成果。	1
6	多一些交流。	1
7	相互交流的时间过长，耽误进度。太多的活动和探究易使人产生倦意，而且在教学中不实用。	3
8	自身不是计算机教师，有的方面知之甚少，以至于在个别操作中只能是“隔靴搔痒”，明白了自己在这方面的不足。建议操作时间长一点。	
9	讲课速度适当慢一点，如给大家5分钟的思考时间，最好要够数。当然这次学习时间紧，任务重，我是很理解的，只是有些部分的确没能思考好。	1
10	现在的初中信息教材难度更深，如画图，word文档、excel表格等学生在小学都已学过。因此，本教材难度偏低，建议加深难度。	1
11	中间休息时间有点少，大脑休息不够。	1
	问题	
1	我们学习的这些东西在今后有什么用？培训的目的和意义是什么？培训内容的实质是什么？能否用一句话将其概括？	1
2	难以估计在实际教学中是否能正常教学。	1
3	新型的教学模式虽好，但实际实施起来困难较大，特别是学生从小学到初中基本上已经形成了较固定的学习模式。	1
4	若班级多、调皮学生多怎么办？	1
5	对角色的转换难以理解和适应。	1

1. 当日印象

(1) 学员反映初步了解了Intel项目学习方法，产生了观念更新的想法，大多数人都认为收获很大。

(2) 对灵活的教学方式、热烈的学习气氛都印象深刻，感触很多。

(3) 一些学员对严格的培训管理表示赞同，认为培训内容实在，有收获。

2. 明天需要改进之处

(1) 合理安排交流，力争使每位学员都能展示自己。

(2) 合理安排时间，让头脑得到充分休息；调整自己的语速，让大多数学员能听明白。

(3) 合理安排活动，避免审美疲劳和倦意。

通过学员的反馈，项目管理人员和主讲教师针对其中的问题，在第二天的早上进行了说明，对每一条反馈都给予了解释，这样既加强了与学员的沟通交流，同时也让学员感觉到主讲教师对他们的尊重。主讲教师根据学员的反馈情况对自己的教学设计和在教学过程中存在的问题进行了修改完善，提高了培训的效果。从第二天的反馈来看，调整后的教学得到了学员的认可。

(二) 2007 年 11 月 1 日西安培训第二天反馈分析

序号	内　　容	人次
当日教学评论		
1	教学内容安排紧凑、丰富，活动设置有趣、充满活力，让学员能良好互动，快乐地学习，课堂效果好。	13
2	教学理念新，确实让我们的理念有了很大的转变。	1
3	教学方法新颖独特。	1
4	整个教学过程中，讲练结合，效果较好。	1
5	今天的学习很受启发，收获很大，尤其是在辅助学习技巧方面深受启发。	8
6	今天的课让我受益匪浅，特别是辅助学习技巧中“以学生为主体”、鼓励教师勇于改变等观点，让我大受启发。	1
7	“项目”设计的检查非常细致。	1
8	教学演练中的评价让人大受启发。	1
9	使用量规帮助学员创作更好的作品，提高了学员的能力。	1
10	收获较大，明白了在 21 世纪我们教师需要的教学方法。	
11	学的东西能学以致用，今后教学中我会经常使用。	1

续表

序号	内　容	人次
12	制订项目计划让我认识到，一件看起来茫然无序的事情经过逐步分析和思考可以变得逐渐明朗，并切实可行。学会了制作项目的准备工作。	2
13	明白了新的教学、教研模式，用多种方法辅助教学，能让学员学得容易且其乐融融。	2
14	主讲老师耐心细致，老师的鼓励技巧用得非常好，为学员今后的教学提供了样本，学员的学习兴致很高。	4
15	今天基本理解了英特尔未来教育的理念，感觉很喜悦。	1
16	大家对合作学习的方式有了更深刻的理解。	1
17	讲课的目的明确，思路清晰，学员收效良好。	1
18	进一步熟悉并掌握英特尔未来教育“以学生为中心”的学习流程，明确辅助学习技巧在未来教育中的重要性及变化的重要性。对教学的新观念有了更深刻的理解。	2
19	今天的模块完成得比昨天好。今天的收获很多，老师在教学中灵活多变，特别是转换角色的活动很有意义，既锻炼了自己的胆量和口才，又令课堂气氛活跃，通过其他老师的讲解了解到很多自己不知道的东西。	2
20	新的思维教学方式比较好。	1
21	知道了在将来的教学中自己需要在哪些方面做较大的改变。	1
22	在教学策略方面有了新的认识。	1
23	项目设计过程中，我们合作很愉快，体会到了合作的重要性和分工的明确性。	2
24	课堂中安排了教学演练环节，让几个人合作完成一个内容的教学，这样既使我们体验了如何进行教学过程的实施，又培养了我们对每个环节教学的适应能力。	1
25	教材编得好，教师运用得很有个性，效果很好。	1
26	第一次通过这样的形式学习，感觉很新颖。	1
	希望	
1	今天感受了新的教学过程对我们旧有观念的强烈冲击，但时间较匆忙。	1
2	指导活动能详细具体。	1

续表

序号	内　　容	人次
3	多安排一些像“变化”这样有意义且令人震撼的活动。	1
4	活动评价应落到实处，教师应多阐述有创造性的观点。	1
5	希望注意学员的心理变化。	1
建议		
1	适当放慢教学步伐。	
2	中间（指在5天培训当中）是否能安排休息半天？	
3	感觉太累，时间安排太紧，有些环节是否可以省略？	
问题和不足		
1	时间安排紧，没有足够的时间消化吸收。	2
2	对问题模块的小结缺乏充足的比较分析。	1
3	授课时间长，感觉很累。	1
4	技巧、技能性的东西太少，应教一些在技巧、技能方面比较实用的东西。	2
5	通过今天的学习我学到了许多新的教学方法，但我认为这些方法在实际教学实施中难度会很大。学校、教师和学生都面临升学压力，新的方法能得到预想的效果吗？这谁也不敢保证。所以，我个人认为这些方法、技能可以穿插使用，但不宜大量使用。	1

1. 当日印象

① 学员反映初步了解了Intel项目课堂教学流程，学会了提问、干预、技巧，感到收获很大，体会深刻。

② 今天是疲劳期，学员休息时间少，下午迟到和请假人多；学员对培训的方式理解很深，分享交流效果好。

2. 明天需要改进之处

早上让请假的学员补上项目计划，调整讲课时间，让每个学员都上台展示。

教师根据学员的反馈，及时调整了教学方法，对一些学员提出的教学流程项目设计问题，给学员讲清了项目流程设计的道理，得到了大家的理解和认可。在第三天的反馈中，学员感觉收获很大。

（三）2007 年 11 月 2 日西安培训第三天反馈分析

序号	内　容	人次
	当日教学评论	
1	收获很大，分工合作交流这种方式很好，可以调动每个人的积极性，且能聚众人之智慧将任务完成得尽善尽美，很愉快。合作学习给学生的帮助很大，我将在今后的教学中充分应用。	8
2	分享他人成果，从中汲取很多经验。	1
3	老师讲得非常好，希望今后能向老师多请教，感谢老师！主讲教师的教学经验很丰富，很巧妙地掌控着整个展示活动，这是我们要学习的。	4
4	了解项目评价量规的重要性。	1
5	虽然腰酸背痛，但也感受到了合作的愉快、收获的喜悦；增强了教师的责任感、历史使命感。	2
6	内容安排丰富，辅导形式灵活多样，受益匪浅。	3
7	收获很大，亲身参加了一个项目计划的制作，对于合作的意义有了更深的认识，也对怎样指导学生完成一个项目有了清晰的思路。有足够的时间讨论、参与活动，有很好的效果。通过合作制作项目，演示项目计划这个活动，使我认识到合作的重要性，同时也看到了别人的许多优秀之处，发现了自己的不足。	11
8	在一天的教学活动中，我们真正感觉到通过制作项目计划，然后联合操作，最终得出结论这一方法真的很棒。	1
9	项目制作虽然辛苦，但是很有成就感，学到很多平时学不到的东西。	1
10	开放式的教学方式、优质的技术资源让人很神往，因为资源是取得成果的必备条件。	1
11	感觉到这几天的收获是很大的，一方面我分享到其他教师在教学中的经验和思想，另一方面在今后的工作中我学到了更多的方法和技能。	1
12	气氛活跃，印象最深的一天。今天比较轻松，没有前两天的疲惫感。	1
13	三天的培训，感触很深，受益匪浅。	2
14	以学生为中心，让学生参与式的学习确实让学员受益匪浅，主讲教师亲切而不失原则，给学员留下深刻的印象，对学员的实际教学工作的促进是很大的。	1

续表

序号	内　容	人次
15	虽然感觉很累，但新的方法使自己在解决问题时更轻松，对新教法有了很深的理解。	4
16	项目自主权很大，也存在很大的挑战。	1
17	具体的操作、亲身的融入、灵活多样的活动让学习变得更有趣，项目计划让知识变得更容易接受，新技巧、新方法让知识在快乐中传递。	2
18	教师将新教学理念完全推进学员们心中，从活动中，从合作、分享、交流、体验中，我深深感到团结就是力量。	1
19	今天的活动让我终生难忘，在日常的工作中难以见到如此协调合作的学习氛围。	2
20	项目的实施可操作性强，使我们学习到更多；项目分析中教师的指导明确，评析立足明确。	1
21	学习时间紧凑，感觉像一阵风，给人清新的感觉。	1
22	他人的作品让我感受颇深，具有借鉴作用。	1
	希望	
1	希望教师多作评价。	1
2	希望今后几天有更多的动手机会。	1
3	以后多和教师交流。	1
4	希望听到运用新方法进行学科教学的课。	1
	建议	
1	多安排类似的活动。	1
2	这样的培训次数再多一些，内容再深刻一些。	1
3	建议时间多给几天，尽可能将更多的技能传授给我们。	3
	问题	
1	理念新奇，但不知道实践中是否能顺利应用。	1
2	本日课程方式独特，本人感觉收获颇丰，但由于时间关系，各组交流反馈时间略感不足。	1

1. 当日印象

① 今天的活动比较成功，各位学员积极动脑，在体会实施模式的同时

也展现了个性魅力。

② 在自评互评阶段，一些学员的认识到位，见解深刻。

2. 明日改进之处

① 还要鼓励学员真正地完成作业，不要走过场，体会、发现学生活动中可能存在的难点，思索解决办法。

② 希望各位学员能够在别人讲课的时候认真做笔记反思，在反馈环节将自己的感想和认识说出来。

在任务驱动式培训中，重点强调的是学员的参与体验，在体验中既掌握了知识，也对学习的过程和方法有了更深刻的理解，同时也在体验中得到精神上的满足。

二、自主学习

自主学习是自我教育和自主研修的重要途径。自我教育是指人通过认识自己、要求自己、调控自己和评价自己，自己教育自己，是人自己通过一定的措施提高自我认识的能力。人类的历史就是一部不断认识自我的历史。老子在《道德经》中说："知人者智，自知者明。"早在2000年前，古希腊人就把"认识自己"作为铭文刻在了德尔菲神庙上。

从"校本研究""校本科研""校本教研""校本培训"等一系列校本研修的演变过程中我们不难发现，自主研修的作用越来越得到认可。自主学习是自主研修最重要的途径，更是校本研修人力资源开发的主要任务之一。从学校管理层面来说，学校要采取多种形式，调动教师进行自我教育的自觉性，使教师从"要我学"转变为"我要学"，成为自主研修的主人。学校要对教师进行正确的引导，尊重教师自我教育的规律，既主动指导，又不硬性命令。从教师个人层面来说，教师应结合自身工作生活的需要，开展自主学习。尤其是在信息时代，网络教育的出现为教师发展自我教育提供了技术支持。学校应提供资源平台，制订相关制度，创造相关机会，让教师形成终身学习的意识和习惯，让终身学习由强制行为转变成主动行为，最终成为教师的自觉行为。

案例 2—8

某校根据本校年轻教师多的特点，开展了基于实践任务的学习竞赛活动，要求教师结合自己的学科特点，选取相关的教育法规、教育理论、新课程标准等内容资料以及网络、视频资源进行自主学习，并将学习心得在全校进行交流，进一步激发了教师学习的自觉性、主动性。

案例 2—9

安康市汉滨区培新小学为“构建书香校园”，购置了大量书籍供教师阅读，并建立网上学习平台，要求“师生共读共写”，还为各年级学生提供阅读参考书目，定期举行学习交流会，使全体教师和学生逐步把自主学习变成了教育生活的一部分。这样的做法既提高了教师的学习能力，同时也形成了以“构建书香校园”为主题的校园文化氛围。

三、整合调配

由于历史的原因，当前各地学校的师资力量还存在着严重的不均衡现象，优秀骨干教师相对集中在条件较好的学校，一些学校也缺乏同伴互助和专业人员的引领资源。而在学校这个小社会中，不管是在专业技能方面还是在道德素养方面，每个人都有自己的长处和短板，这些都需要我们进行有效的调配管理才能实现校本研修人力资源的优势互补。整合调配的目的就是为了将现有的师资进行合理调整组合，通过一定的组织结构，建立学习共同体，共同提高校本研修的质量。

整合调配可以分为区域整合调配和学校内整合调配两种形式。区域整合调配是指省、市、县（区）校本研修管理机构根据本区域内的资源，建立专家指导机构，保障区域内校本研修工作的推进。学校内整合调配是指学校结合本校实际，制订校本研修管理制度，组建教科室、学科教研组、年级组，发挥每个人的优势，建立有效的校本研修奖惩制度，激发教师校本研修的内驱力，建立师徒结对关系，发挥骨干、名师的典型带动作用。

案例 2—10

安康市汉滨区教育体育局在 2013 年提出“构建高效课堂年”活动。为了发挥区内名师在构建高效课堂工作中的示范作用，他们结合当地学校多、师资力量不均衡的实际，成立了“构建高效课堂”专家指导小组，小组由特级教师、省市级教学能手、优秀教研员和骨干教师组成，定期开展送教下乡和专题讲座活动。同时他们还要求学校建立本校的专家小组和研究小组，将本校教师按学科进行组合，发挥集体作用。通过这种整合调配，有效地提高了全体教师的校本研修水平，为构建高效课堂奠定了一定的人力资源基础。

四、建立行动学习合作小组

行动学习是指一种特定的基于工作场所的专业发展模式，由英国管理大师瑞文斯首创。它是一个持续的、高度集中的小组学习形式，在小组学习的过程中，小组成员依靠相互帮助解决当前面临的实际问题，同时从中获得学习成果。

行动学习的主要来源是学习者试图解决生活和工作中遇到的实际问题的持续的行动，以及对这些行动所进行的反思。行动学习的循环为行动—反思—改进计划—新的行动。行动学习在于解决实际的问题，它将学习贯穿于解决实际问题的过程以及实施问题解决方案的过程。行动学习与传统培训有以下几方面的不同。

行动学习与传统培训的区别

	传统培训	行动学习
学员的地位和积极性	以被动听为主，能动性弱	以主动思考为主，能动性强
学习的形式	个人学习为主	小组团队共同学习
学习的内容	间接经验为主	直接经验为主
学习的效果	知识掌握，技能提升，学后易淡忘	知识掌握，技能提升，态度改变，学后印象深刻
对业绩的影响	不直接	通常对业绩有直接影响

通过行动学习和传统培训的比较我们可以看出，行动学习不仅是一种学习方式，更是一种进行自我发展的工具。在行动学习中，需要建立合作小组，通过研究解决一个个具体的问题，把志趣相同的人组合在一起，在解决问题的过程中共同提高。在校本研修人力资源开发中，学校可根据学校的实际，组建行动学习小组，研究解决学校教育教学中存在的问题，使教师在解决问题的过程中不断成长。

案例 2—11

某校地处农村，学生的学习积极性和主动性不高，于是学校组织班主任及任课教师针对这个问题进行调查研究。通过对造成学生学习问题的原因进行分析，初步断定，由于学校绝大多数学生为留守儿童，学生的学习在家中没有得到正确的监督引导，基本上家中也没有人督促他们学习或完成作业，导致学生对学习的重要性认识不足。

学校根据这些具体情况，制订了以解决留守儿童学习环境和心理认同为突破口的行动学习方案，组织教师学习相关的理论，并对学校管理、课堂教学和作业布置等方面进行反思，建立了以班主任为主体、学科教师积极参与的行动学习小组，不断改进管理方式、教学方式和作业布置方式，最终建立了留守儿童关爱中心。这一举动满足了留守儿童的心理需要；教学方式的改进得到了每一个学生的认可；学生在课堂内就可以完成作业；由学有余力的学生担任学习小组组长，负责本组学生学习、作业情况的检查等，也有利于学生自我发展。通过这些具体措施，解决了很多实际问题，并且教师们的教育管理水平及课堂教学水平也在行动学习中不断提高。

五、建立校本研修名师培养基地

专业引领强化理论对实践的指导，是校本研修的三个核心要素之一。专业人员（专家）是校本研修专业引领的重要人力资源，但是要将骨干校长、教师逐步培养成具有专业引领能力的专家需要一定的时间，而建立名师培养基地就是将骨干校长、教师培养成专家的有效途径之一。一些地区通过实验探索建立了区域名师学习共同体、学校名师工作室和校地共建校本研修培养基地等，在培养具有专业引领能力的专家方面取得了一定的效果。

（一）组建区域名师学习共同体

这是上海市 2004 年启动“双名工程”取得的成功经验。“双名工程”的目标是“培养一批具有良好师德修养、先进教学理念、厚实专业素养、开阔国际视野和较强国际交往能力，具有教育研究和教育创新能力，在上海市乃至国内有影响的优秀校长和教师。在此基础上，造就数十名在全国有较高知名度和影响力，有较强的教学能力、管理能力和研究能力，能参与国际教育交流的教育教学专家”。其具体做法就是设立名校长名师培养基地。基地培养不同于办学习班、研讨班，也不同于师徒制。它是一个学习共同体，扎根于学校教育教学实践，在实践问题的探究中，促进基地成员的专业成长。每个学员都落实到一个基地进行培养，要求基地整合教研、科研、高校专家资源，充分发挥基地学员的学习积极性和创造性，使基地成为有活力的学习型组织。通过基地的培养，达到“学习共同体”的四种功能：一是培养一线教育教学（或学校管理）的高端人才；二是创造并示范辐射优秀人才培养的方式；三是研究教育教学（或学校管理）实践中的重点、难点问题及对策；四是引领教育教学改革的前沿问题的研究。

(二) 建立名师工作室

学校名师工作室是由学校内同一学科（或同一领域）骨干教师（教学能手、学科带头人）、专业（学科）带头人共同组成的集教学、科研、培训等职能于一体的教师合作学习共同体。它既是一个开放性的研修组织，也是一种研训学一体的培训模式。工作室以名师为引领，以专业（学科）包括德育项目为纽带，以先进的教育理念为指导，搭建促进中青年教师专业成长以及名师自我提升的发展平台，其目的是打造一支高水平、出成绩、有影响的品牌教师团队。建立名师工作室是校本研修人力资源开发的一种有效方式。

建立名师工作室最关键的是选择具有研究和指导能力的主持人，主持人原则上应是在县（区）、市乃至全国本专业（学科）领域中具有一定知名度和影响力，有较丰富的指导青年教师成长的经历和经验的校级或以上骨干教师及专业（学科）带头人；热爱教育事业，师德高尚，堪称育人的模范、教学和科研的能手；具有较强的专业引领、培训指导和组织协调能力，能够承担工作室的职责任务。名师工作室的成员要经过选拔，应选择热爱教育事业，具备良好的师德师风及较强的团队合作精神，有较强的教学和科研工作能力，能够承担相应的职责任务，掌握现代教育技术，能够进行网络交流的教师。

名师工作室的任务是以主持人专长为基础，以工作室成员集体智慧为依托，加强教育教学实践与理论研究；关注专业（学科）发展与职业教育的前沿动态，研究和解决学校教育教学改革与发展迫切需要解决的实际问题，引领专业建设发展和提升教育品质。名师工作室要为学校和教师提供实在而有效的服务，致力于提高教育教学质量；要及时对外展示专业发展水平和教育教学科研成果（论文、专著、培训、讲座、公开课、研讨会、报告会、名师论坛、现场指导、观摩考察等形式），形成示范辐射作用。

为了能充分发挥名师工作室的作用，工作室应制订相应的工作方案和成员培养计划与方案（包括培养目标、培养内容、培养形式、研究专题、培养考核等）。除此之外，还应建立名师工作室的审核、考核和评价机制，并给予一定的经费支持。如陕西省 2013 年下发了建立优秀教学能手工作站的通知，对工作站的条件、任务和考核进行规范，同时要求工作站以课题研究为载体，开展相关工作。

案例 2—12

陕西省中小学（幼儿园）优秀教学能手工作站的设立条件及管理措施

一、设立工作站的条件

1. 省教育厅首次拟设立 150 个“优秀教学能手工作站”并授牌，工作站设在优秀教学能手所在学校。

2. 工作站实行站长负责制。站长由省教育厅从 2013 年命名表彰的省级优秀教学能手和 2011—2012 年评选的省级教学能手学科组第一名中遴选。工作站课题研究工作在站长主持下由所有成员协同完成。

3. 工作站成员由站长聘请。每个工作站成员至少有两名省级教学能手，三名市级教学能手以及若干名县（校）级骨干教师。

二、申报办法

凡有申报资格的优秀教学能手，经个人申报课题，学校同意……省教育厅将组织专家评审。

三、主要任务

1. 发挥省级优秀教学能手在校本研修中的示范引领、辐射带动作用，促进广大教师的专业成长。

2. 承担省重大教科研课题研究任务，为教育决策提供依据；在学科领域内开展教育教学模式、方法、手段探索性实验，形成可推广的教改成果。

3. 承担各级教师培训任务，参加“大篷车”送教下乡活动，将优质的教育资源送到广大农村学校和教师当中。

四、管理与考评

1. 各级教育行政部门和学校要高度重视此项工作，各级教科研、教师培训机构要全力支持工作站的工作。

2. 站长和站内成员所在学校，要积极创设工作条件，在安排工作时间、协调工作关系以及落实配套工作经费等方面给予大力支持。

3. 工作站经费由站长所在县（区）教育行政部门监管。省里给每个工作站下拨1万元的工作经费。

4. 省教育厅将不定期对各工作站的工作进行督导检查，并将其业绩作为评价设立教学能手工作站的学校教师教育工作的一项重要指标。对工作业绩突出的站长及成员进行定期表彰奖励。对工作进展缓慢或经费使用不当的工作站，勒令限期整改，逾期不改的，由省教育厅通报批评并予以撤销。

5. 工作站站长及骨干成员在评优时应予以优先推荐；在评选高一级职称时应予以优先考虑。

（摘自陕西省教育厅《关于建立陕西省中小学（幼儿园）优秀教学能手工作站的通知》）

（三）校地共建校本研修培养基地

陕西省教育厅2011年启动了建立中小学校本研修实验区建设计划，由陕西师范大学、陕西教育学院、陕西省小学教师培训中心、延安大学等13所高校与全省13个县区建立了校本研修合作基地。该项目由高校与县区政府合作，通过示范基地辐射带动的方式，将高校的专家资源、文化资源等与学校一线教师工作实践资源有效地结合，通过专家指导、骨干引领的方式，培育一批校本研修示范学校，建立一支校本研修的优秀指导教师队伍，形成中小学校本研修的有效机制。

（四）建立区域校长联席会

校长是校本研修的第一责任人。日本教育家佐藤学曾说过：“学校是一个顽固的组织，不是靠一两年能改变的。当然三年也未必能改变成功。其中最大的难关是校长。如果校长对学校改革持消极态度，那么就算用了三年，最终也是徒劳，而只能把希望寄托在下一任校长身上了。那样的学校即使到了第四年、第五年也可能仍然维持在第一年的水平。反过来，如果校长持积极支持态度的话，这个三年计划无论在哪个学校都是行得通的。”为了提高校长对校本研修的管理水平，应建立校长成长基地。对于一些较大的县区，学校比较多，可以根据学校类型组建校长联席会，如省级标准化高中校长联席会、市级标准化高中校长联席会，还可以根据地域将初中、小学分别组建不同的校长联席会，如城区学校校长联席会、山区学校校长联席会等。有些地方结合大学区建设，可以建立教研协作区。校长联席会的重点任务是提高校长的思想认识水平和管理水平，解决同类型学校存在的共性问题，最终提高学校的教育教学工作。

案例 2—13

安康市汉滨区地处川道的建民镇建民初中、五里镇民主学校和恒口镇河东学校在学校规模及办学质量上同处一个层次。2013 年在区教育局和区教研室的倡导下，三所学校以“三校联考”方式建立了校长联席制度，开展联考、教学管理及课堂教学交流，搭建学习及发展共同体。通过半年的实践，三所学校的校长管理水平和教师的教学水平都有了很大程度的提高。

第三章

校本研修非人力资源开发的途径和方式

校本研修非人力资源开发的过程就是对校本研修所需的非人力资源（硬件、软件）进行创造、提炼、重组、整合的过程。硬件资源需要投入，需要整合，如建立图书资料室，提供相关的书籍和资源等，这些硬件资源需要学校统筹规划，投入资金即可达到。而软件资源则需要进行设计、开发和建构，这是校本研修非人力资源开发的难点。更重要的是，学校和教师要在软件资源开发的过程中提高校本研修能力，形成校本研修文化。

校本研修非人力资源开发的过程就是对校本研修所需的非人力资源（硬件、软件）进行创造、提炼、重组、整合的过程。硬件资源需要投入，需要整合，如建立图书资料室，提供相关的书籍和资源等。这些硬件资源需要学校统筹规划，投入资金即可达到。而软件资源则需要进行设计、开发和建构，这是校本研修非人力资源开发的难点。更重要的是，学校和教师要在软件资源开发的过程中提高校本研修能力，形成校本研修文化。

第一节　校本研修制度资源的建设与开发

制度是要求大家共同遵守的办事规程或行动准则，对人们具有指导性和约束性。校本研修制度就是规范教师参与校本研修的行为准则，它是校本研修的一种重要资源，是校本研修持续发展的基础，也是校本研修常规化的保障。校本研修制度建设的核心目标是构建有效的学校业务工作体系，探求教师业务成长方式的转变。狭义地看，校本研修制度就是关于校本研修活动的有关规定。

建立校本研修制度可以根据“一次规划、逐步完善”的原则来实现。日本教育家佐藤学认为，“要让学校转变，至少需要三年。第一年，在学校里建立起教师间公开授课的校内教研体制；第二年，提高研讨会的质量，以授课方式和教研活动为中心，重新建构学校的内部组织、机构；第三年，以学生和教师有目共睹的转变为依据，把新的授课方式和课程设置正式固定下来。通过如此三年的教研活动，学校就可能成为一所像样的学校了”。他还提出，“操之过急的改革，对学生、对教师都没有好处”。所以学校在制订相关制度时，要制订可以实践的制度，并在实践过程中不断地完善，才能发挥制度的保障作用。学校可根据自身实际情况，制订相关的校本研修管理制度、学习制度、活动制度、奖惩制度、绩效考核制度、课题管理制度、培训制度等。

一、校本研修管理制度

校本研修管理制度通常是学校校本研修工作的纲领性文件，是学校开展校本研修工作需要遵守执行的规程和准则。一般来说，校本研修管理制度包括学校校本研修工作过程管理、校本研修活动管理、校本培训管理、档案管理、考核管理等方面。

二、校本研修学习制度

校本研修学习制度的关注点是教师教育教学素养的进步。因此，校本研修学习制度应明确“三定”，即定学习内容、定学习形式、定学习时间。定学习内容，即解决学什么的问题，学校应从教师专业成长和学校改革要求出发，组织教师学习先进的教育理论；定学习形式，即怎么学习的问题，可以采取自学、集体交流和集中辅导相结合的方式进行；定学习时间，即确定学习时间，教师可以利用业余时间自学，学校可以每周组织教师集中交流学习，每月或每学期请相关专家或校内名师进行专题讲座式学习。

案例 3—1

××学校校本研修学习制度

一、指导思想

根据学校《××学校校本研修工作计划》，为强化校本研修工作，创建学习型学校，培养学习型教师，建设高素质的教师队伍，提高教师校本研修理论素养和校本研修能力，特制订《××学校校本研修学习制度》。

二、学习目标

1. 确立终身学习理念；养成良好的学习习惯，使学习成为每个教师的自觉行动和工作需要，在全校营造一种时时、处处、人人学习的良好氛围。

2. 通过学习，使全体教师在职业道德、教育理论、教育思想及教育技术、教学方法等方面有较大程度的提高。

……

三、学习内容

1. 师德教育：以各教育行政部门有关加强教师职业道德建设的文件精神为主要学习内容。

2. 政策法规：以《教师法》《教育法》《义务教育法》《未成年人保护法》《国家中长期教育改革和发展规划纲要（2010—2020）》等法律法规为主要学习内容。

3. 业务知识：以教育新理念、先进教育方法和模式、新技术和业务相关的知识为主要学习内容。

……

四、学习要求

1. 建立健全学习机制。教科室应制订集中学习计划，定期进行学习情况检查；教师应制订个人学习计划，进行学习经验总结。

2. 合理安排校本研修时间。教师个人研修时间每学期不少于40学时。

3. 严格遵守学习纪律。集体学习时必须严格遵守学习纪律，不看与学习无关的书报，不做与学习无关的事，认真讨论，积极发言，做好学习记录。

4. 学习前的准备。包括学习中心内容、讨论主题、学习目的等方面的准备。

5. 建立个人学习档案。教师进行政治、业务方面的学习是校本研修的重要内容之一。

……

三、校本研修活动制度

活动是校本研修的载体。校本研修活动制度就是要建立以教科室、学科教研组为单位的定期研修活动制度。具体包括集体备课制度和观课、议课活动制度等。这些活动制度应做到“四定”，即定时间、定地点、定人员、定内容。

案例 3—2

××学校集体备课制度

为了进一步规范教师的教学行为，深化课程改革，培养学生的实践能力和创新意识，根据我校校本研修工作安排，开展集体备课活动。为了保证集体备课的效果，特制订《××学校集体备课制度》。

一、集体备课的基本原则

1. 实效性原则

主要研究的是教学理念的把握、教材的理解、重点与难点的突破、教学方法的选择、课程资源的开发和利用等实际问题。

2. 全员性原则

人人参与，真诚合作，资源共享。

3. 研讨性原则

围绕主题，深入研究，积极讨论。

4. 常规性原则

每两周至少组织一次活动，并根据实际需要进行日常性研讨，将定时间、定地点、定人员、定内容的专题式研讨与日常性交流研讨结合起来。

……

二、集体备课的基本过程

集体备课按分配任务—个人自备—集体研讨—完成教学预案—反思修改的程序进行。

1. 分配任务

由备课组长确定集体备课的课题内容，并进行合理分工，确定主备课人，组长至少提前一周将任务布置给组内教师。

2. 个人自备

主备课人和同一备课组内的教师都要在集体备课前认真钻研课程标准，根据教学内容，反思教学实践，发现教学问题，提出改进意见。主备课人还要写出教学方案和设计意图，为交流讨论做好准备。

3. 集体研讨

由备课组长组织，重点将组内教师发现的问题进行汇集、归类、筛选，然后确定本次备课研讨的中心问题，依托教师群体智慧研讨解决问题的方案，并且交流各自的教学简案，讲解设计意图，达成共识。

4. 完成教学预案

在集体研讨达成共识的基础上，主备教师形成主案，全体教师既要根据主案，合理吸收别人设计的长处，又要根据自己班级的水平、学生的差异、自身的风格等完成教学预案，做到共性和个性相结合。

5. 反思修改

通过交流研讨，找出自己的不足之处，然后进行反思修改。

三、集体备课的具体要求

1. 定时间、定地点、定内容开展每次活动

严格执行集体备课制度，按照固定的时间、地点进行活动，教研组长做好考勤记录，以学科为单位进行集体备课。

2. 强化集体备课的研究性

……

3. 突出教学设计的实用性

教学设计作为备课结果的呈现方式之一，原则上没有形式的规定，但必要的内容不可缺少，如具体明确的教学目标、教学流程、教学方法等，这些都要注重实用。对新教师和骨干教师应提出设计不同教案的要求。教案中可以改、涂、勾、画，鼓励教师个性化备课，提倡在教案中体现教师个人的教学风格、教学思想和教学特色。

……

四、集体备课的检查考核

1. 把集体备课的实效性放在备课检查考评的首位，重点检查教师在课前是否进行了充分的知识准备、方法准备、教具准备等，而不能仅以教案书写的工整程度、字数的多少、项目的齐全与否等作为评价的标准。

2. 加强对备课的过程管理……

四、校本研修考核制度

制订有效、客观的考核制度和考核标准，可以对学校校本研修工作和教师参与校本研修活动进行有效的评定，能进一步激发学校领导和教师的工作积极性、创造性，提高教师的工作效率和专业素养。同时，制订的标准和细则也可以为教师参加校本研修工作提供参考和指导。

案例 3—3

安康市汉滨区为了全面推进全区的校本研修工作，制订了《汉滨区镇办中心校校本研修工作评估表》和《汉滨区中小学（幼儿园）校本研修工作评

估考核细则》。

汉滨区镇办中心校校本研修工作评估表

单位：____________

项目	评估要点	评估方法	分值	得分
组织领导	1. 明确中心校领导分管校本研修工作。	查看文件	2	
	2. 有专人负责组织校本研修工作。	查看文件	2	
	3. 聘请了有关专家深入学校指导校本研修。	查看方案	2	
	4. 成立了校本研修指导小组（不少于10人）。	查看名单	2	
研修制度	5. 建立了校本研修制度。	查看文件	3	
	6. 各校建立了校本研修制度方案。	查看文件	3	
	7. 制订了校本研修管理制度和考核制度。	查看文件	3	
	8. 制订了激励学校和教师开展校本研修的办法。	查看文件	3	
研修计划	9. 制订了年度校本研修工作规划。	查看资料	3	
	10. 制订了校本研修的学期工作计划。	查看资料	3	
	11. 有校本研修发展规划。	查看资料	4	
	12. 拟定了教师校本研修专题系列指导方案。	查看资料	4	
	13. 制订了研修小组工作计划或实施方案。	查看资料	6	
研修活动	14. 积极组织参加各项教研活动、课题研究。	查看资料	8	
	15. 经常开展校本研修活动。	查看记录	12	
	16. 校本研修活动水平高、效果好。	现场观摩	15	
研修效果	17. 教师建立了个人成长专档（或校本研修专档）。	查看资料	10	
	18. 区域内学校初步形成了校本研修的良好氛围。	教师座谈	5	
	19. 校本研修效果得到关注，教师取得了成果。	查看成果	5	
	20. 各校取得了集体研修成果。	查看成果	5	
评估意见	评估人： 评估时间：　　年　月　日		总分	

汉滨区中小学（幼儿园）校本研修工作评估考核细则

单位＿＿＿＿＿＿ 负责人＿＿＿＿＿＿ 评估时间＿＿＿＿＿＿ 评估人＿＿＿＿＿＿

一级指标	二级指标	三级指标	评估方式	分值	自评	考评
校本研修的保障（10分）	组织领导（3分）	1. 领导重视，建立以校长为组长的校本研修领导小组，定期研究，积极推进校本研修工作。	座谈、查资料、看现场问卷	3		
		2. 机构健全，校本研修管理网络健全，教务处、教科室、学科教研组长管理职责明确。				
		3. 方案规范，学校和各部门有校本研修工作方案、规划和年度工作计划，学校的整体研修计划能体现教科研有机整合。教师有校本研修规划或专业成长计划。				
	保障条件（4分）	4. 按年度落实校本研修经费。教师校本研修经费达到不少于学校公用经费5%的规定要求。		4		
		5. 建立校本研修骨干团队，教研组长专业水平和组织能力强，有区级及以上骨干教师。				
		6. 有满足校本研修需要的期刊、音像资料等资源。				
		7. 微机室、图书室、阅览室和校园网建设完善，能为校本研修营造良好环境和条件。				
	研修资源（3分）	8. 建立以本校教师为主体，能够胜任培训工作的培训团队。		3		
		9. 积极开发与利用可用于培训的网络资源和其他资源。				
		10. 利用教研机构、师资培训机构、网络等培训资源实施校本研修。				

续表

一级指标	二级指标	三级指标	评估方式	分值	自评	考评
校本研修的管理（20分）	制度建设（4分）	11. 学校有校本研修制度。校本研修考核、奖惩与管理制度健全，有学校校本研修学时认定方案细则。	座谈、查资料、看现场	4		
		12. 学校和各学科教研组均有校本研修的规划、年度计划和总结，有教师队伍建设规划和阶段性实施意见。				
	实施管理（16分）	13. 根据本校实际建有实用的校本研修模式。如集体备课模式、教研活动模式、学习模式等。		16		
		14. 校本研修有时间保证。活动有记录，有明确的活动主题、内容和方式。				
		15. 教师参与校本研修的积极性高，参与率达100%。				
		16. 教师校本研修档案资料齐备、规范。				
		17. 校本研修考核规范，考核结果应用合理、规范。				
校本研修的内容和方式（40分）	研修内容（16分）	18. 学校确定有基于学校发展的培训内容。	座谈、查资料、看现场教师的抽样测试	16		
		19. 学校有教师职业道德、教育法规、教师职业发展、学校德育教育等培训内容。				
		20. 学校结合实际，较系统进行教育教学基本理论、教育教学评价、现代教育技术等培训。				
		21. 学校确定有校本研修理论与实践、教育科研基本知识、方法等培训内容。				
		22. 教师确定有结合课堂教学实践中的问题，积极开展新课程标准和教材研究的研修内容。				
		23. 教师确定有基于自己专业成长的自主研修内容。				

续表

<table>
<tr><th>一级指标</th><th>二级指标</th><th>三级指标</th><th>评估方式</th><th>分值</th><th>自评</th><th>考评</th></tr>
<tr><td rowspan="6">校本研修的内容和方式（40分）</td><td rowspan="6">研修方式（24分）</td><td>24. 基于课堂教学的研修方式：示范观摩、听课评课、同课异教、微格教学、案例分析。</td><td rowspan="6">座谈、查资料、看现场教师的抽样测试</td><td rowspan="6">24</td><td rowspan="6"></td><td rowspan="6"></td></tr>
<tr><td>25. 基于专家指导的研修方式：专题讲座、以老带新、案例点评、咨询诊断、名师工作室等。</td></tr>
<tr><td>26. 基于同伴互助的研修方式：结对互助、教研活动、专题沙龙、兴趣小组、交流研讨、集体备课等。</td></tr>
<tr><td>27. 基于专业发展的研修方式：实践反思、技能训练、教学竞赛、专题（课题）研究、论文撰写等。</td></tr>
<tr><td>28. 基于网络平台的研修方式：校园网站、专题论坛、主题空间、博客写作、QQ群交流等。</td></tr>
<tr><td>29. 基于校际合作的研修方式：对口支教、影子培训、项目合作、基地活动、校际结对、区域联盟等。</td></tr>
<tr><td rowspan="5">校本研修的成果（30分）</td><td rowspan="5">研修成果（25分）</td><td>30. 校本研修有亮点，形成校本研修机制，教师参与校本研修热情高，效果好。</td><td rowspan="5">座谈、听课、查资料</td><td rowspan="5">25</td><td rowspan="5"></td><td rowspan="5"></td></tr>
<tr><td>31. 教师通过研修，教学工作能力和水平普遍提高，班主任工作能力加强，班级管理规范有效。</td></tr>
<tr><td>32. 主题式研修取得成果，有阶段性课题研究成果。</td></tr>
<tr><td>33. 教师校本研修指导手册填写内容充实、规范，有关于培训效果的阶段性自评、反思报告。</td></tr>
<tr><td>34. 教师在区级及以上教学评比中获奖率较高。教师所撰写的教学论文、教学案例及制作的多媒体课件等在县级及县级以上评比中获奖或在刊物上发表的篇数较多。</td></tr>
</table>

续表

一级指标	二级指标	三级指标	评估方式	分值	自评	考评
校本研修的成果（30分）	研修成果（25分）	35. 创建“校本教研示范校”工作成效显著。	座谈、听课、查资料	25		
		36. 学校能主动承担区级以上的研修活动任务，教师能积极参与各级研修活动，上公开课、教学讲座等次数较多。				
		37. 教师合格学历比例和高学历比例达到相关规定。				
		38. 教师信息技术能力达到上级教育行政部门要求的标准。				
		39. 学生各种综合实践活动成效显著。				
		40. 构建高效课堂有效果，学科教学质量提高，课堂教学效率高、教学成绩优良。				
校本研修的成果（30分）	成果推广与特色（5分）	41. 在正式出版物上发表过与校本研修有关的文章。	座谈、听课、查资料	5		
		42. 在区级以上范围内推广或介绍过校本研修经验。				
		43. 在校本研修的内容、形式、管理等方面有创新。				
		44. 探索出适合本校实际的校本研修模式。				
评估得分		评估结果				

说明：1. 本评估细则满分为100分，学校在校本研修方面成绩突出且有特色，获得县级以上教育主管部门、教研机构表彰的可给予酌情加分（国家级加5分、省级加3分、市级加2分、县级加1分，同一奖项以最高级别为准，不累计加分），荣誉及奖项加分总额度控制在5分以内。

2. 校本研修工作考核结果分为四等：优秀（90～100分）、良好（80～89分）、合格（60～79分）、不合格（60分以下）。

五、校本研修学时认定制度

陕西省为了全面推进校本研修工作，于2013年9月下发了《陕西省教育厅、陕西省财政厅、陕西省人力资源和社会保障厅关于加强中小学教师培训工作的实施意见》，对教师参与培训的学时提出了明确要求，并将校本研修计入教师培训学时。

第二节　校本研修案例资源的开发

教育案例是校本培训和校本研究的极好载体。教育案例的科学开发与应用是一种十分方便、快捷、有效的教师校本研修的形式。

一、教育案例的含义

对于什么是案例，学术界还没有一个统一的认识和标准，华东师范大学的郑金洲博士在《教师如何做研究》一书中对相关研究进行了汇总，他认为，案例是含有问题或疑难情境在内的真实发生的典型性事件。

以此分析，教育案例就是指包括所有教育教学问题或教育教学疑难情境的典型事件。一个教育案例就是对一个真实发生的教育教学事件的描述。教育案例通常是一个真实的事件，而且这个事件含有问题或疑难情境冲突，这些问题或疑难情境还必须有典型性和代表性。由于案例是对真实教育教学情境和事件的描述，所以常以故事的形式呈现，有主题、背景、冲突、供思考的问题等，蕴含着相关的教育理论，反映出教师的典型行为和思想情感。

二、案例资源开发的意义

由于教师职业的特殊性，每位教师从走上讲台那天起，每天都会面临不同的问题。这些问题有的来自教师，有的来自学生，它们都反映在一个个具体的教育教学事件之中。教育案例的开发，就是通过对教育教学典型事件的分析，引导教师分析和关注教育教学过程中所遇到的问题，并进行深入研讨，它是教师校本研修的一种有效形式。案例资源的开发过程，也是一个重新认识问题，整理自己思维的过程，这个过程可以提高教师的反思能力和分析、处理教育教学问题的能力，提升教师的专业素养。

教育教学案例资源的开发过程是教师对自己的教育教学实践进行回顾、教育教学行为进行反思的过程，是对教育教学经验进行分类整理和理论提升的过程，更是教师进行自主研修的过程。在这个过程中，教师能将感性经验上升到理性认识，并使成功的经验逐渐强化，逐步形成教师的个人风格。另外，一个好的案例可供其他教师学习、借鉴和研讨，这也是同伴互助的具体体现。

案例 3—4

是巧合还是必然？

——记一次美丽的成长邂逅

一、问题的出现

“利息的计算”是人教版数学六年级上册的内容，讲授这一内容是在我刚从事教育工作的第二年。当时的我年轻气盛，经验尚不足。在上此课前，我看了看标题，脑子里清楚地记得公式：利息＝本金×利率×时间。上课时，我在讲台上高谈阔论，看着学生们基本上都学会了解答这样的问题，心里很是洋洋得意。

突然，有个学生胆怯地举起了手，我微笑着对他说：“有问题吗？”他望望我，畏畏缩缩地把手放了下去，“没关系的，老师帮你解决心中的疑惑，你有什么问题就说吧！”学生深深地吸了一口气，站了起来，我又开始摆自己的“大师风范”：“老师最喜欢爱思考、爱问问题的学生！”他这才开了口：“老师，课本 99 页的这个利率表，我有些不懂。”“嗯，你说。”“我妈妈喜欢把钱一直存在银行不取。”“对呀，这样利息高。”他顿了顿，接着说：“可是，老师您看书上这个利率表，一年的利率是 2.25%，半年的利率是 2.07%，三个月的利率是 1.71%，这样算来，我把 100 元钱先存半年，再存半年，依照公式计算，一年的利息就是 100×2.07%×2＝4.14（元）；如果三个月三个月地存，一年的利息就是 100×1.71%×4＝6.84（元），也就是存期越短所得利息越多。”他这样一问，我立刻蒙了，陷入了深思。这时全班学生立刻叽叽喳喳地争论起来了。有人说：“对呀！说得有道理。”有人说：“嗯，我也同意。”我心里很清楚，这样的算法、说法肯定不对，可是如何跟学生解释，我却觉得很难。那一刻的我坐立不安，刚才的兴奋劲消失得无影无踪，没想到我一个大学生也会被一道小学数学题难住。幸亏下课铃声解救了我，可是一直未解答的问题却一直困扰着我。

二、问题的解决

一下课，我就立即去询问同事，带着诚恳的态度虚心请教这个问题。一位同事听了之后，也有点蒙，想回答却又怕回答错了……我又上网查询答案，答案也五花八门，我不知道该相信谁的。我一头雾水，问题还是没有解决。这次的经历让我开始认清自己的位置：我是一名普通的小学教师，虽然我教的可能是1+1=2这类简单问题，但要让学生理解1+1=2，让学生听懂，让学生记住是相当困难的，而这才是我这个小学数学教师的根本任务。作为学生的引路者，我不能自傲，也不能向这个问题认输，于是，我开始四处寻求帮助，想在下一节课给学生一个满意的答案。我给银行的一位朋友打电话询问这个问题，他听后笑着说："呵呵，原来也有问题能难住我们的王老师啊。"我不好意思地说："别卖关子，赶快给我解答吧！"经过朋友的细心讲解，我终于明白了，原来课本上给出的利率都是年利率，也就是说，存100元，存半年的利息是100×2.07%×0.5，如果半年半年地存，存一年就可以取102.07元；而存三个月的利息是100×1.71%×3/12，如果三个月三个月地存，存一年就可以取101.71元。问题解决了，我豁然开朗，带着喜悦的心情，我一上课就把这个问题的解答方法告诉了学生，同时我也谦虚地告诉学生："老师不是神人，当神人也很累，以后让我们一起学习，一起进步吧！"全班学生不约而同地鼓起掌来……掌声久久地回响在我的心里，让我久久不能平静，至今还记忆深刻。

三、带来的思考

这个问题的出现看似巧合，回头想想却是必然的。作为刚毕业的大学生，我和一些青年教师一样，通过自己的努力进入了教师行业，拿着初中或高中的教师资格证教着小学课程，年轻气盛、心高气傲。有人觉得以自己的水平教小学会屈才；有人觉得自己不用多么用心备课就能把40分钟的课填补得满满的；还有人觉得无论什么问题在自己面前都能迎刃而解……可是当遇到自己解决不了的问题时，我们应该怎么办？是沮丧？是放弃？还是呵斥那个提出问题的学生？我庆幸自己能有这样一次机会，让我更加看清了自己，认清了自己的职责。

再回头想想这次事件，我的内心全是感激，我为自己与不会解答的问题有这样一次美丽的邂逅而感到高兴。在今后的教学中，我要时刻谨记“谦虚、好学、不耻下问”，力求让自己的课符合每一个阶段小学生的认知水平，能把每一个问题深入浅出地讲解给学生听，不仅要让学生听懂、会做，更重要的是要让他们记住，会灵活应用。不管是巧合还是必然，我会怀着一颗感恩的心，感谢这次美丽的成长邂逅，希望用它时刻提醒自己不忘一名小学教育者的初心。

（由安康市汉滨区大竹园镇正义小学王晶珏提供的案例改编）

这个案例记录了一位教师对教学中出现的一个事件进行处理、思考以及自己从中得到提升的过程。对于一位刚参加工作不久的教师来说，这样的经历一定会对她今后的教育生涯起到积极的作用。

三、选择教育案例的标准

郑金洲博士对一个好的案例提出了11个标准。

1. 一个好的案例应讲述一个故事。像所有好故事的标准一样，一个好的案例必须要有有趣的情节。要能把事件发生的时间、地点、人物等按一定结构展示出来，当然在这其中，对事件的叙述和评点也是必要的组成部分。

2. 一个好的案例要把注意力集中在一个中心论题上，要突出一个主题，如果有多个主题的话，叙述就会显得杂乱无章，让人难以把握事件发生的主线。

3. 一个好的案例描述的应该是现实生活场景，反映的是近年来发生的事情，因为读者更愿意接触这样的案例。

4. 一个好的案例可以使读者有身临其境的感觉，对案例所涉及的人产生移情作用。

5. 一个好的案例应包括从案例反映的对象那里引述的材料。如某个学校或某个班级的案例，可以引述一些口头或书面的、正式或非正式的材料，以增强案例的真实感。

6. 一个好的案例需要对面临的疑难问题提出解决办法。

7. 一个好的案例需要有对已经做出的解决问题的决策的评价。也就是说，一个好的案例不仅要提供问题及解决问题的方法，而且要有对这种解决问题的方法的评价，以便为新的决策提供参照。

8. 一个好的案例要有一个从开始到结束的完整情节，要包括一些戏剧性的冲突。

9. 一个好的案例的叙述要具体，也就是案例不应是对事物大体如何的笼统描述，而应是对事物所具有的总体特征所做的抽象化、概括化的说明。

10. 一个好的案例要把事件置于一个时空框架之中，也就是要说明事件发生的时间、地点等。、

11. 一个好的案例要能反映教师工作的复杂性，提示出人物的内心世界，如态度、动机、需要等。

四、教育案例资源的开发途径和方式

（一）素材的收集与选择

教育案例资源的开发需要教师首先进行素材的收集，然后对收集到的素材进行筛选，并从中提炼出有价值的素材。

教育案例的素材主要来自教师自己或他人日常教育教学的实践活动。教师在教育教学过程中或在教研活动、培训活动中，都可能会碰到许多实际问题，在对这些问题进行自觉或不自觉的研究和思考时，会积累很多经验和教训。这些经验和教训便成了撰写教育案例的素材。

1. 收集素材

在收集教育案例的素材时，教师要关注细节，要站在一定的高度仔细观察具体的教育现象，准确记录并认真思考，记录时既要全面，又要突出重点。

在收集教育案例的素材时，教师应根据素材的来源确定不同的收集方式。对自己亲身经历的一些事件，如自己课堂教学中的含有问题的情境，或自己参加教研活动时的听课、说课、评课等，可以通过自己的参与真实地记录，并在记录的同时思考问题，以便于总结经验。在现代信息技术环境下，教师还可以通过网络、光盘、电视、报刊等媒体收集相关的素材资源，并结合自己的实际进行记录与分析。

前面介绍的案例 3－4 的素材就是来自教师自己的亲身经历。还有一些

案例则是通过教研活动获得的，如以下几个案例就是我在教研活动中或听课过程中获得的。

案例 3—5

再谈新媒体应用智慧

5 月 26、27 日，我有幸参加安康市电教馆组织的“新媒体、新技术应用培训会（初中专场）”。本次培训会时间紧凑，内容充实，既有对新媒体认识的观念引领，又有新媒体功能的展示，还安排了使用不同媒体的观摩课堂。参加培训后，我的思想受到冲击，觉得值得借鉴的东西很多，收获很大。

26 日下午，我应邀在会上做了“带着智慧走进教育新媒体时代”的主题报告，主要针对什么是新媒体，新媒体对教育教学工作的影响，以及面对新媒体需要什么样的智慧等谈了自己的看法。同时我还观看了几家新媒体商家的产品演示，了解了几种新媒体在教学中的应用。27 日上午，我听了使用不同媒体开展教学的三节课，感受到了教育技术的“新、奇、特”，课后与参加会议的同行就这三节课的感受交流了自己的想法。

下面结合三节课的内容，我再谈谈新媒体的课堂应用智慧。

第一节课是西安的一位教师执教的语文课，课文题目是《最后一课》，选用的新媒体是触控电视。教师的基本功还是相当不错的，很自然，课堂的知识和技能目标应该说是很好地达成了。教师用新媒体展示了作者都德的简介，有图片，有文字，这样展示节约了时间。

接下来，教师对课文进行分析，引导学生复习小说的三要素，分析人物形象。在这个过程中，教师让学生对课文进行分段，有学生提出第 1 至第 11 自然段为第一部分，并说明了自己的理由。然而，从教师的表情看，这个答案并不符合教师的预设结论，于是教师又让几个学生回答，最后大家的意见才达成一致。在分析课文的过程中，教师得到了与自己结论一致的答案后，就会在电视上呈现出正确的答案。这一节课中，虽然教师有让学生进行分段，也有对小弗朗士的变化的分析，但几乎没有学生自主阅读、感悟及交流思想的过程，教师也没有在黑板上书写一个字，所有教学内容都是直接在电视上呈现的，最后随着课堂教学的不断推进，都被覆盖了。

点评：媒体是教学的辅助工具，这节课中新媒体的自然功能发挥得不错，简易、方便、直观。然而，过度应用新媒体影响了学生的自主阅读，教师对课文的过度分析和肢解也限制了学生的欣赏与体验。

于是，我在点评中针对本节课向与会的教师提出了第一个思考问题：如何处理好新媒体、教师、学生及教材之间的关系？

我个人认为，语文教学应回归语文学科的本质，“语”与“文”并重，“说”与“写”同在，“讲”与“悟”同行。

第二节课是宝鸡市的苏老师执教的物理课，内容是“浮力”，所使用的新媒体是电子白板。

教师用“曹冲称象”等图片自然引入新课，然后出示了万吨巨轮和热气球等图片，同时在图片上做受力分析。这个过程展现了电子白板的价值，那就是，既兼顾了多媒体中PPT的直观，又兼顾了传统黑板的功能。为了从实验中得出浮力的有关结论，苏老师安排了几个演示实验和学生分组做实验，这个环节显示了教师的教学智慧。

实验一是将一个带着线的乒乓球放在盛有水的烧杯中，通过改变烧杯的倾斜程度，来说明浮力的方向。

实验二是通过把一个鸡蛋放在水中和放在饱和食盐水中出现的不同现象，来说明浮力与哪些条件有关。在这个实验中，出现了因食盐水中食盐用量不足而使鸡蛋没有按预设的那样浮起的问题，教师及时进行了处理，最后实验成功了。

实验三是选定六个问题，让六个小组抽签后分别进行实验，实验结束后，各小组汇报结论。在这个过程中，学生的参与度很高，汇报时表达也很不错。最后教师总结，以《死海不死》的视频结束新课。

点评：本课较好地处理了传统的媒体资源（如实验）和新媒体在教学中的关系。在教学中，教师能机智地处理预设与生成之间的关系，同时也关注了学生的合作与表达。

但在交流汇报环节，我看到学生只汇报实验结果，而没有汇报实验完成的过程，于是我在点评中向与会的教师提出了第二个思考问题：如何发挥新媒体在小组合作学习中的作用？

持续合作的前提是尊重知识产权。在各小组长汇报小组结论时，教师应引导学生将自己小组是怎样完成合作的过程的、在这个过程中遇到了什么困难、小组成员是怎么克服的、在得到结论的过程中谁的贡献最大等问题进行汇报，这样的合作体验才是真正的合作。

第三节课是安康的一位李老师执教的数学课，内容是“平行四边形的复习”，使用的新媒体是多功能一体机。

在课堂上，李老师首先提出一些问题，带领学生复习了平行四边形的相关知识。在复习特殊的平行四边形时，李老师让学生利用新媒体将平行四边形、菱形进行转换，学生利用工具熟练地演示了转换的过程。这个环节发挥了新媒体的独特作用，实现了原有的教学手段难以达到甚至达不到的效果，展示了几何图形的运动变化过程。这就是经历和体验。

在将矩形转换为正方形时，学生经过几次努力，仍没有达到理想的结果，于是教师带领大家分析原因，直到问题解决。这体现了教师的机智和智慧。

在巩固练习环节，教师让学生将自己的练习在实物投影上展示，边展示边讲解，体现了“学重要的在于讲”的理念。在课堂上，媒体的直观、形象的特点发挥得较好，教师和学生的状态也相当不错，学生的发言获得了全体听课者的阵阵掌声。

在点评中，我向参会的教师提出了第三个思考问题：怎样处理好新媒体与学生的经历、体验和参与之间的关系？

在 27 日下午，按照安排，一家电子白板商和一位研究生就电子白板在教学中的功能做了详尽的说明，我听了后很受启发。毫无疑问，这些功能强大的设备可以把教师要表达的东西完全呈现出来。然而，我同时也在思考，如果教师没有先进的教育观念和教育思想，没有使用这些新技术、新媒体的智慧，这些“新、奇、特”的新媒体、新技术会不会造成学生的“呆、傻、哑”？

2. 选择素材

收集到的素材并不是都能成为好的案例素材，为了发现真正的问题，总结有价值的经验，教师在撰写案例前还应对所收集的素材进行筛选，选择那些具有问题冲突的真实的素材。在同类素材中，要注意其是否具有典型性、实效性、创造性。具体来说，就是要选择那些包含一个或多个疑难问题的事件，并且这些事件常常容易在实际教学活动和教育管理活动中引起困惑和思考。素材还必须要能反映事件发生的特定教育背景，隐含普遍存在的、大家关注的问题，要能体现问题的深刻性，要有实用的价值，真正反映事物的本质。同时，素材要能够引起人们的思考，具有能够供人们借鉴，便于人们操作，有助于人们领悟教育教学原理的闪光点。另外，素材还要具有一定的现实意义、应用价值和理论研究价值，并充分体现在教育教学的思想、方法、手段和原理上，使教师能看出事件揭示的某些教育教学的规律，能够开拓撰写者和读者的新思路，启发他们进行创造性的思维。

案例 3—6

2011 年 7 月，我参加了陕西省教学能手评选工作，担任初中化学组的评审组长。在听课过程中，教师和学生在课堂中的一些表现及课堂现象引发了我的一些思考。以下是两则活动片段记录及感悟。

“教练员”比不过“运动员”

此次评选，首次将教研室和教师进修学校的教师纳入比赛范围，于是出现了“教练员”与“运动员”同场比赛的情况。

根据各组反映上来的情况看，大部分参赛的教研员和进修学校的教师由于长时间没有在课堂上实践，加上只有 90 分钟的准备时间，所以他们在说课、讲课等环节中的表现略逊一筹，甚至出现冷场或教师无法控制课堂局面的情况。

从决策层的设计来看，本次让教研员和进修学校的教师参加评比，是对教研室工作的一种肯定。然而，由于主客观原因，除少部分教研员能上课，极少数教研员能上好课外，教研员更加习惯于指导教师，习惯于理论讲座。同台竞技就像一把双刃剑，一方面，给教研员提供了展示自己的机会，另一方面，如果教研员把握不好展示自己的机会，会使他们的威信大打折扣。

因此，我在赛后的组长总结会上给相关领导提出了建议：对教研员的评选办法可以做一些改进，从内容和形式上不必要求教研员与教师一样，因为他们有自己的职业特点。这就像网球明星李娜的教练不能和李娜比赛，但李娜的成绩离不开教练的指导一样。

有生如此，让师情何以堪

在渭南一位教师的课堂上，教师讲授的内容是“溶液的酸碱性”，一位学生在教师讲解的过程中举手示意有问题要问，教师高兴地让他说。没想到的是，学生一上来就说他有三个问题。

第一个问题：老师所写的“PH”是错误的，“P”应该小写。教师虚心地接受了。

第二个问题：食盐水是中性的吗？他认为，根据“pH 值示意图”可以看出，水的 pH 值是介于 6～7 之间的，按酸碱性与 pH 值的关系，应为酸性，那食盐水也应该是酸性了。

第三个问题：书上的“pH 值示意图”标注为什么不是从 0～14，而是1～14?

对于第一个问题，教师表示诚恳接受，并立即进行改正。

剩下的问题教师还没有表态，学生就已展开激烈的争论。

实际上，这两个问题都对教师的教学智慧提出了挑战，如果处理好了，就是一个很好的课堂教学生成点，甚至会成为课堂教学的亮点，但如果处理不好，教师就会很尴尬。因为这两个问题都涉及酸碱性的实质和 pH 值的实质问题，要给初中阶段的学生说得很透彻是比较难的。

在一位教师讲授溶解现象这一内容时，教师把硫酸说成是溶质，立即有学生指出，溶质不能是硫酸，因为硫酸是混合物。

一位教师在写铝与氧气反应的化学方程式时，加上了“点燃”这一条件，学生提出，铝与氧气在不点燃的情况下也能反应。教师立即进行改写(这个是需要解释说明的)。

感悟：教师的知识储备和课堂智慧是上好课的前提，否则面对这样的学生，还真的无法将课进行下去。

3. 提炼素材

选择了有价值的素材内容后，我们还需要针对某个事件或某种现象进行深入的思考，进一步明确我们要解决的问题是什么，要说明的规律是什么，要达到的效果是什么，从而提炼出我们所需要的素材。

案例 3—7

关于吃饭，你喜欢什么方式

去民主学校参加学洋思教学模式交流研讨活动。

一、教师们的困惑

困惑一：关于先学后教，当堂训练。学生基础较差，没有时间预习，没有时间搞“堂堂清、日日清、周周清、月月清”怎么办?

困惑二：关于出示目标，自学指导。怎样提出自学要求?

困惑三：如果实验班学生的成绩比不过普通班学生的成绩，怎么办?

困惑四：教师在课堂上只讲 10 分钟，领导和家长不理解怎么办?

困惑五：洋思模式在我们的学校是否适用?

二、课堂中的现象

现象一：出示了教学目标（一般用多媒体），但课堂结束时教学目标又不见了。

现象二：学生自学时，教师没有留给充足的时间。教师时常代替学生将问题解决了，没有营造产生冲突和解决冲突的情境。

现象三：没有学生交流反馈的环节。

现象四：没有目标达成度的评价。

三、吃饭，你喜欢什么方式

可以将教学模式与吃饭做个简单类比。

方式一：做啥吃啥，不吃强喂。这是传统讲授式的教学方法，也是大家都批评的“填鸭式”教学模式，但又是大家最熟悉的方式。在这种方式的教学中，教师是权威，一切都是教师安排，学生别无选择。

方式二：做啥吃啥，诱使着吃。这要求做饭的人把饭菜做得色、香、味俱全，吸引别人主动去吃。启发式教学、诱思探究法等都是这种类型的。这种方式要求教师在情境创造、问题设置上符合学生的心理要求。在这种方式的教学中，教师是引导者，是主角，学生被引着走。

方式三：规范操作，提供食材，自做自吃。提供做饭的原料和做饭的程序以及饭菜的要求，由食者自己或在他人的帮助下完成做饭的任务。洋思模式就是这种方式。在这种方式的教学中，教师是指导者，负责制订目标、观察与指导学生，学生必须主动参与。

方式四：根据营养需要，吃啥做啥，自主探究，共同分享。由吃饭人自己决定吃什么，用什么原料、用何种方法、做成什么味道都由吃饭人自己做主，做完后由大家分享评说。杜郎口的教学模式就是这样。教师是市场管理者、资源提供者、评价者和参与者。

方式五：野炊式，大家提供原料，自己找场地，共同参与，共同分享。这是外国的教育方式。

五种方式中，最简单的是方式一，最享受的是方式四，最值得回味的是方式五。

你以为呢？

（二）教育案例的撰写

虽然教育案例没有一个统一的格式，但是为了能让读者更好地理解作者的意图，案例本身必须包含以下几个要素。

1. 要有一个引人注意的标题

案例的标题起着非常重要的作用，它既可以提供关键信息，也可以反映案例的主题。教育案例可以用事件定标题，也可以用案例的主题做标题。

案例 3—8

把学生抱上支架

今天，我在一所乡下中学听了三节物理同课异构课，讲的内容都是“探究凸透镜成像规律”。有两位教师在探究前都给学生讲清了焦距、物距、像距等概念的定义，可以说为探究凸透镜成像规律搭建了很好的支架。

但是，接下来，教师把本应由学生完成的探究内容又逐个进行了深入的讲解，学生动手时间少，交流时间少，导致教学效果没有达到预想的程度。

（教学片段略。）

这就像是为了人上楼方便修建了楼梯，同时又花更大的力气把人抱上楼。实际上，这些人是完全有能力自己走上楼的，而且他们也乐意自己走上去，而不是被人抱上去。

我们教师教学很累，学生学得也很乏味，原因就是我们常常给学生搭了支架，却不管他们同意不同意，又将他们抱上了支架。

2. 要有引发兴趣的引言

引言主要用来说明事件发生的背景，便于读者对案例有大致的了解。

3. 要有引人入胜的情节

没有一定的情节的案例，即使它所提示的规律再有启发性，也无法吸引读者继续读下去。

4. 要有引起冲突的问题

案例与故事的最大区别是案例具有明确的问题意识，始终是围绕问题的发生、问题的呈现、问题的原因和问题的解决途径来展开的。

5. 要有解决问题的方法

在案例撰写中，对于案例中出现的问题，教师应逐步呈现解决问题的思考过程、方法和步骤，以及解决问题过程中出现的一些曲折，对一些暂时还没有明确方法可以解决的问题，要把它按一定的类别进行归类，并提供给学生，给大家思考。

案例 3—9

教学中要学会等待

我的记忆中有这样一幕：在一次听课时，一位教师提问一个平时学习很一般的学生，问题不是很难，但这个学生就是紧张得回答不出来，一分钟过去了，学生急得脸通红。这时，教师轻轻地说："别着急，你再看会儿课本，我相信你一定行。"又一分钟过去了，其他学生纷纷举起了手，但是这位教师仍然微笑地看着刚才的那位学生，耐心等待着，等待着……终于，这位学生正确回答了这个问题。虽然这位教师最终因此拖堂了几分钟，但后来出现了奇迹，一年后，那个学习很一般的学生居然成了该班的优秀生。仔细想来，这或许正是因为这位教师善于等待，给了学生战胜自己的信心，并让学生相信，只要自己用心付出，没有什么事是做不到的。

我曾听过吴正宪教授做的报告，他有这样几句话让我很是折服：

"教师学会装糊涂也是一种教学智慧，教师要学会等待，等待是一种教学理念，等待是一种教学策略，等待同样是一种教学艺术。"

"教师要学会等待，等待是一种尊重，今天1加1不等于2不要紧，若你今天伤了学生的心，则会后悔无穷。"

对于这一点，我感触很深。我刚参加工作时，常常对学生抱有一种"恨铁不成钢"的心情。记得有一次，我让一个学生回答三角形内角和的定理时，这个学生一言不发，我怒气冲冲地说了一句"你简直是个榆木疙瘩"，学生霎时眼泪直涌。课后，这个学生给我写了一封信，信中有这样几句话："老师，我知道我很笨，但我希望您以后不要当着全班同学的面批评我，也希望您以后不要再提问我了……"

我的心就像掉入了冰窖，我知道自己犯了一个不可饶恕的错误。我冷静地想了想，然后走进教室当着全班学生的面郑重地给她道歉，并在每天的作业中用话语鼓励她，让她相信自己能学好数学。渐渐地，这个女孩的笑容多了起来，作业也工整了许多，上课也能大胆发言了，学习进步得很快。我也暗自庆幸自己的补救还算及时。

有这样一句话，受到别人的尊重是幸福的，也是快乐的。若每个学生都能在幸福与快乐中学习、成长，他们就能产生强烈的内驱力，面对各种困难都能主动想办法克服，长此下去，学习就会大有长进。经过一年的实验后，我更加明白，教师在教学中一定要给学生一些等待，一些充满关怀的等待，一些充满激励的等待，一些饱含深情的等待。

（由安康市汉滨高级中学李爱霞提供）

第三节 校本研修教学课例资源的开发

在校本研修资源中，教学课例是提升教师课堂教学智慧，提高教师教学技艺，改革教学方法的极好的资源。教学课例和教师的教学紧密结合，使研修接地气，研究有载体。

一、教学课例的含义

教学课例与教学案例不同。教学案例是围绕特定的问题展开的，是以问题的发现、分析、解决、研究过程为线索的，这个问题可大可小，但常常是单一的。而教学课例则是以某节课的教学设计、教学实施和教学反思为线索的，其表现形式常常是“第一次的教学设计思路一教学情境记录一教学反思”，并根据第一次上课的反馈，进行“第二次的教学设计修改一第二次教学实践一第二次反思”，直到形成本节课比较成熟的教学设计。

二、教学课例常见的开发和呈现方式

(一) 教学设计总体思路十第一次教学实践情境描述十第一次教学反思十修改后的教学设计十第二次教学实践的情境描述十第二次的教学反思

案例 3—10

不同的学情也能催生出情感共鸣的高潮

——《背影》教学课例研究

一、“一上”分析——2013 年汉滨初中“国培”中的教改展示课

【主题与背景解读】

《背影》一文是著名散文家朱自清于 1925 年在清华大学任教期间，读到

父亲的来信，想起与父亲相依为命的日子，有感而发写下的散文。这是一个肩负着民族使命，备受人生飘零之苦，备尝人世酸甜苦辣而又极具人性关怀的成年男人对血浓于水的亲情的怀念。当我们为人父母，感受到担负生活重任的不易之时，方才明白父母当初养育子女的艰辛。年少时父亲一如既往地将对儿女的深沉的爱藏于一个个平凡的生活细节之中，成了儿女理所应当的依赖；而当子女成年以后，父母日渐衰老，不再强势，儿女对父母的感激、疼惜、爱恋就表现在物质的孝顺和精神的抚慰中。普天之下，对父母恩情的理解莫不如此。过去的朱自清如此，今天的我们如此，未来的孩子们亦如此。于是“父疼子，子爱父”成了亲情传承和延续的永恒主题。

教材编排者有意将本文编排在八年级语文上册的第二单元中，是颇具匠心的。在学习了第一单元以战争为主题的课文之后，紧接着让学生明白人世间不仅有残酷的侵略杀戮，更有慰藉心灵的亲情存在，引导学生带着真挚的心灵去触摸人物在沧桑的经历中对于爱的体验，懂得珍惜亲情，并常怀感恩之心，感激生活中爱的馈赠，并用实际行动去回馈爱，传承爱，延续爱。

【教学背景】

在教授本篇课文时，我所带的班级已经尝试了一年的教学改革，在学习和借鉴山东杜郎口中学、江苏洋思中学的教改经验的基础上，初步形成了“预、展、评、测”的语文教学模式，即自主预习—展示交流—总结点评—反馈测评。尤其是学生对自主预习的内容和方法已经明确，养成了提前走进作者和文本，并脱稿展示预习内容的习惯。因此，在课堂上主要是学生引领学生进行展示和交流，教师再针对现在的孩子习惯于理所应当地享受父母给予的爱，没有用心去体会，更谈不上去回报父母恩情的现状，通过引导学生体会文本的细节，借助多媒体手段渲染以及我自身经历的宣讲，来触动学生的心灵。用真情来唤醒真情，以感动来带动感动。

【研究方向】

1. 怎样真正实现学生语文课堂学习的自主性？

2. 怎样挖掘与拓展文本情感教育的深度与广度？

【教学目标】

知识与能力

1. 交流、展示文学常识及字词预习情况。

2. 感知课文内容，理解“背影”在文中的作用。

过程与方法

1. 让更多的学生参与学习并能引领其他学生学习。具体做法：教学分为导入新课、介绍作者、字词学习、内容感知几个环节，学习完之后，由四名小主持人即兴叫号让其他同学进行脱稿反馈，小主持人根据反馈的情况进行点评，教师根据情况进行追问。

2. 教师引领学生品味细腻的亲情。通过 PPT 出示的“问题驿站”来引领学生进行小组合作讨论与交流；之后，教师进行追问，挖掘教材的深度；播放《望父买橘》的视频渲染情绪，使学生感动；通过对重点词语的分析，体会父亲爱的真诚。

3. 用教师的下水文和同一话题的歌曲延续爱的感动。

情感态度与价值观

引领学生品味细腻的亲情，并拓展延伸，激起感动的高潮。

【教学重难点】

通过对四次背影、五句人物语言、四次流泪场面的描写来引导学生品味细腻的亲情，继而联系生活，催生学生对亲情的感念之情。

【教学准备】

教师准备

1. 熟悉写作背景资料。

2. 制作 PPT 课件，下载《望父买橘》的视频。

3. 写下水文——《病榻上的父爱》。

4. 教给学生预习方法，点明重点。

方法及内容指导：

精美课文我来读——流利地读，动情地读；

文学常识我来记——记文体、作者、写作背景；

生字新词我来写——记录课后字词、课下注释；

易错字词我点击——查找形近字、多音字、易错字；

内容整合我来做——感知课文内容，谈感想；

疑问疑惑我来提——结合主题，练习提问；

妙词佳句我来赏——欣赏优美词句、修辞句。

学生准备

1. 课前做好自主预习。

2. 推荐四名学生做课堂小主持人。

【课堂实录】

（一）导课

（课间播放崔京浩演唱的歌曲《父亲》。）

师：同学们，刚才的歌曲叫什么名字呢？

生：《父亲》。

师：从歌曲中，我们能体会到一个儿子对父亲的感激之情，因为他最终理解了父爱的伟大。可是在生活中，我们对于父爱的理解总是比较迟缓的，等我们理解了时，通常已时过境迁。我们做儿女的大都如此。今天我们一起走进朱自清的《背影》，看这位名人是如何理解和感知父爱的。（板书课题）

（二）学生主持学习

师：下面有请我的第一位助教。

小主持人1：大家好，我们在初一的时候学过朱自清的《春》，已经对朱自清有了一定的了解，下面请一组8号同学给大家说说朱自清的情况。

（学生脱稿说作者情况。）

小主持人1：（补充）说朱自清是学者，是因为朱自清1916年考入北京大学预科，1917年升入本科哲学系，1920年毕业后在浙江、江苏教过书，1923年发表影响巨大的长诗《毁灭》，1925年担任清华大学教授，1931年到英国留学，1938年担任西南联合大学教授。说朱自清是民主战士，是因为他和闻一多、李公朴一样致力于反对黑暗，为民众争取权利，他拒绝到国民党当局做官，宁可饿死也不吃美国的救济粮，去世前还嘱咐家人保持民族气节。

小主持人2：大家好，回顾了作者的概况后，我来检查一下大家在阅读课文时对本文中字词的学习情况。请二组7号同学说说本文中哪些生字的字音、字形及其词语的意思需要注意。

（学生答“奔丧”的“丧”的字音，“狼藉”的“藉”的字形。）

小主持人2：再请三组6号同学继续点击易错的字词。

（学生点击“蹒跚”的字音，“颓唐”的字音，“簌簌”的字形。）

师：（追问）同学们，在本文中“父亲的老境是如此颓唐”中的“颓唐”是什么意思？

生：衰颓败落。

师：（追问）那么在“他今天看起来很颓唐”这个句子中，“颓唐”又是什么意思？

生：精神不好。

师：对，大家一定要注意，同一个词在不同语境中的意思是不一样的。

小主持人2：下面请大家看大屏幕，请把上面的词语准确地朗读出来。

（学生集体朗读：奔丧、颓唐、琐屑、蹒跚、举箸提笔、簌簌、狼藉、交卸、迂腐。）

小主持人3：大家好，接下来我将考考大家是否对课文内容熟悉，请回答两个问题：（1）送行的过程中父亲为儿子做了哪些事？（请四组2号同学回答）（2）全文分别写了父亲哪几次的背影？（请同学自愿给大家讲讲）

小主持人3：（追问）那么，“背影”在文章结构上起什么作用？

生：贯穿全文的线索作用。

（三）教师引领学习

1. 品味细腻的亲情：父疼子

师：（出示PPT）在送行的过程中，父亲为儿子做了哪些事？

生：（自由发言）亲自送行、照看行李、讲定价钱、送子上车、拣定座位、嘱咐儿子、嘱托茶房、为子买橘。

师：从中可以看出父亲的爱具有怎样的特点？

生：细心关照，周到入微。

师：哪一件事最让你感动？

生：望父买橘。

（教师播放《望父买橘》的视频音画，学生投入地欣赏。）

师：请同学们阅读文本，勾画出描写父亲的穿戴、走路的姿势、爬月台的动作的词语，对照视频展现的画面做分析。

生：父亲的穿戴——黑、深青，穿着朴素，心情沉重；走路的姿势——蹒跚，年纪较大，腿脚不便；爬月台的动作——攀、缩、倾，行动不便，步履艰难。

师：（出示PPT）父亲还用什么表达了自己对儿子的关爱？

生：语言。

师：请大家找出文中关于父亲的五处语言描写。

生：“不要紧，他们去不好”“我买几个橘子去”“你就在此地，不要走动”“我走了，到那边来信”“进去吧，里边没人”。

师：父亲的这些语言包含着怎样的深情？

生：怜惜体贴，依依不舍。

2. 品味细腻的亲情：子爱父

师：（出示PPT）儿子理解父亲的深情吗？从哪些地方可以看出来？

生：通过作者几次对父亲背影的描写以及他几次的落泪可以看出。

望父买橘：艰难的背影，感动的泪；

父子离别：惜别的背影，惆怅的泪；

含泪读信：再现背影，思念之泪；

觉得自己“太聪明了”：聪明过分，后悔自责。

师：从中可以看出作者真切地理解了父爱，真诚地感激父亲。

3. 拓展延伸，延续感动

师：在家境惨淡、祸不单行的日子里，饱经忧患的父亲以质朴的细节诠释着自己对儿子的万般体贴和疼爱，尤其是在患难中流露出的亲情，总是让人难以忘怀。在这里，老师和作者感同身受，“子欲养而亲不在”的遗憾让我对父亲的怀念越来越深。此刻请允许我用我写的文章《病榻上的父爱》来表达一下对父亲的追思和缅怀。（教师朗诵自己的作品）

4. 结束

再次播放歌曲《父爱》，让学生的情感体验回归自身。

【课例分析】

对于同一篇课文，一百个教师有一百种教法，而同一个教师在多次教授同一篇目时，教学思路也是不相同的。这是因为随着自身经历的不断积累和对生活的思考与感悟，人们每一次解读文本时都会有不同的感受，而且每一次的学情也不尽相同。在这一次的教学中，我做到了对以教师讲授为主的传统教学思想的超越。

第一个超越：学生不仅是学的参与者，也是教的参与者。我大胆放手，不仅引导学生自主学习，还让学生引领课堂学习。这符合新课标尊重学生主体地位的理念，让学生从学习知识转变为教别人学习知识，既促进了学生对知识掌握的熟练性和理解的透彻性，又培养了学生点评与追问的能力，也提升了学生的思维能力、判断能力、语言表达能力以及组织管理能力。在课例的前半部分中，三位学生落落大方地组织教学并落实教学任务，更能吸引学生的注意力。这节课中人人都在发言，这让我更相信人人参与学习，人人参与教学的局面一定会在班里形成。如果教师做好导演，给学生一个舞台，学生的潜能就能得到更大的发挥。

第二个超越：我通过四个层次的亲情品悟活动，对学生进行了较为成功的感恩教育，让学生的情感体验呈递进式上升。这节课用真情感动了学生，感动了听课教师，同样也感动了我自己。在播放《望父买橘》视频时，听着低沉而略带伤感语气的朗读声，看着臃肿而步履蹒跚的父亲艰难地攀爬月台的画面，有些女生热泪涟涟，那是因“父亲”的行为而感动。适时地借助多媒体手段，能更好地激起学生情感的共鸣。在品味“父疼子”与“子爱父”的亲情时，我紧紧抓住特定环境下的四次背影、五句语言、四次流泪场面的描写，集中突出了情感体验的主题。尤其是我朗诵下水文《病榻上的父爱》，将自身经历的父爱充满感情地表达出来后，学生真情流露，渲染了充满感动与疼惜之情的课堂气氛，使学生能明显感觉到老师与作者的感同身受。在最后聆听崔京浩演唱的歌曲《父亲》时，学生的情感体验回归到自身，让这些原本对亲情麻木的学生开始反思、自责、回忆，真正从心灵深处感激父母的关爱和呵护。当我们真正拨动学生心灵的真情之弦时，爱的乐曲就会自然流淌。

第三个超越：这次教学为凸显文本主旨找准了切入点。以前的教学，只突出“父疼子”的主题，而这次教学中还挖掘出了“父爱子”“子爱父”的主题。通过品析四次背影、五句话语、四次流泪场面的描写将细腻的亲情挖掘出来，使我顿悟，教师只要不断地钻研教材，并根据自身的经历挖掘教材的内涵，找准切入点，就能起到事半功倍的教学效果。

有了超越，课堂教学就会更精彩。当然，这次课堂教学也存在一些不足。只有不停地反思并改正，才能达到打造精品课堂和高效课堂的目的。

反思一：学生参与了教学后，还应调动学生质疑问难的积极性，让课堂生成的成分更多一些。教师通过预设问题引领学生品味细腻的亲情环节，还应该将学生在预习中提出的问题在课堂上呈现出来，这样就能生成更多的新问题，也能培养学生思考和质疑的习惯，从而使课堂的预设因为课堂的生成而更加精彩。

反思二：课堂容量大，学生互动环节多，教学时间没有高效地利用，导致课堂拖堂两分钟。学生在主持文学常识和字词学习时浪费了时间，这部分内容可以精简些。PPT的内容有些繁杂，还出示问题答案，这样既影响了学生多角度地解答问题，又耗费了时间。高效的课堂是没有一分钟时间被浪费的，作为一名省级教学能手更应该娴熟地驾驭课堂。

二、“二上”分析及改进——2013年12月5日汉滨区高效课堂推进会高效课堂展示课

【课例研究新方向】

学情发生了变化，我运用已有的教改经验，运用同一教学设计，能否催发情感的高潮，能否出色地完成教学目标？

【教学背景的变化】

与第一次上《背影》的展示课相比较，这次展示课的学习对象发生了变化，学情也大不一样了。这次执教的对象是汉滨区民主初中的学生，我对学情的了解是空白的，学生对我的了解也是空白的，师生之间有陌生的距离感，而本文的教学目标之一就体现在情感教育上，所以师生的互动、对话以及情感的共鸣很重要。更棘手的是，执教的学生没有形成“预习—展示”的学习习惯和学习方法。

【教学新设想】

为了能让师生和观摩者的情感形成共鸣，并按原定的教学方案执教本文，我决定事先上一节预习课，拉近师生的距离，初步了解学情，教给学生自主预习及课堂展示的方法和技巧，以减少课堂上的时间浪费，避免出现冷场的现象。为了让学生带动学生，以学生影响学生，我还带上了自己班上的四名学生做小主持，这样既能激起民主初中的学生回答问题的热情，又使课堂多了同龄人的平等对话，更有利于教学的生成。

【课堂实录】

（一）课前学法指导

师：同学们好！看到大家友好而热情的目光，想到你们将会创造精彩的课堂，老师很激动，激动之余，又有点忐忑。老师今天上课需要你们的帮忙，大家愿意吗？今天的课堂是否精彩还要看你们这节课预习的效果，大家能出色地完成预习任务吗？

生：一定能。

师：老师教大家一些预习方法，好吗？

生：好。

（教师出示预习指导的内容，讲清要求，并将自己学生的预习作业本分给民主初中的同学看。）

（学生按要求独立完成预习。）

师：下一节展示课时，我的四名学生也会参与你们的课堂学习，不过这四名同学是我的助教，他们将会代替我引领大家学习，将会随机让你们回答问题，但是由于他们不知道大家的名字，所以老师现在就临时给大家分组，一个小组四名同学，分别编成1～4号。上课时，我们小组之间还要比一比看哪个小组发言的人最多。希望大家能配合我。（将16个学生分成四组，并编号）

（二）课堂展示

1. 导课（与“一上”相同）

2. 学生主持学习（与“一上”相同）

3. 教师引导学习

师：老师刚才站在一边看到了同学们积极而又主动的学习状态，很是兴奋。同学们在自主预习时很高效，对文本内容有了一定的了解。接下来我将带领大家深层次地探究文本，首先从大家的疑惑开始，请各组的同学在组内交流自己阅读本文时产生的疑惑问题，每组选出一个问题写在黑板上。

（四个小组的代表板书小组的疑惑：文中写父亲疼爱儿子，开头为何要写家境的惨淡？怎样理解父亲在买橘子时的动作？怎样理解“我那时真是聪明过分”？文中描写父亲买橘子时的穿着有何用意？）

师：各小组的问题很有价值，老师也提出如下问题，你们帮老师把这些问题解决了，你们的问题也就轻松解决了。

（教师出示问题：送行的过程中父亲为儿子所做的事说明父亲爱儿子具有怎样的特点？哪一件事最让你感动？父亲还用什么表达了对儿子的关爱？儿子理解父亲的深情吗？从哪儿可以看出？）

师：接下来我们一起品味细腻的父子之情。

（教师出示四个问题，与“一上”过程相同。）

师：通过对以上四个问题的探究，我们终于明白了这细腻的父子之情。接下来我们通过一段写话练习总结出来，让我们的思想获得新的提升。

（教师出示PPT，学生补填空缺的词语。）

品味了细腻的父子之情，我突然明白父亲疼爱儿子，爱在行动中，爱在语言里。父亲爱儿子，爱得如此细心体贴，爱得如此周到入微，爱得如此专注忘我；儿子爱父亲，表现在对父亲的真切理解，表现在对父亲的真诚感激，表现在对父亲的深切怀念，更表现在对自己行为的自责和反省中。

师：接下来大家看看刚才提出的问题，看哪些现在明白了，哪些还需要老师引导解答。

生：文中写父亲疼爱儿子，开头为何要写家境的惨淡？

（教师引导学生理解：更能渲染悲凉的气氛，更能体现患难之中见真情，更能突出父亲对儿子专注忘我的爱，更能感动人。这就是文章打动人心的地方。）

师：家是爱的发源地，父母经年累月地为儿女输送爱的养料，使儿女得以安稳地长大。请大家细细回想父母在生活中为我们所做的一切，然后分享老师写的一篇散文《病榻上的父爱》。

（学生小主持人饱含深情地朗诵《病榻上的父爱》并点评，其他学生欣赏。气氛有些忧伤，有的女生已经泪光点点。）

师：请用你的笔写写父母为了家、为了你而日渐粗糙的手、新增的白发、加深的皱纹、嘶哑的声音……

师：谢谢大家的合作！因为有你们，我们的课堂更精彩！

（掌声响起。）

【课例分析与反思】

“二上”和“一上”相比较，在教学环节的过渡上做到了自然地引入与紧密地衔接，前后贯通一气，特别注重了过渡语的衔接。最明显的超越之处在于，我在引领学生品味了细腻的父子之情后，又用排比句结合前面品析过程的板书，通过写一段话的形式对探究的结果进行了总结，从而使学生获得了新的感悟。这是教学思想和教学方法的更新，使学生有效地将读、思、说、写结合了起来，如果长期坚持这样训练，对学生的语言表达会起到良好的训练效果。

本次教学的情感目标完成得不太理想，“二上”在这方面的效果不如“一上”的。在欣赏父亲艰难地为儿子买橘子的视频时，两个班级的学生感动的程度差不多。出现情感差距的地方是在学生小主持人朗读《病榻上的父亲》时，我所带班级的学生异常感动，女生几乎都哭了，男生也沉默许久，而民主初中的学生的感动情绪并不明显。仔细思考其中的原因，主要根源在于学情的差异。原本是陌生的主体，只有短暂的接触，民主初中的学生是很难迅速和我亲近起来的，那么我少年时的经历自然不能轻而易举地打动他们，情感也就很难形成共鸣。而自己班级的学生，由于长期的接触，对我的爱戴之情早已形成。因此我少年时的经历很容易催发他们的怜悯之情，感动之情很快就发酵了。今后在面对陌生学生时，要构思拉近师生情感距离的妙招，找到学生和教师情感的共鸣点，这样才能让教学对话充满情感。

三、“三上”研究与感悟——2013 年 12 月 14 日安康市“名师大篷车”送培到岚皋的展示课

【新的研究方向】

挑战和考验我驾驭教材、调动学生的能力，真正依据学生的感受和体验来设计教学程序，尽可能地调动学生进行逐层深入的情感体验，真正让学生与作者、与文本、与教师产生情感共鸣。

【新的教学背景】

与第二次上《背影》的展示课相比较，这次展示课的学习对象发生了变化，学情也大不一样了。这次执教的对象是岚皋县初级中学的 16 名学生，而观摩教师的人数是学生的三倍，众多的观摩教师会使学生在课堂上的紧张感增强。我对学情的了解是空白的，师生之间有陌生的距离感，我必须要想办法消除学生的紧张感，这样学生才能敢于展示。同样面临的问题是，这里的学生没有形成“预习一展示”的学习习惯和学习方法，我同样要进行简单的学法指导。另外，怎样高效地让学生掌握学法并灵活运用也是我要思考的问题。因此，我还是提前给学生布置了简单的预习任务，让学生提前熟悉一下文本。

【教学再设想】

对于陌生的学生，要共享情感体验之盛宴，教师必须要从一开始导课就紧扣学生的体验，让学生设身处地感受，并逐层推进，催发其感恩父母的情感。因此，本次的教学设计如下：利用简单的话语“儿子眼中的父亲”导入—说说朱自清—易错字词点击—预习反馈小检测—内容整合说“背影”—问题驿站品亲情—总结提升悟亲情—拓展生活说亲情—走进岁月念亲情。

【课堂实录】

（一）导入新课

师：（出示 PPT）请学生代表朗读“儿子眼中的父亲”。

7岁："爸爸真了不起，什么都懂！"

14岁："好像有时候爸爸也不对……"

20岁："爸爸有点落伍了，他的理论和时代格格不入。"

45岁："是否该和'老头子'商量商量，或许他能帮我出主意。"

55岁："真可惜，爸爸去世了，说实话，他的看法相当高明。"

60岁："可怜的爸爸，您简直是位无所不知的学者，遗憾的是我了解您太晚了！"

师：读了这些话后，你明白了什么？

生：儿子随着年龄的增长才慢慢读懂父爱，理解父亲。

师：是啊，生活中的我们也是如此，面对父母的所作所为，等我们懂得了之后，已经是时过境迁了。这节课我们一起走进朱自清的《背影》，看这位名人是怎样解读父爱的。（板书课题）

（二）文学常识我来记

师：要走进朱自清的文章，我们首先要走近他本人。我们在初一的时候学过《春》，对朱自清是有所了解的。哪位同学能说说朱自清的情况？

（学生脱稿说出。）

（三）易错字词我点击

师：朱自清从北京大学毕业，做过清华大学和西南联合大学的教授，是名副其实的学者，《背影》写的是他离开家去北京大学上学父子分别时的情景。你在读课文的时候觉得哪些字的字音容易读错？哪些字的字形容易写错？

生：我觉得"奔丧"的"丧"应该读 sāng，"踌躇"应该读作 chóuchú，要注意韵母。

生：我觉"狼藉"的"藉"容易写错，要注意上面是"艹"。"琐屑"的"琐"要注意字形，左边是"王"字旁。

师：这两位同学在预习课文时很细心，同时也懂得了分享，感谢他们给我们提了醒。那么其他同学预习得如何呢？让老师来考考大家。

师：（出示PPT：预习反馈考考你）结合语境，填写词语。

这是一个老境如此(　　)的父亲，老母亲去世，孩子又尚未成年，自己的差事(　　)，(　　)在家。满院(　　)，心情亦凄凉。离别的车站我们看到的是(　　)的背影，走进岁月，成为永恒。（赋闲　颓唐　交卸　狼藉

蹒跚）

（四）内容整合说背影

师：同学们读课文时，不仅要从本文中学习和积累新的词语，还要知道本文写的是什么内容，下面我们就来说说“背影”。

师：（出示PPT）全文分别写了父亲的哪几次背影？

（学生回答，教师总结归纳，出示答案。）

师：（追问）可见“背影”在文章的结构上起到了什么作用？

生：（全体）线索作用。

（五）问题驿站品亲情

师：同学们知道了“背影”在课文结构上的作用，其实，“背影”还凝聚了深深的父子之情，接下来我们就走进问题驿站品亲情。你们的问题有哪些呢？请先在小组内快速交流，然后各组选出一个问题写在黑板上。

生：“他用两手攀着上面，两脚再向上缩；他肥胖的身子向左微倾，显出努力的样子。”这句话写出了父亲怎样的现状？

生：怎样理解“我那时真是聪明过分”？

生：作者写父亲买橘子时的穿戴是黑色的，有何用意？

生：开头为何要写家境的惨淡？

师：同学们的问题很有探究的价值，要弄明白你们的问题，那就先要解答老师提出的问题。

师：（出示PPT）在送行的过程中父亲为儿子做了哪些事？

生：照看行李、讲定价钱、送子上车。

生：拣定座位、嘱托茶房、为子买橘。

师：（追问）从这些事中，我们可以看出父亲爱儿子爱得怎样？

生：（全体）细腻体贴，无微不至。

师：哪一件事最让你感动？

生：（全体）望父买橘。

师：下面欣赏视频，然后说说你的感受。

生：我觉得父亲太爱儿子了，父亲爬月台很艰难，我都哭了，太不容易了。

师：那课文中是怎样写父亲爬月台的？谁来读一读，说一说？

生：“我看见他戴着黑布小帽，穿着黑布大马褂，深青布棉袍，蹒跚地走到铁道边，慢慢探身下去，尚不大难。可是他穿过铁道，要爬上那边月台，就不容易了。他用两手攀着上面，两脚再向上缩；他肥胖的身子向左微倾，显出努力的样子。”（教师出示 PPT）

师：这位同学在朗读时投入了自己的感情，很快进入了情境。你从哪些词语看出父亲爬月台的艰难？

生：蹒跚、探、攀、缩、肥胖、微倾、努力。

师：再看看父亲的穿戴有什么特点？

生：肥胖。（教师引导学生说出“臃肿”一词）

师：父亲的穿戴的颜色大都是黑色的，这和当时家中的环境有关系吗？

（学生沉默。）

师：当时他们家里出了什么事？父亲的内心是怎样的？

生：祖母死了，父亲失业，父亲的内心肯定是悲伤的。

师：从上面的语句中我们看出，父亲年迈体衰，内心沉重而悲伤，步履艰难，可是尽管自己是如此艰难，他也要表达疼爱儿子的心意。你觉得父亲爱儿子爱到什么程度？

生：爱得很深。

师：不仅爱得深，更爱得专注，爱得忘记了自己。（板书：专注忘我）

师：父亲不仅用行动来疼爱儿子，语言中也体现出对儿子的爱。父亲的哪些话语表现出对儿子的关爱？

生：“事已如此，不必难过，好在天无绝人之路！”

生：“不要紧，他们去不好！”

生：“我买几个橘子去。你就在此地，不要走动。”

生：“我走了，到那边来信！”

生：“进去吧，里边没人。”

师：从这些话语中可以看出父亲怎样的情感？

生：父亲很体贴儿子，还有对儿子的不舍。

师：父亲爱儿子，那么儿子理解父亲的深情吗？从哪儿可以看出？

生：从儿子几次流泪和自责的话中可以看出。

师：那几次流泪都是在怎样的情况下发生的？分别表达的是怎样的心情？

（学生回答，教师板书。）

师：探究完了老师提出的问题后，你们的问题现在解决了吗？

生：解决了。

（六）总结提升悟亲情

师：通过问题驿站品了亲情，我们就会有许多感悟，下面我们通过写话的形式将自己的感悟总结出来。（教师出示 PPT，内容与“二上”相同）

（全体学生口头补填，然后集体朗读一遍。）

（七）拓展生活说亲情

师：品完朱自清的父子之情后，大家可能会联想到自己和父母的感情。是啊，在生活中，父母也是细心周到地关爱着我们。请你将生活中父母感动你的瞬间和大家分享一下好吗？谁先来？

生：有一天我很困，坐在沙发上看电视时迷迷糊糊睡着了。后来我突然醒来，原来是母亲端了一盆热水，在给我洗脚，瞬间我哭了。（学生哽咽地说）应该是我给母亲端水洗脚的。

师：的确让人很感动，这位同学也用感动的泪水表达了对母亲的感激。请同桌给这位同学一个赞赏的拥抱吧。

（学生拥抱。）

生：上次我生病了，母亲悉心地照顾我，我意外地发现母亲有了几根白头发，想着母亲老了，我心中酸酸的。（这位女生哭了，学生情绪都受到感染，老师也被感染了）

（学生纷纷发言讲述自己被感动的瞬间。）

师：感谢同学们的真情流露，老师也将两个感动的瞬间和大家分享一下。

（教师出示 PPT，并动情地解说一个电视公益广告：爸爸得了老年痴呆，什么都记不起来，儿子带他去吃饭，盘子里面剩下两个饺子，爸爸直接用手抓起饺子放进了口袋。儿子愣住了，尴尬地说：“爸，你干什么？”爸爸说：“我儿子最爱吃这个了。”最后广告中出现这行文字：“他忘记了一切，但从未忘记爱你。”）

师：能说说你感动的原因吗？

生：这位老父亲什么都不记得，唯独记得儿子的喜好，因为他太爱儿子了。

（教师出示 PPT：大年三十晚上，我在外地加班不能回家过年。虽然爸爸知道我不回去，但他还是一个人冒着刺骨寒风在人烟稀少的小车站一直等一直等……妈妈叫他回家，可爸爸说："万一她骗我们呢，万一她晚上就回来了呢。"后来妈妈告诉我这件事的时候，我心里就像被锤子狠狠地砸着那么难受。）

师：能说说你感动的原因吗？

生：这位父亲的行动感动了我，他说的话更感动了我，从中可以看出他一心为孩子着想。

（八）走进岁月念亲情

师：我们总是在父母的心头，几乎是父母的全部。为了我们，父母不惜付出生命，我的父亲就是这样。为了我上学有学费，他硬是舍不得用那变卖牛羊得来的二百元钱治胃病，钱留下来了，父亲却永远离我而去。今天，"子欲养而亲不在"的遗憾仍留在我心中。下面谨以散文《病榻上的父爱》怀念我的父亲。等会儿我把它作为一份礼物送给同学们，希望大家在分享我的父女之情的同时更能感怀你们的父子、父女或母子、母女之情。如果我的文章触动了你，那就请你用手中的笔写写父母，写写他们为了家、为了你而日渐粗糙的手、新增的白发、加深的皱纹、嘶哑的声音……因为你懂得！

（掌声响起。）

师：今天的课就上到这里，谢谢你们的合作！因为有你们，我们的课堂更精彩！最后用两分钟的时间，评选一下我们今天最佳的发言小组和发言之星。（教师根据每组回答问题的人次写"正"字并计算每组学生的发言次数，评选出第一小组为最佳发言小组；再根据各组长写的"正"字，选出各组的发言之星。师生合影留念，教师赠送文章。）

【课例分析】

本次的课堂教学比较出色地达到了预期的教学效果，很好地验证了课例的研究方向，即面对第一次接触的教学对象，只要教学过程注重学生的情感体验和思维取向，教师能循序渐进地引导，不断激发学生的情感，就能潜移默化地开展感恩教育。借当时参与观课活动的汉滨区教研室的陈朝林老师的话："语文课不需要煽情，但是可以情不自禁。"这就是对这节课达成教学目标的一种肯定。

本次公开课之所以较为成功，是因为我注重了教学预设和教学生成的相互推动关系，丰富的预设让教学生成更精彩。我在教学预设时紧扣"亲情"的话题，从"品亲情""悟亲情"，到"说亲情"，再到"念亲情"，遵循人的思维循序渐进的特点，一步一步地酝酿感情、催生感情。在“品亲情”的过程中，学生观看《望父买橘》的视频，看到朱自清的父亲爬月台的艰难的动作和身影，以及视频中显现的儿子落泪的情景已经感动，再通过“悟亲情”又加深了对父母形象的认识，从而使“说亲情”有了方向。更让我感到惊奇的是，第一个说亲情故事的女生是哽咽着并流着泪讲完的。此时此刻，这位女生的情感感染了整个课堂的听课者，紧接着其他三个女生在讲亲情故事的时候也情不自禁地哽咽了，或许这就是感同身受吧。对父母真挚的感激之情在此时自然奔涌，这就是情感的生成。最后，我将自己的下水文《病榻上的父爱》做了简单介绍，可并没有当堂朗读，而是作为礼物送给学生，将悬念留到课后，也将感动和怜惜之情延续到课后。

只有经历了，才会有发现，有了发现就会有提高。进行教学预设前一定要了解学情，找准最能触动学生心灵的切入点，这就需要研究学生的年龄特点和思维的规律。只有了解了学生的心理，教师的预设才能真正为教学生成搭桥铺路。

四、课例结语

“一课三上”让我顿悟，对于《背影》这类抒情散文，面对不同的学情，只要找准了情感体验的切入点，就能使学生和文本、学生和作者、学生和生活实际、学生和教师形成一种情感体验的共鸣，从而使教师真正地将情感态度和价值观的教育潜移默化地融入教学之中。

每一次教学实践总能带给我们一些收获和思考，只要善于积累这些收获和思考，我们的课堂必然灵动精彩。

附：

病榻上的父爱

“清明时节雨纷纷，路上行人欲断魂。”

伴着迷蒙细雨，我来到父亲的坟前，杂草丛生的坟茔诉说着这里的孤单与凄凉，泪眼蒙眬中，病榻上父亲枯瘦如柴的模样似乎又浮现在我的眼前。

那年，我刚好上初三，成绩一直优秀，父亲最大的愿望就是想让我走出农村，顺利考上中专。在我紧张备战中考的时候，父亲却得了很重的胃病。

又逢周五，我饿着肚子跋涉了三十里山路，回到家已是下午两点多了。我走到父亲床前说：“爸，感觉好点儿了没？”父亲强忍着疼痛说：“看到我女儿，感觉就好一些了。你饿了吧？我给你做饭，你妈到地里干活去了。”

父亲黯淡的眼神里闪现出一丝喜悦。由于病痛，父亲的背有点佝偻，青黑色的上衣显得很肥大。由于每天只喝一点儿粥，父亲的身体越来越消瘦，脸色也愈发青黑。父亲先将馍馍热在锅里，然后笨拙而专心地切好白菜丝，又抓来一把红苕粉条放在瓷钵里，舀了半瓢水浸泡粉条。我将灶火烧得很旺，父亲在锅里放了油，比妈妈放得要多一些，还说："你平时在学校里吃不到什么油，今天多放一点儿给你补补。"听着父亲暖暖的话，我热泪盈眶。哎，要是父亲的胃病好了该多好啊！在我的沉思中，白菜粉条汤已做好，喝着父亲做的汤，我的眼泪簌簌地落下来。从来不做饭的父亲，为了女儿竟然拖着病体走进厨房。佝偻的身体，笨拙的动作，痛苦且欣慰的面孔，多少年来一直在我脑海中清晰地回放。

又一个周六的晚上，我在睡梦中突然被雷鸣电闪惊醒，迷迷糊糊地听到父亲在说："孩子他妈，赶快起来将晒台上的木瓜干收回来，淋雨了就不值钱了，凤儿上学还指望它呢。"听着这话，我的泪又流出来了。父亲执拗地不看医生，就是不想花钱，一心想着为我上学攒钱。那时农村人靠土地吃饭，没有人外出打工挣钱，家里的经济来源就是靠卖一点儿农产品。父亲卖了一头牛和一只羊，终于存了二百元钱，他硬是不拿出来看病。母亲劝他将这二百元钱拿去看病，可他突然大声向母亲吼道："我把钱花了，病又看不好，凤儿上学怎么办?"

父亲在最后一个月已吃不下任何东西，就连喝一点儿鸡蛋汁，也要吐出来。他每天躺在床上呻吟，从白天到夜晚，没有停止过。看着他那深陷的面颊和张大嘴巴喘着粗气的样子，我的眼泪止不住地流。我知道父亲将要离我们远去，我不知道没有了父亲，我将怎样生活。就在此时，父亲艰难地移动着右手，颤巍巍地握住我的手，嘴唇动了动，又看着妈妈。妈妈明白他的意思，连忙说："那钱我不会动的，一定留着给凤儿上学用。"留下这样的嘱托之后，父亲永远地去了。到现在，我一直深深地自责，当时已是初三学生的自己，为什么不坚持让父亲去看病？怎么连一点儿担当家庭责任的意识都没有？自己的无知终归留下了无法弥补的遗憾。

一阵山风吹来，我浑身瑟缩起来，和着雨水和泪水，我仿佛看见父亲站在远远的天边向我微笑。那是他欣慰的笑，因为他用生命换下的二百元钱成就了女儿的前途。我知道，我得好好地活着，为自己，更为父亲。

（由陕西省安康市汉滨初中张绪凤提供）

以上案例就是教师通过三次设计、三次实践、三次反思、两次修改教学课例而形成的，教师在修改完善的过程中提高了对教材和教学的认识，提升了对教材的处理能力，教学效果越来越好。这种形式的课例要求教师对教学设计和教学过程进行完整的记录，对教学过程及时进行反思，并在反思的基础上对教学设计进行修改，并再次进行教学实践。

（二）教学设计分析＋教学反思＋再上教学设计

案例 3－11

“等腰三角形”教学课例（人教版八年级数学上册）

【教材分析】

等腰三角形是一种特殊的三角形，学生在小学阶段对它的概念已经有所了解。本节内容在学生已有感性认识的基础上，从学生已经掌握的全等三角形和轴对称知识出发，理性地推理验证等腰三角形“两个底角相等”和“三线合一”的性质，旨在进一步培养学生综合运用性质定理进行推理的能力；而“等边对等角”和“三线合一”也是今后证明两个角相等、两条线段相等、两条直线互相垂直的重要依据，是继续学习等边三角形、四边形、圆与多边形的基础。因此，本节内容在教材中具有承前启后的作用，处于非常重要的地位。

【教学目标】

1. 理解等腰三角形的性质，明确等腰三角形的性质推导过程。

2. 能运用等腰三角形的性质进行简单的计算和证明。

【教法设计】

新课标要求课堂教学要充分关注学生的主体地位，展现“生成的课堂、发展的课堂、生命的课堂”。因此，在本节课的教学设计中，我将采用“导学激趣、自主探究、展示交流、评议升华、当堂检测”的五环节教学法，设计自学方案，让学生主动开展探究性学习，亲身体验知识的生成过程；组织学生充分展示学习收获，积极开展互评互议，让学生体验成功的乐趣，学会进行客观的评价；当堂对所学知识有针对性地进行检测，及时反馈学习实效。

在教学过程中，我将采用多媒体辅助教学，呈现直观的图形和动画，激发学生的参与兴趣，同时增大课堂容量，提高课堂教学效率。

【学法指导】

在学生学习的过程中，我从两个方面指导学生学习：一方面放手让学生结合动手实践去归纳等腰三角形的性质；另一方面，对等腰三角形性质的证明及应用，注意引导学生的思路，规范过程。这样做既有利于活跃学生的思维，又能帮助他们探本求源，让他们既经历知识的生成过程，又能发现新旧知识之间的广泛联系。对于知识的应用，我通过变式训练，强化理解的同时暴露问题，促使学生互评互议，合作交流。

【教学过程】

一、导入新课

创设建造房屋时需要找水平的生活情境，设疑激趣。

二、学生自主探究

（一）演示实验

把一张长方形的纸通过对折、裁剪，得到一个等腰三角形，让学生指出它各部分的名称。

（二）出示自学方案

自学教材 75～77 页的内容，尝试完成以下内容。

1. 结合 75 页中的“探究”，尝试取一张长方形纸片，动手裁剪出一个等腰三角形。对折等腰$\triangle ABC$，找出其中重合的元素填入下表。

重合的线段	重合的角

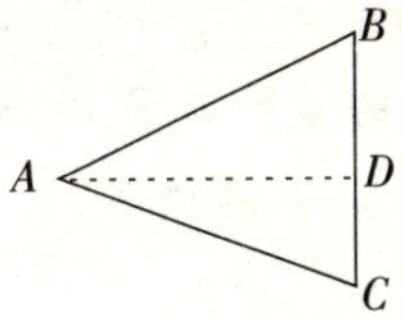

2. 由以上探究归纳出等腰三角形的性质。

性质 1　等腰三角形的两个________相等（简写成“________”）。

性质 2　等腰三角形的________、________、________相互重合（简写成“________”）。

3. 由上面的操作过程获得启发，你可以用什么方法证明以上性质？请结合课本图 13.3-2 具体说一说。想一想，辅助线还有其他的画法吗？

4. 用符号语言表示两个性质。（结合下页图）

性质 1

$\because AB=AC$，

∴________=________（等边对________）。

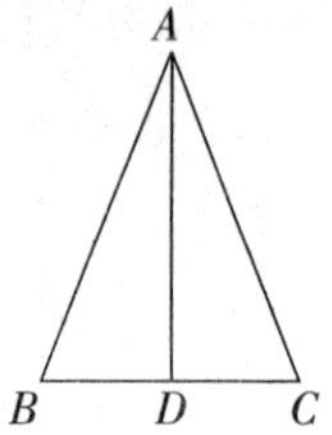

性质2　（简称：________）

① ∵$AB=AC$，$AD\perp BC$，

∴∠________=∠________，________=________。

② ∵$AB=AC$，AD是BC边上的中线，

∴∠________=∠________，________⊥________。

③ ∵$AB=AC$，AD是$\angle BAC$的平分线，

∴________⊥________，________=________。

5. 变式练习。

① 等腰三角形的一个底角为70°，它的顶角为________。

② 等腰三角形的一个角为80°，它的另外两个角为________。

③ 等腰三角形的一个角为110°，它的另外两个角为________。

6. 自学例1，尝试完成以下练习。

如图，$AB=AC$，$\angle A=40^\circ$，AB的垂直平分线MN交AC于点D。求$\angle DBC$的度数。

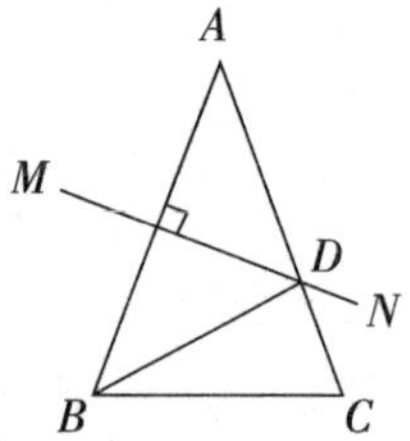

（三）学生自学，教师巡视检查，帮助有困难的学生，发现学生存在的共性问题。

三、展示交流

1. 动态展示，从轴对称性引导学生归纳等腰三角形的性质。

把剪出的等腰三角形ABC纸片沿折痕对折，重合的线段和角有哪些？你能发现除了两腰相等外，等腰三角形还具有哪些性质吗？说一说你的猜想。

学生展示归纳出来的等腰三角形的两个性质。

2. 因势利导，证明性质。

教师向学生说明，要想确认它们是真命题，必须对它们进行推理证明。

几名学生展示证明的过程，其他学生评判说理，体会转化的思想。

3. 应用展示，强化理解。

① 等腰三角形的一个底角为70°，它的顶角为________。

② 等腰三角形的一个角为80°，它的另外两个角为________。

③ 等腰三角形的一个角为110°，它的另外两个角为________。

4. 类比例题，拓展思维。

5. 转换语言，辨析内化。

将性质由文字语言转化为符号语言，感受性质的因果逻辑关系，将知识内化为图形模型。

6. “三线合一”性质应用展示。

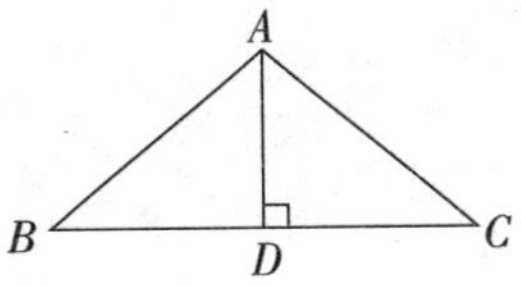

已知：如图，房屋的底角$\angle B=40^\circ$，过屋顶 A 的立柱$AD\perp BC$，屋椽$AB=AC$。求顶架上$\angle BAC$、$\angle BAD$的度数。

四、课堂小结

提问：这节课我们学习了什么内容？你有哪些收获？

学生自主小结。

知识：等腰三角形的性质。

方法：利用构造全等三角形证明线段相等、角相等。

思想：转化、分类、方程。

五、作业设计

1. 教材 81 页习题 13.3 中的第 7 题、第 12 题。

2. 自学教材 77～78 页的内容，完成 79 页练习中第 1 题、第 4 题。

【板书设计】

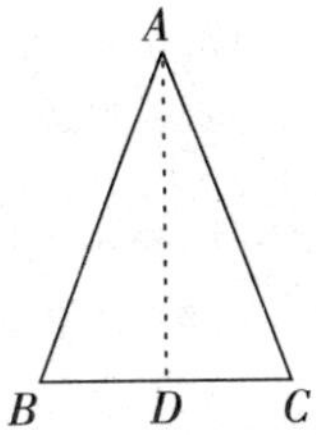

等腰三角形

性质 1　等腰三角形的两个底角相等。(等边对等角)

性质 2　在等腰三角形中，顶角平分线、底边上的中线、底边上的高重合。(三线合一)

第一次授课反思

一、整体状况

1. 改变了“教师教，学生学，先讲解后练习”的传统讲授式教学模式，采用了“先学后教，当堂训练”的自主建构教学模式。

2. 以学生的自主探究为基础，以展示交流为突破方式，以变式练习为强化手段，关注学生在课堂的主体地位，注重知识的生成过程，提升学生自主构建知识的能力。

3. 教师通过设计学习方案、编写探究提纲、组织自学展示、引导评价交流，发挥自身的主导作用。

二、存在的问题及反思

1. 创设的导入情境没有达到预期的效果，学生的探究兴趣未被激发出来，只发挥了引出课题的作用。应该适当引导学生弄清问题情境与已有知识的联系。

2. 尽管在课上给了学生八分钟的探究时间，但学生仍未能完成探究任务，因而展示的内容比较片面、肤浅。应对等腰三角形性质的证明给出明确的指示，从命题的角度引导学生发现已知和求证，进而寻求证明的思路，完成证明。在等腰三角形性质的语言转换环节，要强化总结出一般性的规律，使学生理解“边角互证”“三线合一”的规律。

3. 学生对等腰三角形性质在具体情境中的应用不准确，不能从逻辑关系上表述清因果。教师要加强板书的示范，有意识地引导学生在板演过程中自主纠错，掌握方法，形成习惯。

第一次授课后的修改

一、导入新课

建筑工人在盖房子时，将一块两边相等的三角板放在梁上，从顶点系一重物，如果系重物的绳子正好经过三角板底边的中点，就说明房梁是水平的，你知道为什么吗?

(1) 系重物的绳子竖直向下，如若房梁是水平的，系重物的绳子所在的直线与三角板底边具有怎样的关系?

(2) 系重物的绳子经过三角板底边的中点，是中线，与垂直于底边有何必然联系?

二、学生自主探究

由上面的操作过程获得启发，你可以用什么方法证明以上性质?请结合课本图13.3-2写出已知和求证，加以证明。

三、展示交流

1. 因势利导，证明性质。

教师向学生说明，要想确认它们是真命题，必须对它们进行推理证明。

几名学生口述证明的过程，其他学生评判说理。教师板书示范，引导学生体会通过做辅助线将证明边、角相等转化为证明三角形全等的转化思想。

2. 转换语言，辨析内化。

学生结合图形展示将性质由文字语言转化为符号语言，感受性质的因果逻辑关系，将知识内化为图形模型。教师引导学生发现“边角互证”“三线合一，知一线得二线”等规律。

3. “三线合一”性质应用展示。

已知：如图，房屋的底角$\angle B=40^{\circ}$，过屋顶A的立柱$AD\perp BC$，屋椽$AB=AC$。求顶架上$\angle BAC$、$\angle BAD$的度数。

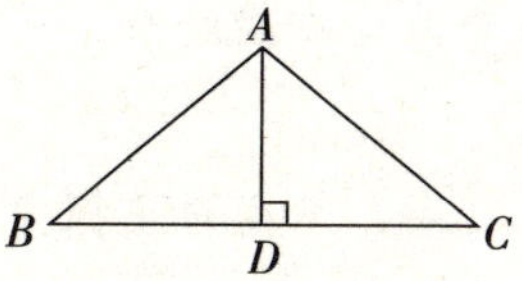

(1) 学生板演。

(2) 学生自主评价并纠错。

(3) 教师引导学生明确思路，规范过程，说清依据。

【板书设计】

等腰三角形

性质1　等腰三角形的两个底角相等。(等边对等角)

性质2　等腰三角形顶角平分线、底边上的中线、底边上的高重合。(三线合一)

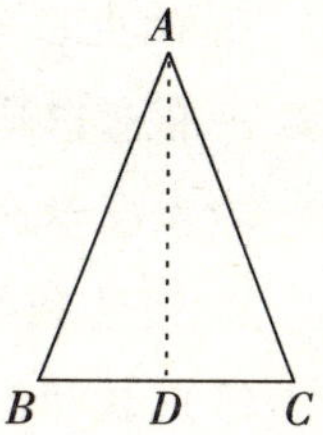

| 性质的证明 | | 例题变式的证明 |

第二次授课反思

一、改变的状况

1. 创设的导入情境实现了预期的效果，学生发现等腰三角形底边的中线与底边有垂直的关系，这是学生原来不知道的，所以他们迫切地想一探究竟。学生的探究兴趣被激发出来，也水到渠成地引出了课题。

2. 修改了探究提纲，指令明确地要求学生从命题的角度证明性质，与课本的内容有效对接，学生找到利用做辅助线证明全等的方法。对等腰三角形性质的语言转换，注意了直观与抽象的结合，从具体图形出发，使学生通过“边角互证”认识“三线合一”的规律。

3. 强化了板书的示范作用，有意识地引导学生在板演过程中自主纠错，让学生在具体情境中证明等腰三角形的性质，从逻辑关系表述清因果。

二、存在的问题

1. 学生不能体会用不同的辅助线证明等腰三角形的性质的方法，停留在“做中线”的单一证明方法。

2. 学生的探究时间不够，主要原因是所设计的例题变式要综合用到线段垂直平分线的性质和等腰三角形的性质，学生不能有效地关联，思考时间过长，从而导致后边探究的时间不够。

3. 变式练习题量偏大，学生不能及时完成。

4. 未留给学生继续学习的空间，未留给学生进一步探究的问题，没有将课堂内外有机结合。

第二次授课后的修改

一、学生自主探究

1. 由上面的操作过程获得启发，你可以用什么方法证明以上性质？请结合课本图 13.3-2 写出已知和求证，证明性质。思考一下，还能怎样做辅助线？

2. 自学例 1，在证明过程旁边写上每一步的证明依据。

3. 学生自学，教师巡视检查，帮助有困难的学生，发现学生存在的共性问题，有意识地引导学生选择不同的辅助线画法。

二、展示交流

1. 因势利导，证明性质。

(1) 教师向学生说明，要想确认它们是真命题，必须对它们进行推理证明。

(2) 学生口述证明过程，教师板书，追问推理的依据。

(3) 质疑：还有其他的证明方法吗？

类比体会做辅助线将原有命题转化为证明三角形全等，体会转化的思想。

2. 例题探究，规范证明。

学生结合图形，口述例 1 证明思路，教师板书，学生指明每步推理依据。

3. 变式练习。

已知：如图，房屋的底角$\angle B=40^\circ$，过屋顶 A 的立柱 $AD\perp BC$，屋椽 $AB=AC$。求顶架上$\angle BAC$、$\angle BAD$的度数。

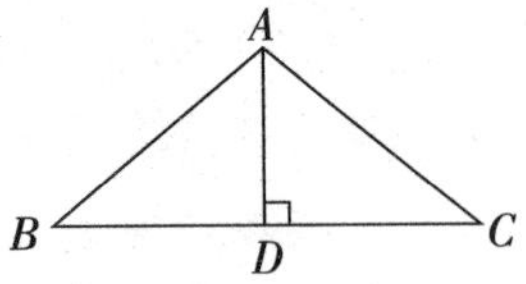

(1) 学生板演。

(2) 自主纠错。

(3) 强调性质应用符号语言表述。

三、课堂小结

提问：这节课我们学习了什么内容？你有哪些收获？

学生自主小结。

知识：等腰三角形的性质。

方法：利用构造全等三角形证明线段相等、角相等。

思想：转化、分类、方程。

四、作业设计

1. 教材81页习题13.3中的第7题、第12题。

2. 自学教材77～78页的内容，完成79页练习第1题、第4题。

五、课外拓展

1. 等腰三角形的腰上是否具有三线合一的性质？

2. 什么三角形三条边上都具有三线合一的性质？

【板书设计】

等腰三角形

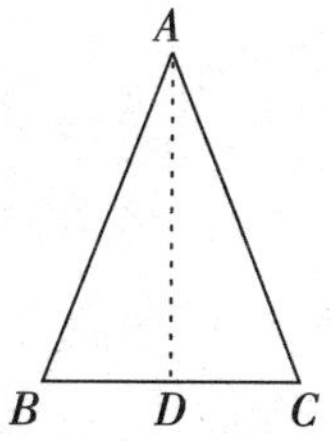

性质1　等腰三角形的两个底角相等。（等边对等角）

性质2　等腰三角形顶角平分线、底边上的中线、底边上的高重合。（三线合一）

性质的证明（教师板书）	例题的证明（教师板书）	例题变式的证明（学生板演）

（由安康市汉滨区五里镇民主九年制学校陈鹏提供）

（三）教学目标分析＋教学设计实施情境＋教学反思

这种课例表述形式是教师在课例研究中应用最普遍也最简单的一种形式，可以将教师在执教过程中的片段进行记录，并根据这些片段进行反思。

案例3—12

“笔算乘法（不进位）”课例

【教学内容】

人教版小学数学三年级上册第六单元“多位数乘一位数”第二部分中的“笔算乘法（不进位）”。

【教学目标】

1. 让学生经历多位数乘一位数（不进位）的计算过程，初步学会乘法竖式的书写格式，了解竖式每一步计算的含义。

2. 培养学生独立思考与合作交流的学习习惯，体验计算方法的多样化。

3. 将乘法计算置于现实情境中，增加练习的趣味，同时让学生体会数学知识与现实生活的密切联系，培养学生的好奇心与求知欲，培养学生的数学思想。

【教学重点】

掌握用竖式计算多位数乘一位数。

【教学过程】

一、激趣导入

师：在数学王国里住着一位智者，他和老师一样关注着大家的成长，想看看大家最近一段时间表现得如何，同学们有没有展现自己、超越自我的信心？

1. 出示口算乘法题和估算题。

师：同学们表现得真棒，老师都忍不住给大家竖起大拇指了，请你们自己给自己鼓三下掌吧。今天，老师将和同学们一起学习新内容“笔算乘法（不进位）”。

2. 出示课件。

（图片一：正义小学的操场。）

师：这是哪里？

生：我们的学校。

师：我们的学校美不美啊？

生：美！

师：蓝蓝的天空，粉色的教学楼，飘扬的五星红旗。是的，的确很美。

（图片二：自己班级的教室。）

师：这又是哪里？

师：我们教室的墙壁和别班有什么不同？

师：对，林老师为了培养咱们班未来的小画家设计了展示园地。那你们是用什么画的画？

师：哦，是彩笔。前几天我们帮助新华小学的同学解决了去游乐场花费的问题，今天他们又要参加学校举行的“迎国庆”画展，我们一起看看今天他们会有什么问题需要大家帮助解决。

二、自主学习

师：观察教材第 74 页中的情境图，根据图中信息你了解了哪些数学信息？(一盒彩笔 12 支，三盒彩笔一共多少支?)

师：你能用已有的知识列出算式吗？试一试。(12×3)

三、合作探究，小组交流

师：开动大脑，利用已有知识，自己计算出 12×3 的得数，把自己的算法写在练习本上，并和同桌交流。

(教师把大家的第一种做法用竖式的形式列出来。)

师：告诉大家一个小秘密，乘法的竖式列法与加、减法相同，都要个位对齐。你敢尝试吗?

四、汇报、交流与展示

1. 让学生自己看书解决，抽学生到黑板上演示，集体判断对错。

2. 让学生做书上的“做一做”。教师将“做一做”这道题设计成竖式贴的形式，帮学生明白算理。

五、精讲

1. 相同数位要对齐。

2. 从个位开始乘起。

3. 用一位数与多位数每个数位上的数分别相乘，乘到哪一位就把积写在哪一位的下面。

六、评议、补充

师：通过本节课的学习，同学们帮助了新华小学的同学，觉得幸福和快乐吗？有没有成就感？你们都收获了什么?

七、拓展思维

师：请同学们带着成就感和收获，和老师共同总结一下笔算乘法的方式，让我们一起来看看下面这道题好不好?

1. 完成课本第 75 页练习十六的第 1 题。

2. 学校准备带着所有学画画的小朋友到公园里画画，除了准备彩笔，还要准备画板，每块画板 21 元，你能算出 3 个人一共要付多少元吗?

八、课堂检测

师：同学们表现得都不错！敢不敢继续挑战自己?

生：敢。

师：好，看来大家都胸有成竹，已经跃跃欲试了，那就让我们一起小试牛刀吧！

1. 完成课本练习十六的第2题。（一道题5分，总共30分）

2. 我们班上有6个小组，要求每个小组有一盒12色的彩笔，请问全班一共有多少支彩笔？（选做题。答对20分，答错不扣分）

【反思与提升】

这部分内容是学生学习笔算乘法的开始，是在学生学会了表内乘法，掌握了整十、整百的数乘一位数口算的基础上进行教学的。本节课主要探讨每一位数上的积都不满十的任意多位数乘一位数的计算方法，帮助学生理解笔算乘法的算理，并引出乘法竖式的书写格式。本节课内容既是对前面知识的巩固和提升，也为学生进一步学习不连续进位、连续进位和一个因数中间与末尾有0的乘法做了铺垫。掌握了它，多位数的乘法就可以在此基础上迁移、类推。学生掌握两位数乘一位数的熟练程度还会影响他们学习除数是两位数的除法的准确率和速度，因此，结合教学内容和学生的认知特点，我制订了本节课的教学目标，侧重在使学生理解和掌握知识目标的同时，注重能力目标和情感目标的落实。

1. 兴趣、激情是学习的良好开始

一开始上课，我就充分调动学生的积极性，让学生充满激情，建立了学习数学的信心。再从学生熟悉的学校图片和教室图片出发，引出画画的12色彩笔，提出切合实际的数学问题，让学生一步步进入本节课的重点问题，带着问题，深入思考。

2. 自主学习、小组合作是学习的必要过程

如果教师只是做学生的“代步车”，会感觉讲一节课很累，学生也不一定会全部接受。放手让学生自己去探索，自己去发现问题，尝试着自己去解决问题，或许学生会在“山重水复疑无路”时突然出现“柳暗花明又一村”的别样体会。如果小组里一人有一个问题，交流后会有更多的问题，在一起合作交流的过程中就会有很多的答案，也有可能自己平日“众里寻他千百度”的问题，在此刻发现“蓦然回首，那人竟在灯火阑珊处”的新的答案。学生们交流了笔算乘法的心得后，不再需要教师“授人以鱼”。

第四节　校本研修试卷分析资源的开发

试卷分析也叫试题分析、试卷评析，或称命题分析、命题评价。它是考试结束以后运用考试理论和教学理论对试卷结构、学生答卷情况的一种综合分析。具体地说，就是对试卷的知识范围、知识点的分布、重难点、考试的题型、考试的分值、考试的难易度、学生得分和失分情况所做的分析。试卷分析既是对教师的教学情况和学生的学习情况的反馈，更是教师校本研修中的一种重要资源。

一、试卷分析的意义

教学是一个系统，系统需要反馈机制，而考试就是这个系统反馈信息的必不可少的重要环节。对考试试卷的分析有利于教师对教学情况以及学生的学习情况进行分析，并在分析的基础上及时调整教学安排，为改进教学工作、提高教学质量提供反馈信息。试卷分析对于完善教学管理、提高教学质量有着十分重要的意义。

教师通过试卷分析，可以了解学生对课程内容的掌握情况，分析学生答题中的问题，确定试卷讲评的内容和方法，便于教师调整自己的教学思路和方法。经常做试卷分析，有利于教师全面准确地掌握学生学习的实际情况，查漏补缺，对症下药；有利于改进教师的教学方法，促进教师的专业成长；有利于教师提高教研水平，促使其向专家型教师发展。

教师通过试卷分析，可以了解学生知识掌握的情况，并反思自己的教学，不断修正、提升教学水平。进行试卷分析不仅有助于教师对试卷和考试做出恰当的评价，提高教师设计试卷的水平，也有助于教师充分获得考试提供的教学反馈信息，为改进教学提供依据。

教师通过试卷分析，可以从中了解自己的教与学生的学之间的差距，可以掌握学生的知识水准与教学内容之间的差异。这些信息的反馈对师生有针对性地改进教与学是很有益处的。因此，做好试卷分析是很有必要的。

二、校本研修中试卷分析资源开发的原则

为了发挥试卷资源在校本研修中的作用，教师在进行试卷分析时应遵循针对性原则、及时性原则、理论联系实际的原则、反馈跟进原则、纵向分析与横向分析相结合的原则等。

（一）针对性原则

所谓针对性原则，就是要根据试卷分析的使用对象，有针对性地分析，对象不同，分析内容的侧重点与方法也不同。如果是面向领导的试卷分析，就应简明扼要，无论命题说明、考试情况，还是取得成绩的原因、存在的问题、今后的对策等，都要尽可能地长话短说、简明扼要，定性的要有观点，定量的要有数据和结论；如果是针对学科教学分析的需要，面向其他教师的试卷分析，就应详细、深入、具体，要有观点、有见解地讲解题目当中的技巧与策略，有对各题的得分、丢分情况的详细的统计分析，甚至是与预期的互相对照的分析；如果是针对学生学习情况，面向学生的试卷分析，要向学生讲解本学科的试题说明，让学生对照答卷情况，认真检查自己得分和丢分的情况，找出失分的原因，并且在分析过程中教师要多给予学生指导，帮助学生找到努力的方向，并建立起信心。

（二）及时性原则

每次考试结束后应立即进行试卷分析，此时，教师对学生的考试情况及学生对试卷内容及自己的解题思路与方法保持清晰的印象，及时进行试卷分析，既便于教师的分析和总结，又能让学生及时知道分数并明了正确答案及出错的原因。

（三）理论联系实际的原则

教师进行试卷分析时要理论联系实际，可以借助现代信息技术，如电子表格等，对成绩进行数据处理。教师应借助考试理论和教学理论，对数据统

计进行分析，使分析有理有据，科学准确。

(四) 反馈跟进原则

教师在试卷分析中要细致钻研学生的答卷，思考学生的失分点及失分原因，进而认真剖析自己在教学方法、教学内容、教学重难点、教学进度等方面存在的问题，及时调整跟进，指导下一步的教学工作。

(五) 纵向分析与横向分析相结合的原则

“纵向分析”是对学生历次考试情况进行对比，分析学生的学习进步或退步情况。“横向比较”是与同年级的不同班级进行比较，或与兄弟学校进行比较，便于发现教学中的整体情况，从试卷分析得出教学质量偏差的原因。

三、试卷分析的写法

试卷分析是对考试情况的分析，并没有一个统一的格式，但为了让试卷分析达到交流和总结的目的，其写法也应有一个基本的结构。

一份完整的试卷分析报告应该由试卷总体评价（命题评价）、学生考情分析、改进教学措施等几个部分组成。

案例 3—13

试卷分析报告的一般结构

一、试卷总体评价

试卷总体评价即试卷综述、试卷概况，是指分析试卷的类型与特点（考试类型、范围、时间，试题命制，试卷页数，开、闭卷等）、试题的结构（题型）、知识点、分值及其分配等。对试卷的评价，从考查知识点、难度、区分度等方面予以介绍。一份试卷往往能反映该学科知识的基本框架，具有提纲挈领的作用。例如，初中语文试题一般分为积累和运用、综合性学习、阅读（包括文言文阅读）、写作四部分，写作占分值比例最大（占整卷分数的 40％以上），其次是阅读、积累和运用。

1. 试题的结构——题型

如填空、选择、实验与探究、作图与简答、综合与计算等。如果试卷中有学生未见过的题型，就应该特别作出说明。重点阐述有几大类题型，各种题型所占分值比重，什么内容为考查重点，所占分值较大。

2. 试题涵盖的知识点及分值

涉及教学内容的知识点及其所占的分值比例。这是试题分析的重点。考查侧重于哪些章节，哪部分内容，所考查的知识范围哪些是书本知识，哪些是延伸拓展的；哪些是已接触训练过的，哪些是初次见面接触的。

3. 基础知识、基本技能、基本能力考查点对应

每一个小题与考查点的对接。各种题型在教材中的章节分布，是否覆盖所有章节？哪些章节中的内容在试卷中所占比例较大？考试内容是否超出课程标准范围？与课程标准的要求是否一致？基础知识题与基本技能题的考查是否都能够兼顾到？

4. 试题的难、中、易比例

通过对每一道试题的具体分析，可以明确考什么、怎么考、重点和难点是什么，以及考的方式和方法，对教师的教学工作有直接的指导意义。试题本身的难度、深度是否与课程标准、教学要求相符？有无偏题、超标内容？较易、适中、偏难的题各占的百分比？试卷总体难度如何？要注意题量大小与难易程度的分析。学生在规定时间内试卷完成度是多少？是否都能在规定的时间内完成试卷内容？试卷中基本题、有一定难度题、拔高题（难度较大）所占比重是否合理？有无偏题、怪题？等等。

5. 揣摩命题意图

弄清一份试题的命题意图，能纠正教师对教材理解上的偏差和失误，树立全局观念，开拓视野。

每次命题时，都必须设计一份“双向细目表”，表上较详细地分列各小题的分值及考点，目的是既让教师命题时心中更有数，让各知识点在较平均合理地分布的同时还能突出重点、难点，又便于检查学生学习、教师教学中的缺陷甚至盲点。实际上，试题分析时也可以对照“双向细目表”。

二、学生考情分析

学生考情分析指对学生考试情况的具体分析，介绍考试成绩的总体概况、学生答卷分析。包括学生成绩统计、优势与不足及其原因分析等。

1. 成绩统计

成绩统计即考试结果的数据统计，是指学生考试的总体情况。此项工作最实用、直观，对掌握学生的学习状况非常必要。数据统计力求认真、细致、准确和全面，要对学生的全部试卷进行统计分析，计算出总分、平均分、优秀率、及格率、得分率等，其中平均分、及格率是两个重要的数据。为了更细致准确地了解学生的学习情况，还可以逐题计算出得分率，按分数段统计人数。这是试卷分析中最重要、实用的一项工作。另外，也可以进行抽样分析，只是准确性略差一些。主要内容包括以下几方面。

(1) 年级、班级人均分。主要是“一分三率”统计。“一分”即班级平均分，指某学科参加考试学生成绩总和除以参加考试学生总人数所得值。它能反映出本班在对比班级中掌握知识的层次。“三率”即及格率、优分率(90以上)、低分率(30分以下)。“三率”计算分别是及格人数、优分人数、低分人数除以班级参加考试人数乘以100%。优秀率和及格率能帮助教师确定今后的教学方法，优秀率低——促优，及格率低——扶差。此外，还有一个参考率，即以实际参加考试人数除以应该参加考试人数（本学年初人数）再乘以100%。

(2) 最高分、最低分，具体说明各是多少。

(3) 各分数段人数（每10分一个分数段），即各个分数段有多少人。

(4) 各题得分情况（要求按班级随机抽取50名左右学生作为样本）。各题得失分及在学生成绩中的体现——每小题的正确率是多少？各分数段中这种题型失分的情况？是否带有普遍性的问题？每道题的得失分是多少或者说正确率是多少？各个分数段中的学生在这种题型中的得失分情况？是否带有普遍性的问题？

2. 学生答卷分析

分析学生答卷目的在于准确掌握学生全体和个体的学习状况，方便教师调整工作思路、改进教学方法。因此，通过分析、归纳、概括、比较、评价等技术手段做出结论十分必要。分析时要坚持定性和定量相结合的原则，紧密结合日常教学和学生实际，实事求是，客观公正，力求理论联系实际，有理有据，避免空泛。

(1) 分析学生的卷面情况。学生答题中的具体问题包括学生答题中普遍存在的问题与个别学生存在的问题。分析失分原因是避免以后重蹈覆辙的好办法。学生“学”的方面主要是分析学生的学习态度、学习方法及原有的知识基础等，通常更多的失分都是在非智力因素上，诸如没有认真复习记忆、书写潦草、粗心大意、答题欠规范、看错题目、审题失误、计算错误，等等。归结为一点便是学生未能养成良好的学习习惯。分析的目的是为了让学生明白自己现阶段的学习状况，下阶段学习应注意什么。教师主要从“教”中找原因，分析教师的教育思想、教学态度、教学方法、对待教学工作的态度以及驾驭教材的能力等。既要分析课堂管理是否到位，教材是否熟悉、深入钻研，讲解是否深透，传授是否到位，学生的失误是否能有效纠正，课后的跟进做得如何，教学方法是否不当或者是工作态度、责任感是否存在问题……同时也要分析考得好的题与教学的相关性，采取过什么措施，考得不好的题有什么疏忽，哪些题是教学未注意或未重视的，等等。仔细分析其出错原因，有助于教师及时调控教学策略和方法。

（2）分析学生的优势与不足。优势是指学生在此次考试中好在何处，不足则是指学生考试中存在的缺陷，如对典型的试题要列举错例、错误人数，并列表记录。对错题不仅要统计，更重要的是分析。通过分析发现学生出现的知识错误及引起错误的原因，才能真正以考促学。教师要分析试卷上普遍存在的问题是什么，是概念法则不清，还是计算能力薄弱，是单项知识没掌握，还是综合运用所学知识解决实际问题的能力不强。

三、改进教学措施

改进教学措施就是根据找出的错误及引起错误的原因提出改进的措施。分析试卷后找出改进的措施，帮助改进教学工作，提高命题制卷能力，这是试卷分析的最根本目的。如同医生诊断病因后要对症下药治疗一样，教师要制订出切实可行的改进计划和措施。计划和措施必须具有很强的针对性、可操作性，能解决实际问题。

针对试卷分析中发现的问题，教师要根据具体实际，科学地制订改进措施。教师应心中有数，如果是思想方面的问题就订出思想教育方面的改进措施，如果是学习习惯方面的问题就订出培养学生良好学习习惯的措施，如果是学困生问题就提出如何转化学困生的措施。

同时，教师应要求学生根据自身情况制订提高成绩的措施和方案，为下一阶段的学习拟定目标和策略。

总之，试卷分析对于教师调整、改进教学计划或措施有着较大的指挥作用；对于学生积累宝贵的考试经验，完善知识结构，促进下一阶段的学习有良好的强化作用，应引起我们的重视。

也有人将试卷分析的基本要点总结为“查”（查考试知识、目标、能力等）、“统”（统计学生成绩并分析）、“找”（找出错原因）、“改”（改进措施建议）。

（资料来源：http：//wenku.baidu.com/view/d1499b3c87c24028915fc3d6.html）

案例 3—14

“三校联考”化学试卷分析

一、试卷结构

本次“三校联考”试卷知识点全，题型较新。全卷共分 4 类题型，15 道小题，突出考查学生对基础知识的掌握程度。从试卷试题分析中可以看出，试卷主要突出的知识点是化学实验、化学计算和化学用语三大知识板块，这也是初中化学学习的重点板块。内容考查既全面，又有层次和梯度。

二、试题特点

1. 本次“三校联考”试卷的命题以《义务教育化学课程标准》的有关内容为依据，侧重于考查学生的“双基”，基本方法和情感态度价值观，以及对化学、技术和社会之间相互关系的理解，运用化学知识解决简单实际问题的能力。

2. 试题的导向性明确，有利于促进教师改变教学方式，促进学生主动地学习；坚持学以致用的原则，注重激发学生学习化学的兴趣，提高学生的科学探究能力和实践能力，培养学生积极的情感态度价值观。

3. 试卷在重视考查基础知识的同时，设计了科学探究题，加强对学生科学素养（知识与技能、过程与方法、情感态度价值观）的考查，引导学生改变学习方式，体现学科渗透，融合科学精神和人文思想。

三、答卷情况分析

从我校学生成绩来看，我校参加考试总人数为 401 人，全卷共 50 分，40 分以上的有 51 名，30 分以上的有 157 名，及格率 39%。总的来说成绩不太理想，没有达到预期的目的。

1. 选择题

选择题共 7 道小题，每题 2 分，总计 14 分。重点考查的是学生对基础知识的掌握程度以及应用的能力。选择题是得分率较高的一类题型，少数学生得到了满分，相当一部分学生得到了 10 到 12 分。其中错得较多的是第 4、6、7 题。

2. 填空及简答题

填空题共 5 道小题，满分 19 分。主要是考查学生的基础知识掌握情况，学生得分率不高。不少学生在用化学用语，从微观方面认识物质答题偏差较大，错得多的是第 12 小题。

3. 实验探究题

共有 2 道小题，满分 12 分。第 14 题的实验验证和实验延伸得分非常低，说明学生在实验探究和语言表达方面的能力还不够，对一些最基础的概念虽然有所掌握但不会灵活应用，头脑中还没有一个清晰的概念，在今后的教学中这方面的教学有待加强。

4. 计算与分析题

本题表现为学生在答题格式上还有待加强，在计算相对分子质量上错误较多。本题分两个小问题，第 1 问以填空题的形式出现，较多学生没有写过程，第 2 问出现的主要问题是格式不规范。

四、改进措施及建议

1. 增强质量意识

教师要抓住“三校联考”测试这一契机，认真进行总结；要针对答卷中的典型问题，分析错误形成的原因，在做好补救工作的同时加强学法指导；要根据学情制订合理的教学计划，理清工作思路，狠抓课堂教学，改进教学方法，注重实效，提高教学质量。

2. 抓基础，重应用

教师要注重基础知识的教学，使学生对重要的化学概念（如分子、原子、元素等）、化学用语（如化合价、化学式、离子符号等）和基本的化学思想方法（如组成决定性质、性质决定用途等）加强理解，对记忆性的概念和原理等在理解和实际运用的基础上加强记忆。教师要加大对学生思维能力的训练，使学生能用所学的知识分析和解决有关的化学问题。

3. 加强实验教学，重视活动与探究

实验是化学教学的重要内容和手段，也是培养学生创新意识和实践能力的重要方式。目前的试卷考查对学生实验设计、评价和在新情境中应用实验解决问题的能力的要求也在不断提高。这里所说的提高，指的是对思维广阔性、敏捷性要求的提高，对动手进行实验操作、掌握实验基本技能要求的提高，对实验技能在实际应用中的要求的提高。一些开放性试题强调实验、观察、实践过程的讨论和迁移，答案从唯一向开放性转化。因此，教师要注意培养学生的表达能力，使学生能抓住问题的关键，正确分析、准确表达。

4. 加强规范答题的训练

答卷中反映出学生不会审题、字迹潦草、写错别字、化学式书写错误、相对分子质量算错、隐含在图示及表格中的信息不会引用、语言表达不规范等问题，这说明学生在规范答题方面有缺陷，教师要在平时的作业训练及测试评讲中加强对学生规范答题的训练，注意答题的科学性和规范化，以减少学生答题的失误，使学生形成良好的学习方法和学习习惯。

（由安康市汉滨区建民初中吕娟娟提供的案例改编）

本案例重点分析了试题特点和学生错误，提出了教师在今后在教学中和学生在答卷中应注意的问题。

第五节　校本研修网络资源的开发

一、校本研修网络资源开发的意义

《国家中长期教育改革和发展规划纲要（2010－2020年）》明确提出了“信息技术对教育发展具有革命性影响”，这个影响首先是对教师教学观念、教学方法的影响，因此，在校本研修中，教师要重视网络对校本研修的作用。应用现代信息技术和网络设施开发校本研修资源，既有利于教师在校本研修中快捷地收集、选取所需要的资源，也有利于教师之间更好地合作与共享。上网查阅、收集资料、交流研讨，已成为广大教师设计教案、设计作业和研修培训的重要环节，网络的普及对教师超越书本、走进生活起了很大的促进作用。开发网络资源的方式有收集或开发学习专题网站、开展网上议课、开设网络论坛。对于一些优秀教师可以创造条件让他们开通教育博客，加强教师之间的交流讨论，记录成长过程，提升教师的专业素养。在开发校本研修网络资源时，学校可以建立相关制度，动员和组织广大教师积极参与、合作开发，达到“人人为我，我为人人”“贡献1%的资源，享受100%的资源”的目的。

二、校本研修网络资源开发的方式

（一）建设开发专题网站资源

校本研修专题网站可以是学校网站的子网站，其主要功能和栏目可以从以下三个方面考虑设置。

一是为学校推进课程改革、开展校本研修提供专业引领。网站可以设工作指南、理论文献、课改动态、外地经验等栏目，及时对本学科的课程改革、教学创新提出指导意见，给教师提供理论引领，介绍先进经验。这些资源可以让教师下载，直接作为教研组、备课组的学习材料，这对广大教师认清教改方向、丰富研修内容、确定研究重点有很好的引领作用。

二是为学校和教师提供展示成果、交流经验的平台。网站可以将学校和教师在课程管理、课程开发、课程评价、教学创新、校本教研等方面的研究成果和经验进行展示，方便教师交流分享。学校可以通过资源征集、成果展示、经验介绍等方式大力宣传和推介来自教育教学第一线的鲜活经验。网站管理者要积极收集、上传学校的教研活动信息和教师的教育教学论文、工作经验总结、课堂教学案例、教学反思、校本研修活动案例等。

三是为学校和教师提供丰富的课程资源、教学资源。网站通过收录的理论文献、外地经验、学校科研成果、教师教学案例等资料，组织骨干教师创建课程资源库，收集大量优秀教学设计、案例分析、教学故事，以及本学科的专业知识、科技成果，为教师提供有价值的教学参考资料。

另外，在建立学校网站的同时，还要引导教师合理选用优秀教育网站的资源。

案例 3—15

部分优秀专题学习网站

http：//www.cbe21.com　中国基础教育网

http：//www.edu.cn　中国教育和科研计算机网

http：//www.eol.cn　中国教育在线

http：//www.pep.com.cn　人民教育出版社

http：//www.k12.com.cn　中国中小学教育教学网

http：//www.hongen.com　洪恩教育

http：//www.jledu.gov.cn　吉林省教育信息网

http：//www.cpus.gov.cn　中国科普网

http：//www.youth.cn　中国青年网

http：//www.3hj.cn/portal.php　三槐居——语文教师必备

http：//www.ruiwen.com　中学语文教学资源网

http：//www.nrcce.com　中小学信息技术教育网

http：//www.chinaedu.com　101远程教育网

http：//www.neea.edu.cn　中国教育考试网

http：//www.chinaedu.edu.cn　中国教育信息网

（二）校本研修教育博客资源的开发

教育博客是各年级、各学科的教师与学生利用互联网新兴的"零壁垒"的博客技术，以文字、多媒体等方式，将自己日常的生活感悟、教学心得、教案设计、课堂实录、课件等上传发表，以促进教师、学生个人隐性知识显性化的个人网站。在校本研修中，教师可以通过自己的博客展示自己的所思所想，同时接受同行的浏览和建议，记录教师与学生的个人成长轨迹。许多教师都有QQ空间，其中的日志就具有博客的功能。中国当前几个教育改革的先锋都有自己的教育博客，他们为教育教学改革提供了优质思想资源，能引导教师积极参与课程改革的讨论。

案例3—16

几个著名的教育博客

http：//blog.sina.com.cn/phenomenonogy9999　教育现象学·自然教育学（刘良华）

http：//blog.eduol.cn/user1/zyx/index.html　朱永新教育随笔

http：//blog.sina.com.cn/u/1422270202　李镇西的博客

http：//blog.eduol.cn/user1/7176　朴素岁月朴素心情（马玲）

http：//luzhiwen. eduol. cn　卢志文杏坛絮语（卢志文）

http：//blog. cersp. com/index/1032483. jspx　子实的教育世界（许锡良）

http：//blog. sina. com. cn/tiefangliu　教育人文之家（刘铁芳）

http：//www. edu11. net/space. php？uid＝4　生命化教育（张文质）

我就常常在QQ日志中把自己听课、读书的体会记录下来，并且在记录的过程中还进行了不断的反思，截至目前，共发日志600余篇，内容包括感悟、笔记、转载的好文章等。这些日志记录了自己不断成长的过程，在撰写的过程中逐渐形成了自己的风格。以下是我关于教育方面的部分日志内容。

案例3—17

穿衣服与教学模式

穿衣服，属于生活的艺术，每个人都在自觉不自觉地研究着，看女人早上面对衣柜时的感觉就知道了。

教学模式属于教育范畴，每位教师都必须研究，如果把穿衣服和研究教学模式这二者联系起来，真的还有一些相通之处。

关于穿衣服，时尚可以追求，但时尚往往不长久，得体才是硬道理。世上有两种人不追求时尚：一种是没钱的人，想时尚，能力却不足；一种是气质独特的人，不需要时尚，他们自己就是时尚的偶像。

关于教学模式，先进的模式可以追求，但一定要与实际相结合。同样也有两种教师不会模仿别人的模式：一种是故步自封不想学习的教师；另一种是已有自己个性风格的教师。

突然有一种可笑的假设，假设一个名人，穿戴着地摊上买的衣服和首饰，或者一个乞丐，上身穿着名牌西服，下身穿着阿迪达斯的运动裤，我们会怎么看？结果不言而喻。

蒸面　芥末辣子　盐和醋

今天下乡听了两节课，讲课教师都使用了多媒体，让我想起昨天高中赛教结束在酒店吃饭时上的蒸面。那个芥末放得真香。

安康的蒸面广受欢迎，各家都有特色，其实蒸面工艺是一样的，质量也是一样的，差距在于芥末辣子、盐和醋的调和。

盐和醋是必须的，前提是适量。芥末辣子是提口味的，前提是要根据自己的爱好增减。

在课堂教学中，教学内容就是蒸面，在教学中使用的方法、技巧、资源等都是盐和醋，那是必不可少的。而多媒体就像是芥末辣子，在教学中，不能没有技术和方法，但多媒体辅助教学手段则是要根据需要使用的，否则就会适得其反。

就好像我们吃蒸面，放芥末的目的是为了让蒸面的味道更好，如果我们为了追求表面的味道放了大量的芥末，而没有使用盐和醋，或者没有蒸面，只让吃芥末，谁受得了？

教学需要洞悉人性

昨天，在河东学校参加了全区中学数学教学研讨活动。会上几位教师的发言让我更加明白，教学需要洞悉人性。

人的本性中都有懒惰的情结，都有趋向安于现状的心态。为了达到学习的良好状态，我们有了情境、检查和评价。

人的本性中又都有表现的欲望。于是我们要提供表现的平台，让所有的学生表现最好的一面。只有如此，他们才会更努力地争取下一次的表现机会。

人的本性中还有成功的情结。失败是成功之母，那是少数情商极高的人才能达到的境界，对大多数人来说，成功才是成功之母。因此，我们必须在习题设计上让学生不停地获得成功。

学生是人，是纯洁的人，是没有受到社会俗风感染的人，所以更具备人的本性。教学中只有洞悉人性，才能把课堂还给学生，同时让课堂在自己的掌控之中。

实际上从专业角度上讲，人性就是非智力因素。

老师类别

在顾明远教育随笔《杂草集》中有这样一段话，世上有四种老师：第一种是讲课能深入浅出的，很深奥的道理他能讲得浅显易懂，很受学生欢迎，这是最好的老师；第二种是深入深出的，这样的老师很有学问，但缺乏好的教学方法，不能把深奥的学问讲得浅显易懂，学生学习起来就费点劲，这也是个好老师；第三种是浅入浅出的，这样的老师本身学问不深，但却实事求是，把自己懂的东西讲出来，这也能基本保证质量，也算是个好老师；最糟糕的是第四种老师，浅入深出，这样的老师本身并无多大学问，却装腔作势，把本来很浅近的道理讲得玄而又玄，让人听不懂。

可见，平庸的教师在说教，好的教师在解惑，更好的教师在示范，卓越的教师在启迪。

想起了《人民教育》杂志上有位专家型的教育局长说过，“三流的老师教知识，二流的老师教方法，一流的老师教思想”。

想起了老子说的，“是以圣人处无为之事，行不言之教”，“善行者无辙迹，善言者无瑕谪，善数者不用筹策，善闭者无关楗而不可开，善结者无绳约而不可解。是以圣人常善救人，故无弃人；常善救物，故无弃物”。

（三）校本研修中微博资源的开发

微博是微型博客的简称，即一句话博客，具有发布信息快、信息传播速度快、要求内容少的特点。在校本研修中，教师可以充分利用微博平台，发布教学活动安排及过程，或记录一些自己的即时感悟以及稍纵即逝的灵感，提供给圈内的朋友分享，也便于自己今后的归纳与管理。没有开通微博的教师也可以借助 QQ 空间的说说功能，把自己日常生活中的点滴体会记录下来。

自 2006 年我开通 QQ 空间以来，常利用说说功能，记录自己日常生活、学习、工作中的收获和感悟，到现在为止，差不多已有 740 余条。我时常翻看自己写的这些点滴感悟，从中能感觉到自己在不断地成长。以下是我关于教育和读书方面的一些微博。

案例 3—18

岚皋之行，见到了安康市精英们的风采，在接触中，我突然有了灵感，那就是“语文老师上课要有一种味儿，理科老师上课要有一个准儿，英语老师上课要有一身范儿，体艺老师上课要有一股神儿”。（2013 年12 月16 日）

学术是需要争鸣的，思想是需要碰撞的，行动是需要引领的，头脑是需要指点的。这是本周末活动的体会。（2013 年 11 月 24 日）

有些事放一放，冷静思考后会有一些新的看法；有些事放一放，就放凉了。（2013 年 9 月 30 日）

看到一本书中写“同侪互助”，我以为是错误的，结果查字典，居然有这个词，且意思与“同伴互助”有相通的地方。在感觉自己孤陋寡闻的同时，也感受到中文的博大精深。（2013 年 9 月 4 日）

学生学习的“天敌”在于“依赖”，教师教学的最大“悲哀”在于“包办”。——崔其升（2013 年 6 月 16 日）

参加新媒体新技术培训会引发的几点思考：一是怎样处理好新媒体、传统媒体与学生学习的关系；二是怎样借助新媒体更好地发挥小组合作学习的作用；三是怎样处理好新媒体与学生的经历、体验和参与之间的关系。不可用媒体的“新、奇、特”造成学生的“呆、傻、哑”!（2013 年 5 月 28 日）

看大师的风范：青歌赛，王立群对“智者乐水，仁者乐山”中“乐”的读音进行了解读，徐沛东大师说，长见识了，如果不是王教授解读，他会一直读作“快乐”的“乐”。这种虚心好学的精神真正让人感觉到了什么是大师的风范。如果是我，我会不会说“这个字我也会读”，趁机炫耀自己的博学呢？难说。（2013 年 4 月 9 日）

作为一名教师，我的困扰在于没能帮助学生学习他们想要了解和需要了解的东西，而是向他们显示我有多聪明，向他们显示我知识多渊博，向他们显示我备课多认真。我就是在进行一场演出，其真实目标不是帮助学生学习，而是以此使他们对我有一个好的评价。——汤普金斯

这几乎就是在描述某些时候的我。（2013 年 3 月 14 日）

要从用科学的方法研究别人的问题转化成用科学的方法研究自己的问题。防止用不科学的方法研究别人的问题，更要防止没有方法也不研究自己的问题。（2013 年 3 月 1 日）

当思路突然短路时，可以先放一放，然后再回到方法上，找一找问题之间的逻辑关系，就会发现原来的思维的局限性。（2013 年 3 月 1 日）

不断修正的过程，是思路渐清的过程。这个过程需要思考，更需要动手梳理。再次体验到金字塔原理的优势。（2013 年 2 月 26 日）

“要想走得远，鞋一定要合适”，这是电影里的一句台词。我觉得，这话对了一半，应变为“要想走得远，走得舒服，鞋一定要合适”。对于事业、婚姻，莫不如此。只有少数人幸运地选到了合适的鞋，多少人一辈子穿着不合适的鞋走完了全程，虽然走完了全程，但却很不舒服。还有一部分人不停地换，直到旅行结束。（2013 年 2 月 15 日）

路过汉唐书店，顺便看了看周国平的《最合宜的位置》，思索着曾经迷恋属于别人的位置，反而把自己的位置迷失了；曾经很认真地过别人的生活，反而把属于自己的生活丢失了。不知道今后还会不会继续迷恋，继续迷失？（2013 年 2 月 12 日）

何为潇洒？潇洒就是知道自己想要什么和不想要什么，并且去做了。我

认识一位骨干教师，很有才，组织上多次找他谈话，想让他当校长，他认为自己没有当领导的心态，没有答应；局里借调他，他觉得没有在基层干得舒心，也没去。我很羡慕他，同时又痛恨自己达不到这种境界。（2012 年 12 月 6 日）

衡量一个人是否成功的标志，不是看他登到顶峰的高度，而是看他跌到低谷时的反弹力。曾记得以前去看过一部反腐倡廉的电影，说的是红塔集团的褚时健，当时就想，这个人应从社会上消失了。没有想到，今年他又横空复出，真是让人感慨万千。褚橙，卖的不是橙子，而是励志。的确。（2012 年 12 月 6 日）

与徐校长一席谈话，更加坚信，当一个校长，不但需要思想，更需要方法，而最重要的是，要敢于说出自己的想法。（2012 年 12 月 4 日）

“愿意的人，命运领着走，不愿意的人，命运拖着走。”被命运领着走的人是幸福的，被命运拖着走的人有太多的无奈。由于幸福，被命运领着走的人有时走得快，会变成领着命运走的人；由于无奈，被命运拖着走的人可能永远被命运拖着走。（2012 年 12 月 4 日）

戏要有高潮，课堂也一样需要高潮。高潮来自冲突，冲突来自矛盾，矛盾来自情境，情境则来自两个方面：一是预设，二是突发事件。预设需要很强的教学设计能力，绝大部分的教师通过努力都能达到。而把突发事件变成情境，则需要教师的智慧，这不但需要经验，更需要一定的悟性，或者说需要一定的天分。（2012 年 11 月 22 日）

不敢说话太多。说多了就嗓子疼；不敢睡觉太多，睡多了就腰疼；不敢坐得时间太久，坐久了就颈疼；不敢看书太久，看久了就眼疼；不敢吃得太多，吃多了就胃疼；不敢想得太多，想得多了就头疼。人生犹如人体，不可过度。然而这个度真难把握。（2012 年 11 月 16 日）

当身体正常时，觉得自己无所不能，于是就无所顾忌，于是就出现了问题；当病症来袭时，就觉得自己一无所用，于是就万事灰心。人的思想就在无所不能和万事灰心之间摇摆，随着身体的状况摇摆而摇摆。（2012 年 11 月 16 日）

有对比才会有思考，有思考才会有收获。看新旧教材后发现，新教材的编者确实是费了一番工夫的。教材之所以可以当作教材，因为有过程的设计，更可以当作学案，因为有学习过程的记录。老师如果运用得好，教案可

以写得简略点。学生如果运用得好，笔记本可以不要了。练习与应用运用得好，命题就简单了。(2012 年 11 月 5 日)

赴满月宴，为赶时间，走泥泞小山路。山陡路滑，于是小心翼翼，在刚迈过一险境时，心里就想到一句话：人生的路很长，但关键的地方只有几步。还未回神，脚底下一滑，反应倒也快，双手着地，然而手表链断了。于是想到了另一句话：人摔跤的地方往往不在艰难之处，而在艰难之后。(2012 年 10 月 11 日)

女儿问我一件事的安排，我没有想好，回答“到时候再说”。到时候了却还是这句话。想想在生活、工作中，不知道多少事都被这句“到时候再说”给耽误了。这是一种惰性，还是一种逃避。想自己现在还一无所成，这是不是就是一个原因？真的应该改改了，什么时候改呢？到时候再说吧。(2012 年 9 月 30 日)

扬长避短是个技术，取长补短是个原则。在教学中应遵循这个原则，掌握这门技术。(2012 年 5 月 5 日)

今天听了一名大四学生上的生物课，知道了学生喜欢一个老师，既是对老师的肯定，更是对老师的考验。因为喜欢，所以会提很多很古怪的问题，这些问题的答案可能并不是学生所需要的，学生需要的是老师对他的关注。(2012 年 5 月 2 日)

昨天晚上，与家人一起看《泰坦尼克号》，3D 效果并不让人震撼，剧情依然让人感慨：一是任何时候都不能傲慢，二是灾难面前人性自显，三是爱真的可以是精神支柱，四是举止不高雅并不代表心灵不高尚。(2012 年 4 月 30 日)

再读《学记》，感悟很深，我们为什么总是把正确的东西忘掉，留下不正确的只言片语，并把这些只言片语当经念？(2012 年 4 月 27 日)

为什么我会在听课时随着学生一起起立，这是习惯，因为自上学起，班长的一声“起立”一直陪伴我到毕业。当时并不明白，这是对老师的尊重。但和其他老师一起听课时，如果周围的老师没有随着起立，我只能欠欠身子，这是一种需要，表示对同行的尊重。我不会因为这次没有起立而降低对老师这个职业的尊重。(2012 年 4 月 25 日)

早上报告中的一个观点是要尊重他人的知识产权，用别人的话或思想时，不必付钱，但说一句这是谁说的总该可以吧？我们常把别人的话拿来当

成自己的，并在不同的场合进行宣讲，其实这是不自信的表现。（2012 年 4 月 18 日）

看到阳台上从山上采来的兰草开花了，很兴奋，因为这是我亲手挖的。同时也看到花盆里不知名的草长得比花还快，于是想到了人脑中杂七杂八的想法总比正向的思维来得快，不正确的习惯总比好习惯来得快。这就是自然之道。（2012 年 3 月 1 日）

“己所不欲，勿施于人”，这是做人的底线。“己欲立而立人，己欲达而达人”，是一种境界。而“己所欲，勿施于人”，这也是一种境界，但我却常达不到这个境界。老以为自己喜欢的，别人也喜欢；自己厌恶的，别人也厌恶。常常将心比心，可此心不是彼心。于是好心办坏事，原因全在于此。（2011 年 8 月 17 日）

第六节　校本研修视频资源的开发

视频资源是指借助视频设备及视频技术对教师教学过程进行记录并处理的一种资源，在校本研修中，视频资源具有其他资源不具备的一些作用，如直观、可重复使用。按视频资源的设备及资源用途，视频资源可以分为录像课和微课（微型视频课程）两种。

一、录像课资源的开发

录像课资源是利用摄像机等设备对课堂进行完整记录并呈现的一种资源，类别有年轻教师的汇报课、专题研讨课、骨干教师示范课、名师精品课等。在校本研修中，录像课是观课议课的良好载体。利用录像课进行观课议课的好处：一是有重现性，可以就某个教学环节进行循环播放；二是能兼顾全体教师，避免了听实体课时有课教师因上课而无法参加的情况；三是节约成本，对于骨干教师、名师和专家的课我们可以派一名或少数教师去实地听课，将课录下来，节省时间及费用。

在学校自己录制课堂实录时，应注意选择适合的内容和创造必要的条件。

选择内容。在课堂教学中，并不是所有的课堂都可以开发成录像课资源的，我们应根据研修的主题选择执教的教师，根据研究的对象选择合适的班级，选择那些具有指导意义的课程进行录制，以提高资源的有效性。

在本校录制课堂实录时应具备必要的条件：场地、设备和人员。场地一般要设在环境受外围影响较小的一间大教室。除了能让教师和学生上课外，还要有足够的空间供摄像机等设备架设。要有足够的供电能力，拍摄中可能需要封闭教室门窗，使用灯光照明，以便获得统一的色温和均匀的照度。要能保证教室周围的噪音在拍摄时得到有效控制，不至于影响到录音效果。有条件的学校可以选用两至三台摄像机和必要的监视器，如果是两台摄像机，则一台从教室的后方向前拍摄教师、讲台、银幕和教室全景；另一台从教室的前侧方向后拍摄学生；如果有第三台，则用于专门拍摄银幕；第四台可作为机动，抓拍镜头。

二、微课资源的开发

微课是微型视频课程的简称，是基于现代信息技术条件下开发的一种视频资源。

（一）微课的含义

微课是指以视频为主要载体，记录教师在课堂内外教育教学过程中围绕某个知识点（重点、难点、疑点）或教学环节而开展的精彩教与学活动全过程。相对于录像课资源，微课具有“短、少、小”的特点。微课的核心组成内容是课堂教学视频（课例片段），同时还包含与该教学主题相关的教学设计、素材课件、教学反思、练习测试、学生反馈及教师点评等辅助性教学资源，它们以一定的组织关系和呈现方式共同“营造”了一个半结构化、主题式的资源单元应用“小环境”。因此，微课既有别于传统单一资源类型的教学课例、教学课件、教学设计、教学反思等教学资源，又是在其基础上继承和发展起来的一种新型教学资源。师生可流畅地在线观摩课例，查看教案、课件等辅助资源，也可灵活方便地将其下载保存到终端设备（如笔记本电脑、手机、MP4 等）上实现移动学习、“泛在学习”，非常适合教师进行观摩、评课、反思和研究。

(二) 微课的主要方式

由于微课具有教学时间较短（一般 5～10 分钟）、涉及的教学内容少（突出某个关键知识或技能）、资源容量小的特点，为了方便教师利用微课视频资源进行校本研修，学校或教师可以利用现代信息技术设备如摄像机、手机等进行拍摄，在电脑或其他辅助设备中进行后期的简单制作。同时，区域内相关部门如教研室、电教中心或中心校、学校也可根据实际，建设微课平台，征集和制作微课资源。

案例 3—19

教育部发布“微课”的参评项目及相关要求

为使广大参赛者了解全国首届“微课”大赛，进一步加深参赛者对“微课”的理解，明确大赛对参赛作品的要求，教育部发布了“微课”的参评项目及相关要求，详细阐述了“微课”的概念，组成和类型以及参评项目的相关要求，具体如下。

（一）参评项目范围

1. 参赛作品必须是“微课”教学案例。

2. 小学、初中和高中各年级各学科教学均可作为参赛作品的内容。

（二）项目说明

1. “微课”概念

“微课”全称“微型视频课程”，它是以教学视频为主要呈现方式，围绕学科知识点、例题习题、疑难问题、实验操作等进行的教学过程及相关资源之有机结合体。

2. “微课”作品组成

“微课”核心资源是“微视频”（教学视频片段），同时可包含与该教学视频内容相关的“微教案”（教学设计）、“微课件”（教学课件）、“微习题”（练习测试题）、“微反思”（教学反思）等辅助性教与学内容。

“微视频”时长一般为 5 分钟左右，建议不超过 10 分钟。

“微教案”是指微课教学活动的简要设计和说明。

"微课件"是指在微课教学过程中所用到的多媒体教学课件等。(如在教学过程中未用到"微课件",此项可不提交)

"微反思"是指执教者在微课教学活动之后的体会、反思、改进措施等。

"微习题"是根据微课教学内容而设计的练习测试题目。(每件参赛作品至少提交2道不同难度的客观题,鼓励提交更多各种类型的习题)

3."微课"的类型

(1)讲授型——以学科知识点及重点、难点、考点的讲授为主,授课形式多样,不局限于课堂讲授。

(2)解题型——针对典型例题、习题、试题的讲解分析与推理演算,重在解题思路的分析与过程。

(3)答疑型——围绕学科疑难问题进行分析与解答。

(4)实验型——针对教学实验进行设计、操作与演示。

(5)其他类型——不属于上述分类的作品,均可归为此类型。

第七节　校本研修基于集体备课的教学设计资源的开发

集体备课是组织教师围绕一个课题(可以是一个单元或一节课),通过任务分工,进行初步教学设计、交流和讨论教学设计、改进教学设计的系列活动。由于教学设计最终要由教师个体在课堂教学中实现,因此,每个教师都应对集体备课中形成的教学设计结合自己的特点和学生的实际进行个性化处理,使之更适合自己的学生和自己的教学风格。基于集体备课下的教学设计是在分工合作下的集体智慧的结晶。集体备课过程的一般程序是"任务分工—个体创造—集体研讨—实践反思—修订完善—形成资源",其前提是分工要明确,在这个环节中确定主备人是关键,在主备人形成备课初稿后,其他参与人要深入钻研和理解课程标准和教材,广泛收集相关课程资源,形成教学设计改进的思路。集体备课的关键在于集体研讨,如果没有集体研讨的环节,集体备课就会流于形式。一些学校误将集体备课当成一人备一部分,然后合在一起，大家共用，这种教学设计是不会与每位教师的实际教学深度融合的。另外，集体备课应做好活动记录。

案例 3—20

陕西汉滨高级中学初一集体备课现场观摩活动

【活动方案】

一、活动主题

怎样上好数学复习课？

二、活动目标

1. 通过集体备课、研课，引导教师在备课过程中进行教学研究和讨论，改进和创新教学方法，提升教师教学水平，提高课堂教学质量。

2. 通过集体参与，共同讨论，创新教研形式，加强集体备课的实效性。

3. 探讨数学复习课如何上才能达到高效。

三、活动步骤

1. 主持人简短引言。

2. 主备人阐述备课思路。

3. 审定教学设计重点，突出教师如何教。

4. 审定学案重点，突出学生如何学。

5. 主持人做总结发言。

四、具体分工

主持人：李老师

主备人：郑老师

电脑操作：黎老师

参加人：李老师、郑老师、陈老师、吴老师、朱老师、黎老师

【活动记录】

李（主持词）：各位领导、各位老师下午好，很荣幸今天我们七年级数学备课组能向大家做研课活动的展示汇报。开始之前我想做这样一点解说。

平时教学中，大家一说听课，执教者一般情况下会准备一节讲新知识的课，很少有人想到上复习课，甚至有的教师还会有这样的说辞："我这节课是复习课有啥听的，等上新课时再请大家听。"我个人从两个角度来思考这种现象：一是因为大家对复习课不够重视，二是大家感觉复习课不好上，出不了彩，展示不了教师个人的教学魅力，所以不愿意上。

其实，如果说数学新课教学是“画龙”，那复习教学就是“点睛”。复习是一个系统、完善、深化所学内容的关键环节，有利于学生巩固、消化、归纳数学基础知识，提高分析、解决问题的能力。那么，怎样才能上好数学复习课呢？

这就是今天我们备课组活动的主话题，希望通过我们的交流与探究能带给大家些许启示和思考，同时也恳请大家听后能积极参与研究，真正让我们的课堂高效起来。下面首先请今天的复习课主备人郑彩虹老师进行教学设计阐述并讨论。

郑老师出示七年级数学“整式的加减（复习课）”教学设计集体备课讨论稿。

一、教材内容分析

本章的主要内容是整式的加减运算，这个内容是紧密结合实际问题展开的。通过本章的学习，一方面应使学生熟悉概念，掌握合并同类项法则和去括号时符号的变化规律，能够熟练进行整式的加减运算；另一方面，在学习这些概念和法则的过程中，应使学生在分析和列式表示实际问题中的数量关系方面得到一定训练，为下一章学习做好准备。

二、教学目标

1. 复习回顾本章的主要知识点，建立完整的知识结构。

2. 掌握整式加减的运算法则，并能灵活运用。

三、学情分析

针对七年级学生学习热情高，但观察、分析、概括能力较弱的特点，本节复习课从引导学生自行梳理知识点入手，让学生通过自己思考、动手，激发求知欲，提高学习的兴趣与积极性。在课堂教学中，学生主要采取讨论、思考、观察的学习方式，真正成为课堂的主人，逐步培养观察、概括、归纳的能力。

四、教学重难点

1. 重点：合并同类项的方法和去括号时对符号的处理。

2. 难点：去括号前面有系数和负号时的变化；整式加减运算的基本技能和实际应用。

郑老师请大家思考教材内容分析、教学目标、学情分析、教学重难点定位是否准确，大家都说非常好，郑老师继续进行阐述。

五、教学过程设计

（一）情境诱导

请你来帮忙：月考试卷发下来，李刚和赵明在相互传阅。这时李刚发现，试卷上有一题，求多项式 $16+m-\{8m-[m-9-(3-6m)]\}$ 的值，其中 $m=-3$。赵明在试卷上将题中的 $m=-3$ 抄成 $m=5$，结果也得到了正确答案，李刚大为不解，询问赵明，赵明也未能解释清楚。亲爱的同学，你能向李刚说明吗？

教师出示此问题只问不解，引导学生进入本节课整式的加减运算复习中，请同学来帮忙易于激发学生为解决问题继续学习的愿望。

郑老师请大家思考本节课设置的情境诱导是否合适。

陈：本设计摘录了一个真实的问题，这个问题是学生在月考时出现的（符合情境创设的真实性、有效性）。这样的设计使学生身临其境，学习积极性得到了调动，积极思维的动机得到了激发，能主动寻找解决问题的途径，学生站到了解决问题的前沿（学生已悄然地变被动为主动，学生的主体地位得到了体现）。同时，本设计为这节课的顺利进行做好了铺垫，真正贯彻了“不议不讲、不做不讲”精神！

黎：在前面的新课中，每一次我们都会创设情境，那么复习课是不是还有必要设置情境呢？

朱：有必要呀。俗话说，良好的开端是成功的一半。创设一定的情境完全有必要，它能吸引学生，引起学生的注意，从而使其产生良好的学习动机，极大地调动学生学习的积极性，激发学生产生复习的愿望，达到提高课堂效率的目的。

黎：那么复习课的情境该如何设置呢？

陈：多采用设疑法、质疑法、提问法、设问法。

（二）知识梳理

1. 我回顾，我整理。（5 分钟内完成）

（1）用字母表示数，字母和________一样可以参与运算，可以用________把数量关系简明地表示出来。

（2）单项式是数或字母的________，单独的一个数或一个字母也是________。单项式的系数是指单项式中的________；单项式的次数是指单项式中所有________的________的________。

(3) 几个单项式的________叫作多项式。在多项式中，每个单项式叫作这个多项式的________；多项式中________的项叫作常数项；多项式里________项的________叫作这个多项式的次数。________与________统称为整式。

(4) 所含________相同，并且相同字母的________也________的项叫作同类项，同类项与系数________，与字母的排列顺序________；把多项式中的同类项合并成________叫作合并同类项；合并同类项后，所得项的系数是合并前各同类项的________的________，且________不变。

(5) 如果括号外的因数是正数，去括号后原括号内________的符号与原来的符号________；如果括号外的因数是负数，去括号后原括号内________的符号与原来的符号________。

(6) 一般地，几个整式相加减，如果有________就先________，然后再________。

学生在规定时间独立完成，如有困难可查阅书籍，教师到学生中巡视指导，及时捕捉信息。在规定时间到后教师让学生逐个回答知识要点。

郑老师请大家思考把本章知识点以填空的形式呈现，这种安排是否合适。

吴：我看这六道题，基本上覆盖了所有的知识点，很全面。以填空题形式呈现也节省了时间。

李：我也是让学生自主交流完后不再集体处理。

朱：我采取 2 人一组互相检查的形式进行展示。

陈：我一般采用“开火车”的方法。

吴：我一般让学生以小组为单位，由组长组织一人说一道题，再集体订正。

黎：我一般都是先由学生完成，然后组内检查，最后小组代表发言。

李：看来大家的形式都差不多，关键问题在于课堂中采用何种方式展示才能达到自主与高效。

2. 请你根据本章知识要点，在下列网络图的空白处填上适当内容，感受各知识点的联系。(也可另行构建)

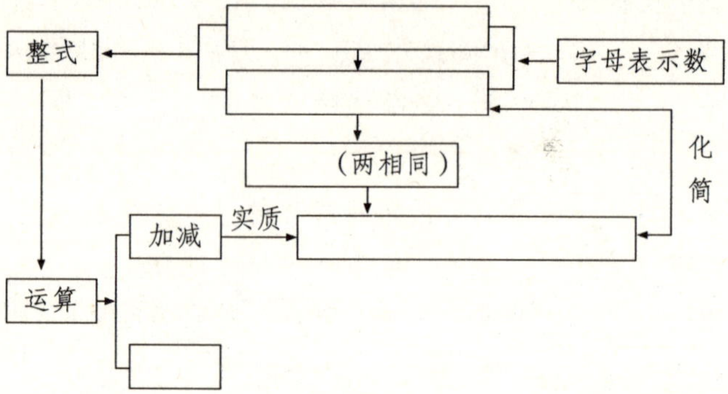

此环节以教师提炼、学生口答的形式展现。当然对不同学生的不同见解我们要尤为鼓励，也可另行构建。知识脉络的梳理形式多样，不是唯一的，此处安排学生完成知识网络图的目的是积极引导学生进行知识点归类整理，提炼旧知识体系，完善学生的认知结构，教会学生读书，把书读薄。

郑老师请大家思考所安排的第二个内容有没有意义。

吴：复习课要把旧知识进行整理、归纳，把书由厚读薄，其作用是为了巩固记忆，深化理解。郑老师是先复习知识点，再画知识网络图，由点到面，层层深入。我在想，在这里是否可以进一步突破传统？为了充分调动学生的积极性，在前几章的复习中我们先让各小组成员合作自主完成知识网络构建，再以小组为单位，以竞赛的形式让学生上黑板展示，最后师生共同评价完善。

郑老师总结：经过吴老师的修改，课堂会更加活跃，也会大大提高学生参与课堂的积极性。

李：让学生来梳理构建，让学生亲历知识掌握的构建过程，能让学生兴奋不已，乐此不疲。对于七年级学生，在第一学期我们可以加以引导，后面我们可以逐步放手让学生自己来完成。

黎：其实这就是上次教研专家说的“初一的学生要扶着走，接着就是半扶半放”。我们先给学生设计了知识点填空题就是“扶”，后面让学生自己构建知识框架图就是“放”。

吴：初二和初三要放手，可以第一天布置一个作业让学生自己梳理，第二天上课再展示、完善。这样就更自主、更高效了。

李：对，大家都说得很好。其实在这里我们还可以加一个纠错环节，知识点梳理完之后加入本章错题大修理。

易错点收集这一环节由两部分组成：一是学生个人提前查找自己的作业与试卷中的错题，看哪些自己已经解决，哪些还含混不清，让各小组数学小组长及时收集起来上交课代表反馈给老师；二是老师掌握的学生新课学习中存在的共性问题。比如，我带的两个班主要问题有单项式系数中关于 π 的问题，还有如 $3^2a^3bc^2$ 这样的单项式系数与次数的确定问题，还有括号前是负数去括号时忘记变符号，或是去括号时数字只和括号里第一个数相乘而忘记其他的数，还有合并同类项时出现的自己填了带负号的括号，却不知括到括号内的系数要变号，如 $-ab^2c+3ab^2c-7ab^2c$，学生合并后变成了 $-(1+3-7)ab^2c$。

黎：是啊，我们班也有很多问题，比如，合并同类项的时候总喜欢用减号来连接几个括号。

李：我个人认为可以这样处理，学生个人的问题先在各小组进行交流修正，然后再抽犯典型错误的学生自己来讲一讲错题如何纠正，一方面可以暴露出问题所在，另一方面可以了解学生是否真正学会了。如果这些学生个人的问题正是老师心中掌握的典型错误，那老师就正好再强调一下，如果不是，老师就可以写出一个典型的错题让学生纠错。这些工作都要在上课前让学生进行收集，其实也就相当于新课的预习。所以我觉得我们这个纠错环节是很有必要的，在纠正自己的错误的过程中掌握概念和方法。

郑：那这样的话，我们这个课堂容量是不是太大了呢？

李：这个问题我们先补充到这里，一会儿我们再对课堂环节进行进一步探究。

郑：那我们就在这里加个纠错环节。接下来就是展示归纳环节。

（三）展示归纳

1. 我练习，我闯关。(8 分钟内完成 1—8 题，同桌之间相互批阅)

(1) 在式子 $\frac{2}{a}$，$\frac{a}{3}$，$\frac{x-y}{2}$，$-\frac{1}{2}y^2$，$1-x-5xy^2$，$-x$ 中，哪些是单项式？哪些是多项式？哪些是整式？

单项式：　　　　　　　　　　多项式：

整式：

(2) $-\frac{1}{2}y^2$ 的系数是________，次数是________；$\frac{a}{3}$ 的系数是________，次数是________；$-x$ 的系数是________，次数是________。

(3) $\frac{x-y}{2}$ 的项是________，次数是________；$1-x-5xy^2$ 的项是________，次数是________，是________次________项式。

第一组练习题目考查学生对整式、单项式、多项式及相关概念的掌握情况，学生口答即可。

(4) 下列各组式子是同类项的是(　　)。

① $4abc$ 与 $4ab$　　② $-5m^2n^3$ 与 $2n^3m^2$

③ $-0.3x^2y$ 与 y^2x　　④ $5x^2y$ 与 $-5x^2y$

A. ①②　　B. ③④　　C. ①③　　D. ②④

(5) 下列合并同类项正确的是(　　)。

A. $3xy-4xy-xy=-xy$　　B. $0.8ab^3-a^3b+0.2ab^3=0$

C. $-5yx^2+2x^2y+3x^2y=0$　　D. $3x^2-3y^2-x^2=-x^2$

第二组练习题目考查学生对同类项的识别及合并同类项法则的掌握情况，学生口答即可。

(6) 下列变形正确的是(　　)。

A. $+(x-3)=x-3$　　B. $-(x-3)=x-3$

C. $x-(-y-z+1)=x+y-z+1$　D. $m-(-n+q)=m+n-q$

黎：我对前面的题目有点看法，前面的 (1) (2) (3) 题似乎有点重复，第一题中出现的 $\frac{a}{3}$，$\frac{x-y}{2}$，$-\frac{1}{2}y^2$，$1-x-5xy^2$ 在 (2) (3) 题中又出现了。

李：对啊，(2) (3) 题就好像把 (1) 题的答案告诉学生了，那晓敏你有什么想法呢？

黎：我记得我们课本的复习题中有一道习题就是问下列式子中哪些是单项式、哪些是多项式，如果是单项式说出它的次数和系数，如果是多项式说出它的项和次数。我们这里也可以采用这种追问的形式，把这两个问题追加在后面。

郑：那就是把 (1) (2) (3) 题合并成一道题，这样的话我们的题目就比较精练了。

(7) 计算：① $-5a+4ab^3+2a$；② $x-5xy^2-(-3x+xy^2)$；③ $(xy^2-x^2y)-2(xy+xy^2)+3x^2y$。

(8) 化简求值：$\frac{1}{4}$（$-4x^2+2x-8$）$-\frac{1}{2}$（$x-2$），其中 $x=\frac{1}{2}$。

第三组练习题目考查学生对去括号法则及整式加减运算的掌握情况，可挑选学困生上黑板板书其过程以暴露问题，其他学生来评价完善。

朱：(7)(8) 这两个练习题出得非常好，(7) 题第①题无括号，第②题有一个括号，第③题有两个括号；(8) 题的综合性更强一些，第 1 个括号前的系数是正数，第 2 个括号前的系数是负数，而且都是分数。这几个题充分体现了由易到难、由简到繁、梯度上升的特点，符合学生学习的认知规律，也能提高学生探究问题的兴趣和热情，同时也是学生学习中的重难点和易错点。

（四）拓展提高

1. 完成“请你来帮忙”的问题。

2. 礼堂第 1 排有 a 个座位，后面每排都比前一排多 1 个座位，第 2 排有多少个座位？第 3 排呢？用 m 表示第 n 排座位数，m 是多少？当 $a=20$，$n=19$时，计算 m 的值。

（五）总结反思

1. 通过这节课的学习，你有什么收获？

2. 学法指导。

（六）作业设计

课外达标自测题

（满分 100 分，完成时间 30 分钟）

学号________ 姓名________

（一）填空题（20 分）

1. 单项式$-\frac{2xy^2}{5}$的系数是____，次数是____。

2. 多项式 $3x^2-2x-7x^3+1$ 是____次____项式。

3. 写出$-5x^3y^2$ 的一个同类项__________。

4. 三个连续奇数中，n 是最小的一个，这三个数的和是__________。

（二）选择题（20 分）

1. 下列两项中，是同类项的一组是(　　)。

A. $4abc$ 与 $4ab$　　　　B. $-mn$ 与 $3nm$

C. $2x^2y$ 与 $-2xy^2$　　　　D. -15 与 $20a$

2. 下列计算正确的是(　　)。

A. $4x-9x+6x=-x$　　B. $\frac{1}{2}a-\frac{1}{2}a=0$

C. $x^3-x^2=x$　　D. $-4xy-2xy=-2xy$

(三) 计算 (20 分)

$(8x^2+2x-1)-2(3-2x+2x^3)$

(四) 先化简再求值 (20 分)

$2(ab^2-2a^2b)-3(ab^2-a^2b)+(2ab^2+3a^2b)$，其中 $a=2$，$b=1$。

(五) 观察下列算式，探索规律并填空 (20 分)

1. $\frac{1}{1\times2}=1-\frac{1}{2}$；$\frac{1}{2\times3}=\frac{1}{2}-\frac{1}{3}$；$\frac{1}{3\times4}=\frac{1}{3}-\frac{1}{4}$；……

$\frac{1}{n\times(n+1)}=$______________

2. 计算：$\frac{1}{1\times2}+\frac{1}{2\times3}+\frac{1}{3\times4}+\cdots\cdots\frac{1}{2013\times2014}$

陈：这样的话一节课的容量就太大了吧?

李：那不如我们就把这节课调整成两节课。

吴：那怎么分呢?

李：第一课时包括情境引新、知识梳理、变式练习、错题盘点、小结反思。第二节课时以练为主线，包括答疑解惑、小结反思、自我检测、拓展延伸。

陈：应将（四）中的第 1 题划归到第一课时，与情境问题前后呼应，可以当堂解决，不必遗留到下节课，这样处理要好些!

朱：按陈老师的建议将这道题作为答疑解惑放在第一节课进行，李老师加的错误大盘点放在课后完成的话，那么第二节课的第一个环节先进行纠错，可以让学生在课前把收集的错题写在黑板上，老师再带领学生进行整理、归纳；将剩下的第三组的（7）（8）题及（四）中的第 2 题作为巩固提高放在第二个环节进行，这个环节我们可以让不同程度的学生上黑板展示，充分暴露出学生在做题中出现的问题，老师再精讲学生存在的问题。

吴：这样处理的话，在巩固提高后马上进行达标自测，预计 15 到 20 分钟完成，完成后可以当堂批改，批改形式可以是老师给出答案，让学生同桌交换批改，然后让他们自己找出错因并纠错，同时让几个学生上黑板展示，最后老师再精讲。这个流程就是做了后改，改了后讲，真正体现高效课堂的新“三讲三不讲”。

陈（补充）：总觉得少了一点儿什么。可以追加一个与实际问题相结合的应用题，为第三章的学习做铺垫，同时将学生的探究兴趣由课堂引向课外，达到“课已尽，趣未了”的效果。

李：对啊，陈老师的这个补充很到位，我们现在的课堂就是需要让学生带着问题进教室，带着问题出教室。这个建议非常好，那陈老师，这里的补充就交给你了，你给出一个应用题补充在后面。

郑（总结）：那就是把一节课分为两个课时，第一课时包括情境诱导、知识梳理、变式练习、答疑解惑、小结反思，还有李老师加的错误大盘点环节作为学生这个课时后的家庭作业。第二课时就是错误大盘点的展示、巩固提高、达标检测、拓展延伸四个环节。通过大家的修改，把一个课时变成两个课时，我觉得很有实用性，学生学得轻松，老师也不累，而且确确实实能学到知识。

李：那么大家就按照这个设计制作学案吧，我们的学案要注意站在学生的角度来进行设计。

众人给学案的各个环节起名字。

李老师总结复习课的课堂结构。

（七）板书设计

第二章　整式的加减复习

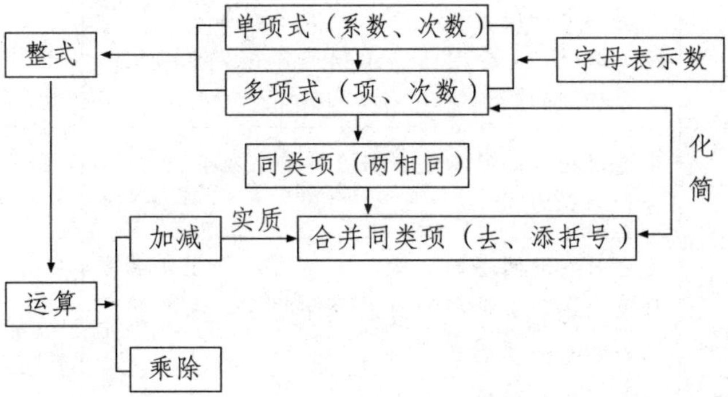

【结束语】

课堂是生命与生命相遇的地方，时时处处会泛起美丽的火花。善于将教材加工处理成适合课堂、适合学生接受的设计，如同将小说改编成剧本。教师要善用教学艺术，激发学生的学习兴趣，启发学生的思维，因材施教，因势利导，使学生不但学会，而且会学、想学、爱学。如果在复习课中也采用讨论、小组比赛、小组合作学习模式，千方百计吸引学生主动参与学习，让他们充分享受学习的快乐，那么我们的课堂又怎么会不高效？我们又怎么会怕别人来听一节复习课呢？也许我们现在还做得不够好，但我们已在行动了，只要坚持，我想我们最终会有收获。真诚盼望在这个过程中有你的加入、你的帮助、你的引领，还有你孜孜不倦的教诲！谢谢大家！

（由汉滨高中李爱霞老师提供的案例改编）

在集体备课时，还可以根据实际，制订统一的集体备课教学设计表，除了参加活动的时间、地点、人员、课题等基本信息外，还可以把初备的设计和根据集体讨论后拟定的思路设计在表格中，方便记录。

案例 3—21

××学校数学组八年级集体备课教学设计

<table>
<tr><td colspan="2">学校</td><td colspan="2">××初级中学</td><td colspan="2">组别</td><td>初中数学组</td></tr>
<tr><td colspan="2">教案类型</td><td colspan="2">集体备课教案</td><td colspan="2">备课时间</td><td>2013.5.12</td></tr>
<tr><td colspan="2">学年度学期</td><td colspan="2">2012—2013 学年度第二学期</td><td colspan="2">本章共备</td><td>13 课时</td></tr>
<tr><td colspan="2">课题</td><td colspan="2">谁的包裹多</td><td colspan="2">年级</td><td>八年级</td></tr>
<tr><td colspan="2">主备人</td><td>杨老师</td><td>参加人</td><td colspan="3">张老师、宁老师、李老师、向老师</td></tr>
<tr><td colspan="2">课时划分</td><td>1 课时</td><td>本章</td><td colspan="3">第 1 课时</td></tr>
<tr><td colspan="5">初备设计</td><td colspan="2">复备调整</td></tr>
<tr><td rowspan="3">教学目标</td><td>知识与技能</td><td colspan="3">了解二元一次方程、二元一次方程组及其解等有关概念，并会判断一组数是不是某个二元一次方程组的解。</td><td colspan="2"></td></tr>
<tr><td>过程与方法</td><td colspan="3">通过讨论和练习，进一步培养学生观察、比较、分析的能力。</td><td colspan="2"></td></tr>
<tr><td>情感态度与价值观</td><td colspan="3">通过对实际问题的分析，使学生进一步体会方程是刻画现实世界的有效数学模型；培养学生良好的数学应用意识。</td><td colspan="2"></td></tr>
<tr><td rowspan="2">教学要点</td><td>教学重点</td><td colspan="3">二元一次方程组的含义。</td><td colspan="2"></td></tr>
<tr><td>教学难点</td><td colspan="3">判断一组数是不是某个二元一次方程组的解；培养学生良好的数学应用意识。</td><td colspan="2"></td></tr>
</table>

续表

教学过程设计	
一、引入…… 二、练习…… 三、议一议…… 四、练一练…… 五、小结…… 六、作业布置…… 七、板书设计…… 八、课后反思……	

第八节　校本研修基于聚焦问题的课题研究资源的开发

根据新的教师职称晋升文件的要求，课题研究成了教师职称晋升的重要条件，成了教师关注的一个重点。校本研修就是为了解决学校、教师的问题的，研修从问题开始，问题经提炼后就可以转化为课题。因此，如果我们能把课题研究与校本研修有机地结合起来，就能为教师的职称晋升带来方便，也能提高教师研修的效果，而基于聚焦问题的课题研究过程和成果自然也就成了校本研修的有效资源。

在教师的教育教学实践中，每天面临的问题五花八门，这些问题能否转化为校本研修的问题，能否转化为课题，需要教师有强烈的问题意识和提炼有价值的问题的能力。教师可以从以下几个方面思考：我遇到了一个什么问题情境（或含有问题的现象）？我的教学问题与困惑是什么？产生这些问题的原因是什么？这些问题的解决方法和途径是什么？这些问题的解决能达到什么效果？当教师对问题进行深入思考后，就可以展开对一些问题的研究了。其中有些问题可能已经有人利用一些方式解决了，那么，教师就可以借鉴这些方法解决自己的问题；如果在研究的过程中，问题目前还没有好的解决方式，这可能就是一个有价值的问题。对于有价值的问题，教师可以思考一下这些问题是不是其他教师也存在，如果存在，就可以把这些问题转化为课题，组织课题组，对聚焦后的问题进行分析、论证、研究，形成解决问题的方案及课题研究报告。

成为课题的问题除了是教师个人发现的问题外，还可以是区域内发现的共性问题。对于共性问题，则可以组织不同学校的教师共同参与课题研究，在研究中解决问题，在解决问题的过程中提高教师的专业能力，达到“成长即成果”的目的。

案例 3—22

我在深入学校听课调研的过程中，发现农村学校因条件限制，化学课堂上只依赖教材授课，对化学课程资源的开发与利用还存在着不够深入、不够合理的现象。于是，我以“农村初中化学课程资源开发与利用研究”为课题，选择农村学校为研究对象，邀请在化学课程资源的开发与利用上有一定基础的骨干教师参与这个课题研究。选题上报后，获得了陕西省教育科学“十二五”规划2013年度课题立项。

附：“农村初中化学课程资源开发与利用研究”开题报告（节选）

一、选题的意义

（一）课题相关概念的界定

课程资源指形成课程的因素来源与必要而直接的实施条件，按照功能特点的不同可以分为条件性课程资源和素材性课程资源两大类。前者包括直接决定课程实施范围和水平的人力、物力、财力、时间、场所、媒介、设备、设施、环境以及对于课程的认识状况等因素；后者指作用于课程且能够成为课程素材的各种因素，包括知识、经验、活动方式与方法、情感态度和价值观以及培养目标等方面的因素。

化学课程资源是指化学教学及学习中所涉及的所有资源，具体包括文本资源、人力资源、实验实物资源、现代信息资源等。文本资源包括课程标准以及与之相适应的教材、教辅；人力资源包括课程实施者（教师）、课程实施对象（学生）、课程管理者及相关辅助人员如实验员；实验实物资源包括实验室、实验用品及实验标本等；现代信息资源包括网络、课件、视频及相关教学软件。

农村初中化学课程资源是指农村初中或九年制学校化学教学所需的课程资源。

(二) 选题的背景意义及研究条件

1. 背景

2011 年春，我区普及实验教学开始启动。化学是以实验为基础的一门自然科学，实验条件的缺乏，尤其是农村一些学校化学实验室建设滞后，有的甚至没有实验室，更不要说其他的现代信息资源了，化学课程资源十分匮乏。另外，农村教师对课程资源的广泛性认识不足，认为化学课程资源只包括课本、作业和实验，而对人力资源重视不足，对社区、日常生活中的资源视而不见，造成了资源局限于教材和教辅及大量的习题模拟试卷，使学生整天沉浸在题海之中，逐渐丧失了学习化学的兴趣，所以本课题具有较强的针对性和现实意义。

2. 研究条件

区教研室、建民初中、民主学校领导重视和支持课题研究工作，同时教研室具有指导全区教研工作的职能，有对全区课堂教学中课程资源使用情况做深入了解的条件。课题研究基地学校——建民初中和民主学校是汉滨区农村学校的先进学校，民主学校还是陕西省科研兴校明星学校。课题组负责人具有中学高级教师职称，擅长课堂资源和信息技术的整合研究；课题组成员郝长森、吕娟娟、胡帮峰多次获得区级优质课展示评比一等奖，郝长森是区级教学能手，陈守军是市级教学能手，陈守军和富毅龙擅长信息技术，在课题研究过程中可以提供技术支持。

二、研究的目标、内容

(一) 研究目标

通过此课题的研究，培养一批化学课程资源开发与利用的骨干，形成农村化学课程资源开发与利用的可操作方案，并开发出适合本区农村实际的化学课程文本、实物及现代信息技术资源。

(二) 研究的内容及创新之处

研究内容是结合基地学校实际，研究符合农村实际及学生学习特点的资源开发与利用方式。创新点在于充分结合了农村学校公用资源少，农村生产、生活中与化学相关的资源丰富，学生的体验多这一特点。另外，农村中小学现代远程教育工程的实施也为信息技术和学科整合提供了良好的基础和资源条件。

三、研究的思路、方法

（一）研究思路

本课题从农村学校化学课程资源的选择、整合、开发及利用入手，通过课题研究，提高化学教师的课程意识、资源意识和整合开发意识与技能，提高他们利用资源进行教学的水平。

（二）研究方法

主要采用文献法、行动研究法和问卷法。

1. 文献法

搜集整理相关文献，认真学习课程资源方面的理论，开发利用化学资源的方法措施，提取相关论点，结合本区实际和教学实践，进行反思实践和研究，得出具有农村学校特色的一套理论、规律和方法。

2. 行动研究法

围绕农村初中化学课程资源的开发和利用，规划研究方向，以课程资源整合、开发为重点，以课堂教学为载体，探索化学课程资源在课堂教学中的应用方式，在教学实践中不断反思、研究，得出切实可行的规律和方法。

3. 问卷法

在课题研究准备阶段，针对农村初中化学教师和学生，制订化学课程资源了解、开发、利用程度的问卷，让课题研究具有针对性；在课题研究中期，通过问卷调查分析对化学课程资源的使用情况进行反馈，以便于及时进行矫正；在课题研究结束前进行资源利用情况评价，形成经验及研究成果。

四、课题研究实施步骤

（一）课题研究准备阶段（2012 年 9 月—2013 年 7 月）

搜集相关文献，分析化学课程资源开发及应用的现状，明确课题研究方向，初步确定研究的具体目标、内容和研究工作的时间分配，制作化学课程资源了解及利用情况问卷（教师用），制作化学课程资源应用情况问卷（学生用）。

（二）课题研究实施阶段（2013 年 9 月—2014 年 12 月）

1. 启动阶段（2013 年 11 月 1 日—2013 年 11 月 20 日）

发放、收集、整理问卷，并对问卷进行数据分析，形成研究基础材料。

2. 开始研究阶段（2013 年 11 月 21 日—2014 年 5 月 31 日）

针对研究内容和目标，开始收集、整理相关化学课程资源，并在课堂教学中实验应用，进行阶段性小结。

3. 实验反馈及矫正阶段（2014 年 6 月 1 日—2014 年 12 月 1 日）

对课程资源的整合及应用进行深入分析，发现存在的问题，并及时进行反馈矫正。

（三）课题研究总结阶段（2014 年 12 月 1 日—2015 年 5 月 10 日）

对课题研究目标、过程及完成情况进行总结，整理研究成果，形成研究报告，向课题管理部门进行结题申请。

（四）课题研究已进展的情况

1. 现状调研与分析

本课题研究是从 2011 年全区普及实验教学结束后开始的，在 2012 年中考会上，已在全区的中考研讨会上对教师进行了问卷调查，共下发《农村初中化学课程资源开发与利用调查问卷》70 份，回收 65 份，通过对问卷进行分析，初步了解了教师对化学课程资源的理解和使用情况，并针对现状，制订了课题研究实施方案。

2. 课题组成员的培训

分别利用全区中学赛教和安康市“名师大篷车”理化生学科教师培训活动，对课题组成员进行培训，胡帮峰、陈守军和富毅龙参与培训。陈朝林和郝长森担任全区化学学科赛教的评委工作，对化学课堂课程资源的使用情况进行了深入了解。

五、课题组成员及分工（略）

六、课题预期成果

农村初中化学课程资源开发与利用指导手册；农村初中化学课程资源集（文本类）；农村初中化学课程资源集（电子类）；农村初中化学课程资源（实物类）；课题研究报告等。

第九节　校本研修基于主题研讨的同课异构资源的开发

同课异构是指同一节课的内容，由不同教师根据自己的教学经验，结合自己对教材和学生的理解，各自备课并上课，教研组（或参与活动）的教师观课议课的一种教研活动形式。由于教师的不同，所备所上的课的结构、风格，所采取的教学方法和策略各有不同，这就构成了同一内容用不同的风格、方法、策略进行教学的课。观课的教师通过对这些课进行对比，结合所取得的效果，找出优点和不足，为自己上的这堂课提供思考和借鉴。同课异构中教师的教学设计、教学资源的选择、教学方法和策略的使用、教学效果及评价都是参与活动的所有教师不可多得的校本研修资源。

同课异构教学研讨为教师提供了一个面对面交流互动的平台。在这个平台，教师共同探讨教学中的热点、难点问题，探讨教学的艺术，交流彼此的经验，共享成功的喜悦，同时也在交流、碰撞中得以升华，提升教学教研水平，提高教学质量。

基于主题的同课异构就是以一个具体的课堂教学内容为载体，在同课异构中突出某一个主题，如突出学生的参与面、问题的有效性、优秀教学模式的探索等。

下面这个案例生动说明了同课异构对教师的提升和启发作用。

案例 3—23

可以如此灵动

——两则同课异构案例的对比反思（节选）

前不久，温州市“送教下乡”来到我校，为了让我们能更好地在比较中学习，温州八中的吴老师与我以“同课异构”的形式执教同一课题“动物新老个体的更替”。在重点内容“动物的生殖方式”的教学处理上，吴老师采用了跟我不一样的多媒体呈现方式，取得较好的效果，引起了我的深思。

我：磕磕碰碰

动物的生殖方式这部分内容，主要讲的是鱼类、两栖类、昆虫类、爬行类、鸟类、哺乳类动物的生殖方式分类。对于这些海岛学生来说，对这个知识面的了解相对狭窄，以往教学中有关各类动物生殖方式的内容又很少，所以我在网上收集了六类动物的生殖视频和生殖过程图片。我的设计思路是先把各类动物生殖方式的视频一一放映给学生看，让他们对这部分知识有所认知，然后问学生各类动物生殖方式的不同之处（学生应该可以根据素材回答出胚胎发育方式和受精方式的不同），然后再让学生根据不同依据对六类动物进行归类。以下是实际的教学过程。

我投影出鱼的图片，问："这是什么动物，属于哪一类动物？"

"鱼，鱼类。"学生齐答。

"我们来看一下鱼类的生殖过程。"学生感觉很新奇，一个个瞪大了眼睛观看。

我又投影出青蛙抱对的图片，问："这是什么动物，属于哪一类动物？"

"青蛙，两栖类。"学生异口同声。

"我们来看一下两栖类青蛙的生殖过程。"学生们安静地看着，一副略有所思的样子。

接下来我讲到昆虫类、哺乳类、鸟类和爬行类时，依次如上放映了相关的图片和视频。学生时不时地发出惊叹声。我心中暗喜：素材准备得这么充分，学生又这么认真地观看，他们一定会对动物的生殖方式有清晰的认识，对于我接下来要提的相关问题应该能回答出来。

"不同类动物的有性生殖相同吗？如果不同，有什么地方不同？"我笑容可掬地问。

"不同，有什么地方不同？"学生面面相觑，好像思路还没从刚才的视频中拔出来。

我心里忽得凉了一截，面部表情僵住了。学生完全可以从素材中归纳出这个知识点的啊？我提醒学生："小学时我们学过，根据生殖方式不同可以把动物分为哪几类？"

"卵生和胎生。"

"那以上六类动物哪些动物是卵生？哪些是胎生？"我顺势问学生。

"卵生有昆虫类、鱼类，还有……"A生回答不全，陷入了沉思。

我惊讶地看着这个成绩中上的学生，怎么会回答不出来呢？我只好环视其他学生："谁来补充？"

"卵生有昆虫类、鱼类、鸟类和两栖类；胎生有哺乳类、爬行类。"B生回答。

我又一次吃惊，但马上进一步引导："大家有不同的意见吗？"

"爬行类是卵生的！"下面学生议论开来，好一会儿才有学生发言。

我根据各类动物受精方式的不同，接着引导："体外受精的有哪几类动物？体内受精的呢？"学生不约而同地看着我，好像我是外星人，说着他们听不懂的语言一样。

我忙投影出受精分类的图片："结合图片回答问题。"学生愣在那里，过了好一会儿才有回应。

这一教学环节下来，我感到非常疲惫，不由产生疑问：为什么能直观观察总结出来的知识，学生却回答不出来呢?!

她：水到渠成

吴老师投影出鱼的图片，面带微笑："同学们生活在海岛上，是吃鱼长大的。那你们谁能来告诉我鱼是怎么产生新个体的？"

（从学生熟悉的鱼类引入非常自然，学生感觉亲切。）

"雌鱼排出卵子，雄鱼排出精子，卵子和精子在水中受精。"学生们一个个高高地举起小手。

屏幕上投影出有关人的生殖过程的图片，吴老师指着幻灯片，问："那人是怎么产生新个体的？"

"精子和卵子在输卵管相遇，在子宫里发育成新的个体。"这部分内容在前面章节已经学习过，学生们都跃跃欲试，很想表现一下。

我们听课的教师本以为吴老师会在学生回答完以后根据幻灯片的设计程序放映有关人生殖过程的视频，但吴老师接下来却说："他讲得非常清楚，我就不再放映了。"

（我总以为多媒体课件在课前就已经做好，课上就不好更改了，而吴老师却根据学生学习情况，自如地运用多媒体，灵活地改变教学方式和内容，使多媒体课堂教学变得灵动起来。）

"那人类和鱼类的繁殖过程有什么共同点和区别？"吴老师接着问。

学生进行讨论，他们对有性生殖的分类有着形象的认知，知道人类、鱼类在受精方式和胚胎发育方式上的不同。这为下面进行内容讲解时，学生能从不同方面思考动物的生殖方式做了铺垫。

然后吴老师在一张幻灯片上展示了动物有性生殖分类的几张图片，在学生观察后，吴老师指着这张幻灯片问："刚才我们已经探讨了鱼类和哺乳类的生殖方式，对于其他几类动物的生殖方式你了解吗？其中有哪几类是你了解的？说说看。"

"我知道两栖类。青蛙体外受精，精子和卵子在体外相遇受精，成为受精卵，发育成小蝌蚪，小蝌蚪发育成熟后成了小青蛙就可以上岸了。"学生结合上几节学过的内容回答，描述得非常详细。

"青蛙抱对看到过没有？"学生回应看过，吴老师表示那就不再看有关青蛙生殖的视频了。

（基于学生的已有知识，灵活运用多媒体对教学内容进行调整，充分体现了学生的主体意识。）

吴老师指着爬行类、鸟类和昆虫类的图片，问："还有人了解其他动物的生殖方式吗？"

"苍蝇是昆虫类，体内受精，卵胎生。"学生回答。

吴老师重复强调该学生的答案："卵胎生？卵胎生？"其他学生都没有做出反应，吴老师就在幻灯片上点击苍蝇的图片，超链接视频，放映《苍蝇的一生》。

"苍蝇到底是卵生还是卵胎生？"放映结束，吴老师问。

学生齐声回答："卵生。"

（吴老师有效地运用多媒体解决问题的难点，充分发挥了多媒体课件的优势，增加了教学的体验性和生成性。）

还有爬行类和鸟类的生殖方式学生不会描述，吴老师先后点击乌龟和鸟的图片，超链接相关视频，让学生带着问题观看。

这一环节的最后，吴老师给学生任务单，让他们给生殖方式归归类，并给出分类依据。全班学生根据胚胎发育方式和受精方式的不同对以上六类动物进行分类。学生在一片寂静中独自完成并很快给出了答案。

【教研反思】

1. 问题的思索

为什么吴老师和我面对素质差不多的学生，选择同样的素材，运用多媒体技术处理同样的教学内容，会产生不一样的教学效果？

2. 切身的体会

这次“同课异构”教研活动让我有很深的感触。

我刚上完课时，很不理解：上课期间，学生已经看了有关各类动物生殖方式的图片和视频，为什么还是梳理不出知识点呢？听完吴老师的课，我茅塞顿开，不由感叹：多媒体教学竟然“可以如此灵动”。

随着信息技术的飞速发展，多媒体教学已深入课堂，它以视频、图片等高科技的表现手段冲击着教师、学生的思维，冲击着教育这块前沿阵地，给现行教育带来了生机和活力。但是我们必须明确这样一个观点：多媒体技术在教育教学过程中应该起支持作用，而不是主导作用。

在这次多媒体课堂教学公开课上，我一直在进行课件演示，无形中成了多媒体的放映者，而学生则成了多媒体的“奴隶”，他们只顾观看而无暇进行思考和练习。没有经过思考的知识也就没办法很好地在大脑中构建。而吴老师在与学生的教学交往中，对学生拥有的知识经验的状况做出了准确判断，先让学生描述他们非常熟悉的鱼类和人类，再结合图片让学生回忆教过的两栖类和昆虫类，同时认真观察学生活动，掌握他们在活动中所取得的进展和出现的问题。吴老师发现学生对昆虫类的生殖方式有认知错误时，就让学生看视频材料，使问题很快得以解决；发现学生对爬行类和鸟类的生殖不了解时，就改变教学手段，让学生带着问题观看视频。吴老师能对多媒体素材进行合理的取舍，并决定应当采取的指导策略，使教学具有灵活性、变通性和针对性。吴老师的教学，不仅让学生的知识经验在教师的引导下得到了系统化，而且通过课堂的小舞台，展示了学生在社会的大课堂里获得的其他知识，使学生主体意识得到更好的发挥，学得既轻轻松松，又丰富多彩。

3. 对我的启示

在多媒体教学中，课件的设计应该是灵动的。多媒体技术在教学中的长处能否充分发挥，取决于教师在设计和使用多媒体课件时能否适合“教师的教，学生的学”。必须明确一点，利用多媒体进行教学时只有一切从实际出发，合理取舍，不断地思考与探索，课堂教学才会灵动起来。

4. 对自己的期望

用一颗灵动的心处理教学内容，预设灵动的多媒体，创设灵动的科学课堂。

（资料来源：http：//blog. sina. com. cn/s/blog _ 4e1efbf90100h4uh. html）

第十节　校本研修基于课堂教学改革的教学模式资源的搜集、借鉴与开发

校本研修的最终目标是提升教师的专业素养，其结果是课堂效益提高。提高课堂效益的有效途径之一是改革传统、低效的课堂教学模式，构建有效的课堂教学模式。当前，许多名校在课堂教学改革中探索出了符合自己学校发展的教学模式，并且取得了明显的成效，在校本研修中，学校和教师可以通过深入研究这些模式的理论依据和实践经验，合理借鉴和吸收其精华，并结合自己学校的特点，开发适合自己的教学模式，并在教学实践中逐步修改完善。教学模式的开发和完善，是对教师课堂教学能力和水平的提升，也是校本研修目标的一个体现。

一、搜集和研究名校基于课堂教学改革的教学模式资源

各校和教师要利用网络、报刊等媒体，广泛搜集基于课堂教学改革的教学模式的相关资源，并认真分析这些模式成功的原因。

案例 3—24

中国目前被关注的教学模式简介

1. 山东省杜郎口中学的“10＋35”模式

杜郎口“10＋35”模式，即教师用 10 分钟分配学习任务和予以点拨引导，学生用 35 分钟“自学＋合作＋探究”。

杜郎口“10＋35”模式，呈现出三个特点，即立体式、大容量、快节奏。其课堂在结构上有三大模块，即预习、展示、反馈。其课堂展示模块突出六个环节，即预习交流、明确目标、分组合作、展示提升、穿插巩固、达标测评。

2. 洋思中学的“先学后教，当堂训练”教学模式

教学流程如下：

“先学”：教师简明扼要地出示学习目标；提出自学要求，进行学前指

导；提出思考题，规定自学内容；确定自学时间；完成自测题目。

“后教”：在自学的基础上，教师与学生、学生与学生之间互动式学习。教师对学生解决不了的疑难问题，进行通俗有效的解释。

“当堂训练”：在“先学后教”之后，让学生通过一定时间和一定量的训练，应用所学过的知识解决实际问题，加深理解课堂所学的重、难点。

课堂的主要活动形式：学生自学—学生独立思考—学生之间讨论—学生交流经验。

3. 陕西省宜川中学“三环节导学式”的教学模式

即以“自主学习—讨论展示—检测小结”为基本结构框架，以学案为贯穿整个教学过程的载体，通过教师点拨、引导和帮助，使学生在使用学案的过程中质疑、选择、分析、综合和概括，采取讨论、交流、展示等形式激发学习的动机与欲望，进而养成自主学习的习惯，并不断优化自主学习方法，提高自主学习能力的教学方式。

自主学习——课堂前段：自主学习是课前教师将集体讨论编制的学案下发给学生，让学生明确学习目标，并对学生进行自学方法指导，对不同层次的学生提出不同的要求，并分配各小组和不同层次学生展示点评的具体任务。

讨论展示——课堂中段：讨论展示是在自主学习的基础上，教师引导学生以小组为单位，积极讨论交流自主学习中遗留的疑难问题和学案中设置的探究问题，并进行充分展示。通过学生点评、教师点拨，解决自主学习中的疑难和困惑以及课堂教学中的重点和难点问题，最大限度地使学生展开思维，激发情感，从而提高学习效率。

检测小结——课堂后段：检测小结采用口头提问和书面检测等形式，让学生消化巩固所学知识。

4. 山东省昌乐二中的“271”模式

“271”模式，即课堂45分钟按照2∶7∶1的比例，划分为“10＋30＋5”，要求教师的讲课时间不大于20%，学生自主学习占到70%，剩余的10%用于每堂课的成果测评。

“271”模式还体现在学生的组成划分上，即20%是优秀生，70%是中等生，10%是后进生。

“271”体现在学习内容上，即20%的知识是不用讲学生就能自主学会的，70%是通过讨论才能学会的，10%是通过学生在课堂上展示，互相回答问题，加上教师的强调、点拨，并通过反复训练才能会的。

每一间教室里都有三个“小组”，一个是行政组，一个是科研组，一个是学习小组，称为学习动车组。

此模式强调“两案并举”，两案即导学案和训练案。导学案要实施“分层要求”——分层学习、分层目标、分层达标、分层训练。

5. 山东省兖州一中的“循环大课堂”模式

“循环大课堂”模式把课分为两部分，“35+10”，即“展示+预习”。前35分钟的课堂展示内容是上节课的后10分钟加课下自主预习的成果，而预习的内容是下节课将要展示的内容。也就是说，“循环大课堂”就是把每节课后10分钟的“预习”一直延伸到第二天的新课，然后与新课的前35分钟的“展示”完成对接，形成一个“环状大课堂链”。它超越了课上45分钟的一个“大课堂”概念，既包括传统的45分钟，还包括课前和课后。这种模式下的课堂组织形式为“三步六段”，三步即教师导学、预习合作、展示交流，六段即重申目标、学情调查、问题汇总、精讲点拨、课堂检测、小结作业。

在“循环大课堂”模式中，导学案是核心要素，导学案一般要做到“四化”，即知识问题化、问题层次化、层次梯次化、梯次渐进化；要具有学习目标、学习任务、重点难点、学法指导等几个要素。

6. 江苏省灌南新知学校的“自学·交流”模式

从提前一天将“学案”发放给学生，新知学校即开始了引导学生自学的过程。新知学校的这种教学模式把原属于学生的思维权利通过“自学”还给学生，赋予学生通过“交流”表达自我的权利。

新知学校对学生的自学有三个层次的要求：一是完成学案上教师预设的问题，了解学习文本需要掌握的知识、考查的技能等；二是要对学案中涉及的问题进行质疑，提出自己的问题，对未涉及的问题要进行补充，丰富完善；三是敢于否定书本中既成的事实和结论，并发表自己的见解和结论。

7. 河北省围场天卉中学的“大单元教学”模式

“大单元教学”模式具有三大特色：大整合、大迁移、大贯通。其具体表现形式是“三型、六步、一论坛”。“三型”，即高效课堂的预习展示课、提升展示课、巩固展示课三种课型；“六步”指的是明确目标、自主学习、小组讨论、展示拓展、穿插巩固、当堂测验；“一论坛”即以论坛形式，在“三课”结束之后，以单元为总教学目标，采取滚动循环的手段，由教师精讲点拨，对本单元授课环节中挖掘不到的问题、提升不到的层次，进行有效的“二次作业”。

在“大单元教学”模式中，核心是“展示教育”。预习展示课环节，通过独学、对学、群学等方式，先期让学生达到掌握70％～80％的目标，并由组长带领在小组内部对自己的学习成果进行“展示”；提升展示课是对小组合作学习成果进行展示，通过教师的追问、质疑，进一步明确学习目标，拓展联系更多的相关内容，让学生能够举一反三，达到提升的目的；巩固展示课则是追求知识的再生成，教师要善于利用某些奇思妙想，让有创见的学生展示自己的独到见解，通过学生“兵练兵”“兵教兵”“兵强兵”的过程，达到对知识的再认识和巩固的目的。

8. 辽宁省沈阳市立人学校的“整体教学系统”和“124”模式

“整体教学系统”包括整体整合、两案呼应、两型四步三大板块。“整体教学”是“三加工”“三导”循环式的教学过程。一是教师加工知识导图，编制导学案，以图导案；二是教师加工导学案，实施教学，以案导学；三是学生加工学案，理解、应用、归纳总结，形成学习导图，以学导图。“整体整合”包括整合教材、整体呈现、整体组合、整体包干、整体验收五个方面。在“整体教学系统”的框架下，立足于“124”模式，整合“1”节课的教学内容，以自学课和验收课“2”种课型呈现，在教学中按照目标明确、指导自学、合作探究、训练验收的“4”大环节进行操作。

9. 江西省武宁县宁达中学的“自主式开放型课堂”模式

宁达中学“自主式开放型课堂”模式在操作上主要包含四个模块：自学、交流、反馈、巩固拓展。课堂划分为三个模块：预习、展示、测评。课堂三模块按照时间大致划分为：15（分钟）＋25（分钟）＋5（分钟）。以学习小组为基本合作单位，每间教室分为9个小组。每个小组依据好、较好、一般三个层次组合，每组6到8人，设立小组长和副组长两名。预习课围绕的学习目标叫“课堂指南”，“课堂指南”主要由五部分构成：一是学习目标；二是重点、难点；三是学习过程；四是当堂测评；五是拓展提升。

10. 河南省郑州市第102中学的“网络环境下的自主课堂”模式

“网络环境下的自主课堂”模式由预习、展示、调节、达标四个环节组成。预习包括课前预习与课上预习、解疑；展示分组内小展示与全班大展示；调节是通过“调节教学”提高课堂教学的效率与质量；达标是课堂学习的小结、检测、知识达标和正向评价。学生把预习好的导学案及课堂展示的内容课前上传，上课时不用忙着记笔记和在黑板上临时书写，挤出的大量时间可以用于师生之间、同学之间的交流互动。借助白板的快捷、方便，展示过程可以十分紧凑、高效，而且交互式电子白板还有储存、记忆功能，可以自由调用，使学生的巩固和反馈也变得十分方便快捷。

每个班级的电子白板还依托网络相互联通，实现了“班班通”，每一节课中教师的课件，学生的解答过程、修改过程，教师的讲解圈注等都可以储存下来，自动上传至校园网络，供全体师生调阅、反馈、总结、互动。

11. 安徽省铜陵市铜都双语学校的“五环大课堂”模式

学校构建“三模五环六度”课堂运行机制，其中自学指导、互动策略、展示方案三大课堂核心元素的设计，将自主、合作、探究的课改理念化为高效课堂的实际生产力；自研课、展示课、训练课、培辅课、反思课等五种课型架构成“五环大课堂”，围绕“结构”和“方法”两大原点自主构建起“三模五环六度”高效课堂模式。“三模”是指定向导学、互动展示、当堂反馈三大导学模块；“五环”是指导学流程中要经历自研自探—合作探究—展示提升—质疑评价—总结归纳五大环节；“六度”是要求教师在导学设计及课堂操作过程中要重视学习目标的准确度、自学指导的明晰度、合作学习的有效度、展示提升的精彩度、拓展延伸的合适度、当堂反馈的有效度。

12. 上海市静安教院附校的“后茶馆式”教学模式

“后茶馆式”教学是一种关注学生学习获得知识的方法，提高学生学习效能的教学方式。“后茶馆式”教学以效能为主导，通过颠覆过去课堂教学按次序、等比计划定时间讲解的方式，而由学生自己阅读概念性、认识性的内容，教师仅对难点等原理性内容进行点拨，从而使课堂教学精致化。

“后茶馆式”教学简单地说就是读读、练练、议议、讲讲、做做。

读读，就是在课堂教学过程中，教师引导学生自己读书，它是课堂教学的基础；议议，就是提倡学生自觉议论，主动探讨问题，这是课堂教学的关键；练练，就是学生将学到的知识具体运用到教学实践中去，它是学生学习知识、巩固知识和形成技能的一条重要途径；讲讲，即是讲解、解惑，可由教师讲，也可由学生讲，变“一言堂”为“群言堂”，目的是培养学生的自学能力。

“后茶馆式”教学的课堂教学关键因素：一是学生能自学的教师坚决不讲，教师讲的不一定是最重要的，而一定是学生不懂的；二是课堂上一定要让学生暴露出问题，没有暴露问题的教学就是灌输，尤其要关注学生的相异构想。

在借鉴成功的高效课堂教学模式时，应防止几个误区：一是高效课堂教学模式是条件好的学校、名校才能探索成功的事，一般学校没有构建高效课堂的条件；二是名校的模式可以完全套用，没有必要再费力气建立自己的模式。第一个误区没有看到这些课改名校改革前的困境，第二个误区没有看到成功的模式的核心问题是先进的教育教学理念、先进的教育技术与学校自身实际的结合，盲目照搬，反而会阻碍自身的课堂教学改革。

案例 3—25

走进模式的背后

当前，我区很多学校都在进行课堂教学模式的探究和改革实践。其中一些学校已做了大量有益的探索，并取得了一定的成效。然而，并不是用了先进的模式进行课堂教学，就能取得预期的效果，我们应研究先进模式的本质，引导课堂教学改革少走弯路。

自从有了学校，课堂教学改革就一直在进行，在如雨后春笋般的模式出现后，经过大浪淘沙的洗礼，一些经验和模式显示了其可推广的价值和一定的可复制性。按时间顺序大致有以下几种影响较大的模式：上海育才中学段力佩的“茶馆式”教学模式，也称“读读、议议、练练、讲讲”，让学生在宽松的环境里进行师生交流；邱学华的尝试教学法，其主要观点是“学生能尝试，尝试能成功，成功能创新”，让学生在尝试中学习；洋思中学的“先学后教、当堂训练”模式；杜郎口中学的“预习展示、反馈达标”模式（简称“三三六”教学模式）；宜川中学的“三环节导学式”教学模式；等等。在总结这些成功的模式，研究这些模式成功的本质后，我个人认为，先进模式的成功应归结为“依据先进教学理论，制订合理可行策略，解决课堂突出问题”。

依据先进教学理论是这些模式成功的前提。这些模式的共同点是发挥了学生的学习主动性。这符合“学习金字塔”理论和“最近发展区”理论。

“学习金字塔”理论是美国缅因州的国家训练实验室的研究成果，它用数字形式形象地显示了采用不同的学习方式，学习者在两周以后还能记住内容（平均学习保持率）的多少。它是一种现代学习方式的理论。“学习金字塔”最早是由美国学者、著名学习专家爱德加·戴尔于1946年首先发现并提出的。

“学习金字塔”理论揭示了不同学习方式的效率。第一种，“听讲”，也就是教师在上面说，学生在下面听，这是我们最熟悉、最常用的方式，学习效果却是最低的，两周以后学习的内容只能留下5%。第二种，通过“阅读”方式学到的内容，两周后可以保留10%。第三种，用“声音、图片”的方式学习，可以达到20%。第四种，“示范”，采用这种学习方式可以记住30%。第五种，“小组讨论”，可以记住50%的内容。第六种，“做中学”或“实际演练”，可以达到75%。第七种，也是最后一种在金字塔基座位置的学习方式是“教别人”或者“马上应用”，可以记住90%的学习内容。爱德加·戴尔提出，学习效果在30%以下的几种传统方式，都是个人学习或被动学习；而学习效果在50%以上的，都是团队学习、主动学习和参与式学习。

对比先进模式与“学习金字塔”理论，我们不难看出，先进模式中的讨论、展示、议议、讲讲等学习方式都是团队学习、主动学习和参与式学习的具体表现。

“最近发展区”理论是苏联教育家维果茨基提出的，可以简单表述为，学生有两个发展水平：第一个是现有的发展水平，表现为学生能独立地、自如地完成教师提出的智力水平；第二个是潜在的发展水平，表现为学生不能独立地完成任务，必须在教师的帮助下，在集体活动中，通过模仿和自己的努力才能完成的智力水平。这两个水平之间的间隔称为“最近发展区”。

对于教师来说，要掌握学生的现有发展水平，即学生能独立完成的学习任务，不需要他人包括教师再进行讲解。对于潜在的发展水平，则需要教师创设情境，让学生通过合作学习或教师点拨完成学习任务。如果超出了学生的第二个发展水平，即学生即使通过教师帮助也不能完成任务，那就根本没有必要去讲。上海市静安教院附校张人利校长创造的“后茶馆式”教学，就是充分利用“最近发展区”理论的突出代表，而尝试教学法的多次“尝试”，更是将学生的第二个发展水平转化为第一个发展水平的捷径。

有了正确的理论做支撑，就需要有相应的操作策略来保证，这些保证包括制度建设、模型建设。大家看到的是成功后的荣耀，而实际上，我们通过考察这些学校，就会发现每个成功的学校都有一个有思想、有魄力的校长，有一个锐意进取的领导班子和一群全心投入教学改革的教师群体，同时还有一套完整的制度保障。每所学校都是一个系统，每个系统都有自己的运作模式，这里就不一一列举了。

在正确理论的支撑下，在合理策略的保障下，这些模式成功地解决了现在教学中的突出问题，即“满堂讲，效益不高；满堂问，没有个性；满堂练，忽视差异”的课堂突出问题。所谓满堂讲，是指教师讲解太多，最可怕的是教师并没有意识到自己讲得太多。所谓满堂问，是指教师的提问没有针对性，许多教师不明白自己每个教学行为的价值取向究竟何在，为什么提问、怎样提问在教师的教学设计和教学实践中没有充分体现，在课堂中提问的有效性很低。所谓满堂练，是指全班学生用同一套学案或练习，教师没有考虑到学生的差异，一定程度上掩盖了学生的“相异构想”。

学习先进模式，不能停留在学生学习的形式和表面，不是说把传统的“秧田式”座位改成“环岛式”“火车式”，或将教室的四周都装上黑板就可以了。我们应走进模式的背后，发现其中的真谛，领会其中的精髓。只要有正确的理念做支撑，用合理的策略来保障，充满信心，课程改革之路就会渐行渐远，越走越宽广。

二、总结名校规律，合理借鉴其精髓

纵观课改名校的成功之路，都是有规律可循的。各校在实施课堂教学改革时，应合理借鉴其精髓，切不可生搬硬套。在校本研修实践中，选择和探索基于课堂教学改革的教学模式是非常必要的，各级教育行政部门和教研室应根据本区实际，制订相应的课堂教学改革方案，并通过现场推进会、经验交流会、现场观摩会等方式及时总结和推广本区或本校的课堂教学改革经验和成果。教研室要发挥指导和引领作用，发现区域内课堂教学改革中存在的问题，发现典型，总结规律，促进课堂教学改革健康稳定地发展。

学校在校本研修中，应积极探索，吸收名校成功模式的教育思想，借鉴其方法，总结出适合自己的模式。

案例 3—26

大竹园中学是安康市汉滨区农村边远学校。多年来，学校致力于课堂教学改革，在合理借鉴国内其他学校先进教学模式的基础上，结合学校实际，探索总结出“三步十环导学案式”教学法课堂教学模式。该模式以导学案为主线，以课前准备、课堂教学、课后反思为基础，形成了“三步十环”的基本教学流程。经过四年的探索与实践，该模式取得了良好的效果，教师的教学思想、教学方法得到了改进，学生的学习风气、行为习惯进一步改善，学习成绩显著提高。该模式对山区学校课堂教学改革有一定的借鉴作用，此成果已经在我区农村初中推广，并取得了良好的效果。

“三步十环导学案式”教学法

本课题以新课程标准为依据，以《基础教育课程改革纲要（试行）》和第八次新课程改革理念为指导，以探索、实践课堂教学改革为途径，充分挖掘和利用教师、学生资源，发挥教师的导向作用，激发学生课堂学习的主体作用，对高效课堂建设中教学的有效性和学生学习的高效策略进行方法研究。在对课堂教学过程中存在的阻碍学生主动学习、现实课堂教与学矛盾的现象，特别是在对传统课堂教学中出现的诸多无效劳动现象分析的基础上，得出教学由无效到有效，再到高效的教学模式构建——“三步十环导学案式”教学法课堂教学模式。该模式从理论探索到实践检验已悄然进行了四年有余，重点解决了学生课前自主预习的有效性、课堂教与学信息的有效对称性、知识获得过程中的情感体验和多能力的培养及教学目标达成的可检测性问题。目前，从一校试验到全镇五校全面推广，成效显著，得到了区市多位教研专家的认可，认为很有推广的价值。

【课题背景】

1. 课堂教学模式改革的必要性

我国新一轮基础教育课程改革（即第八次课改）于 1999 年正式启动，2001 年 7 月教育部颁布了《基础教育课程改革纲要（试行）》，2001 年 9 月 1 日起进入基础教育课程改革实验区，相继普及全国，现在已实施 12 年之久。新一轮基础教育课程改革的根本任务是全面贯彻党的教育方针，调整和改革基础教育的课程体系、结构、内容，构建符合素质教育要求的新的基础教育课程体系。新课程改革的主要任务是更新观念、转变教与学的方式、重建制度，核心是课堂教学。通过课堂教学的改革，使学生在获得知识与技能的同时学会学习和形成正确价值观，突出培养学生的创新精神和实践能力。课堂教学改革倡导教学过程是学生主动参与、探究发现、合作交流的学习方式，课堂着重于师生的有效行为活动，实现从有效到高效的课堂转变。通过对比我们发现，传统课堂教学的确存在课堂教学效率不高、教与学的双边活动的许多信息不对称等无效行为，致使教学任务不能在课内完成，教学目标无法达成，只能依靠补习和习题强化应对考试，加重了学生的负担，严重影响了学生的身心健康，制约了学生的终身发展。

2. 课堂教学模式改革的迫切性

1996 年，全国人大八届四次全会通过的《中华人民共和国国民经济和社会发展"九五"计划和 2010 年远景目标纲要》明确提出："改革人才培养模式，由'应试教育'向全面素质教育转变。"这一问题的提出，迫切要求我们的教育要去除传统的应试教育对人才培养的社会危害，强调实施素质教育科学发展观。新课程改革的核心理念是一切为了学生的发展，即学校的所有教育教学方略，都要有利于学生的终身发展，有利于学生在学校获得今后走向社会所需要的基本生存能力、自主学习的能力、与人合作的能力、信息收集与处理能力、办事的能力、独立生存的能力，以保证我们的下一代能够在未来社会生存与发展。

能不能找到一种有效的教学方法或策略，使学生在轻松、愉快的状态下高效率地学习，课后不布置或少布置作业，把课外时间还给学生？这一问题已经是课堂教学改革中迫切需要解决的问题，也是我们进一步全面提高学生素质和教育质量的瓶颈。从课堂教学模式的研究入手，激活课堂，构建高效课堂，将有效地解决这一问题。我们提出的"三步十环导学案式"教学法课堂教学模式，正是帮助我们解决这一问题的良方。它与新课程改革的精神、目标和任务是相一致的。

3. 提出"三步十环导学案式"教学法

我们提出的"三步十环导学案式"教学法的核心理念是"学案引领，自主学习，合作探究，个性展示"。这种课堂教学模式是在和谐教学、整体建构的教学思想和系统论教育理论的指导下，师生教学活动诸要素依据明确的教学目标、具体细化的教学内容以及寻求学生"最近发展区"认知特点所形成的一种简化、明白、开放的教学结构，即是按照明明白白的教育思想、教学理论、学习理念来组织课堂教学活动进程的。简化、明白、开放是我们提出“三步十环导学案式”教学法的教育思想、教学理论、学习理念的集中体现。

【过程】

经过我们四年的试验实践与普及，我们将“三步十环导学案式”教学法课堂教学模式流程概括为“三步十环”，具体操作如下。

（一）课前准备

1. 理念思考

教师在编制导学案前，首先要阅读本节课教材，理解教材编写意图，审视教学法课堂教学和理念，判定学生的学习情况以及掌握的学习方法，然后思考导学案的制订。编制的导学案要达到两个必备条件：一是做到教师在课堂教学过程中有效掌控和提高教学的预测性和导向目标；二是做到学生学习知识的前瞻性，能使教学过程成为学生自觉的实践活动。好的课前准备是一节课走向完美的开始。

2. 编发导学案

实现目标：教师提供给学生的导学案，必须是依托教材使学生能比较轻松地做到自主学习的具体方案，是教师给学生搭建的自主学习的平台；必须做到知识问题化、问题层次化，严控导学案习题化。为实现上述目标，我们要求教师开展同科构建（年级同科目教师讨论交流、资源共享）备课活动，年级组把关，学科组长审核签发的管理体系。导学案的下发时间为上课前一天，时间相对固定，不得提前下发，更不得推后下发。

3. 开展课前自主学习

为确保学生有效利用导学案进行课前自主学习，解决力所能及的一般性知识学习，提出学习过程中的疑难问题，我们要求教师利用自习课下发，并做好导学案的提示性辅导。这样做的好处，一是能确保学生有足够的自主学习时间，二是有助于教师收集学生运用导学案过程中的信息。

4. 做到明明白白地教

运用导学案模式教学，课堂教学的前奏明显提前，教师在对学生课前自主学习环节情况综合分析的基础上，筛选出哪些知识学生已经掌握，是可以不讲的内容；哪些知识学生有困难，是必须要讲的内容，更重要的是如何讲，如何做到精讲。

（二）课堂教学

1. 激情导入，出示学习目标

这个环节要求教师语言精练，情境创设紧扣主题。学习目标的展示要达到两个目的：一是让学生明白学什么，即明明白白地学；二是课堂的方向、奋斗目标是什么。

2. 开展组内学习（限时15分钟）

组内学习活动主要是在小组长（秩序维护）的组织下，学科组长（知识研讨）的引领下，通过“兵教兵”的方式，解决课前自主学习环节中学生个体未能解决的问题。这一环节既是导学案模式教学的起点，又是导学案模式教学的终点，是为了实现“教是为了不教”的目的。其具体做法如下：

（1）组建学习小组（组内异质　异组同质）

在小组建设的过程中，我们要根据学生不同的学习成绩、心理特征、性格特点、兴趣爱好、学习能力、智力思维等方面组成学习能力相当的学习小组，一般以异质为主，使小组成员之间具有一定的互补性和个性化。同时还要保持组与组之间的同质，以便促进组内合作与组外竞争。小组一般以六人为宜，根据成员的学习能力编号为A1/A2/B1/B2/C1/C2。A、B、C三类学生既有个性发展的类似性，又有学习程度上的差异性。在学习过程中，可以实现A对B、B对C的分类合作交流，使学习更具有明确的针对性，同时，可以实现A教B、B教C的目的，使每个人都能实现“最近发展区”的学习目标。这样分组，为学生提供了交流合作条件，又有利于充分利用学生间的差异资源，进一步优化班内、组内学生学习的最优学习环境，达到共同进步的目的。

（2）建立激励机制

第一种：标准分数

① 学案完成：根据完成情况及质量给0～10分。

② 课前板书：根据板书质量及完成情况给0～5分。

③ 讲解展示：根据讲解内容难易及精彩程度给3～5分。

④ 对抗质疑：产生对抗质疑给5～10分。

第二种：分类分数

为了使全体学生都尽可能多地合作交流，达到人人参与的目的，对不同类别的学生参与学习活动分别赋予不同的分数，以激励学习困难的学生积极参与学习的过程。A类学生展示、质疑按照标准分数赋分，B类学生展示、质疑按照标准分数的二倍赋分，C类学生展示、质疑按照标准分数的三倍赋分。

第三种：鼓励分数

在板书、展示、质疑等环节表现特别优秀，或者产生意外良好效果，得到教师和学生一致认可的，一次加5分。

3. 展示—质疑—精讲（限时16分钟）

展示环节是导学案课堂的核心，是实现“将教将，将带兵”的过程。具体做法：一是教师首先要收集各学习小组及每位学生的学习情况（在组内学习环节中注意发现、培养展示和质疑的对象），让各小组成员充分展示、讨论。在学生展示的过程中，教师耐心倾听学生见解，积极引导学生展示，对学生的展示做恰当的点评。师生活动可总结为，学生——展示、质疑、讨论；教师——验收、引导、点评。二是通过暴露的学习问题以及重点、难点问题，教师要进行不可缺少的精讲。

注意事项：（1）展示不是简单地回答问题，而是要让学生展示解答问题的过程，展现学生的思维。（2）学生展示时，教师要认真观察学生的行为，耐心倾听学生的见解，以便能有效地引导学生。教师必须学会倾听，一定要让学生把话说完，当学生表达不出来时，要引导学生把话说出来。作为教师，要有耐心，要学会等待。教师要明白，倾听就表示尊重，没有尊重就没有民主，不尊重就容易造成“满堂灌”。（3）课堂上教师一定要鼓励学生质疑，学生能够质疑，就表示他在进行积极的思维，如果凡事顺从，就不可能主动学习。（4）要及时准确地评价学生的学习成果，通过个人与小组评价的捆绑、组内贡献值等激励因素，最大限度地调动学生的兴趣与积极性。

4. 学习小结（3分钟）

在课堂小结过程中，教师要竭力让学生成为总结的主体，通过让学生谈收获、谈感想的方式，把本节课的要点进行总结和归纳，达到抓住中心、画龙点睛、击中要害、形成体系的目的。

5. 检测反馈

检测反馈一般以检测题的形式出现（也有口头检测），做法与要求：一是所有学生独立完成，当堂上交（即使没有做完）；二是检测题的命制必须遵循分层次命制原则；三是教师当天要及时批阅。

（三）课后反思

教师授课完毕要做好课堂教学的善后工作，如果说课前自主学习是课堂的前奏，则课后的反思就是课堂教学的延续。其目的，一是在分析分层次检测的情况下，进行分层次作业设计的布置，使作业的练习有针对性和有效性；二是对教学进行必要的反馈补救，消除知识的盲点；三是教师进行教学反思，修订完善导学案以备他人借鉴，最终形成精品导学案。

【效果】

通过四年时间，全镇2000余名师生的共同实践与努力，经历试点探索、平稳起步、扎实推进、总结提升，形成了“三步十环导学案式”教学法课堂教学模式，其效果总结如下。

1. 学生综合素质

（1）思想素养方面：学生热爱祖国、热爱集体、尊敬师长的情感表露更为真实；遵守纪律、礼貌待人、严于律己的行为更加到位；坚持正义、诚实勇敢、富有责任感的意识更加强烈。

（2）文化素养方面：学生学会了在获取知识的过程中，养成积极自主学习、独立思考、合作探究、敢于想象、善于质疑的学习习惯；提高了收集处理信息的能力，分析、解决问题的能力，获取新知识的能力，交流合作的能力，特别是学生的口头表达能力、信息处理能力、实践操作能力提高幅度最大；学会了正确乐观地对待挫折与困难，能认识到知识是变化发展的，乐于用学到的知识改善生活与学习的方式，关心自己与集体的关系，关注国家社会大事，能从社会实践和学习生活中获得美的体验，并运用一定方式赞赏美。

（3）个性发展方面：能认识自我，建立自信，自觉地将个人的优秀才能和意志品质迁移到弱势同伴中去，促进自身不断发展，实现个人价值。

2. 部分教学成绩对比

学校课改班级与非课改班级成绩对比统计分析（表略）；学校课改年级成绩与片区非课改年级成绩对比（表略）。

3. 教师的发展与培养

通过推行“三步十环导学案式”教学法课堂教学模式，学校的科研氛围较以前更浓厚，教师的敬业精神明显增强，教师的教学幸福感明显提升。学校涌现出一大批教学骨干、教研骨干。在区市组织的优质课展评、教学能手评选活动中，我校有10人次获奖。山区教师杨玲玲老师代表安康市参加省级教学能手的评选，其采用的教学模式就是“三步十环导学案式”教学法。

4. 社会影响力

(1) 问卷调查显示，家长对学校教育的满意率达到93%以上，家长对课堂教学改革的认可度几乎是100%。其效果是学生厌学思想明显下降，优等生数量显著增多，后进生转化更加有效。从保学控辍统计来看，近三年学生辍学率为0。

(2) 2012年10月，我校成功地举行了课堂教学改革成果现场会，与会的汉滨区教育局领导和汉滨区教研室专家给予了高度评价和肯定。从2012年秋季以来，相继多所兄弟学校到我校参观学习“三步十环导学案式”教学法课堂教学模式。

5. 学校科研收获（略）

（由安康市汉滨区大竹园镇中心校侯黎明、许斌、陈政提供）

【专家点评】

汉滨区大竹园中学“三步十环导学案式”教学法，不仅注重教师的教，更注重学生自主的学，用导学案引领师生发展，特别关注了学生的学习方法的改变，改革效果明显。该教改项目历经四年的实践，不断改进、创新、完善，已形成了独特的模式，经实践检验，效果明显，具有一定的推广应用价值。

（安康市教研室《安康教育》主编耿良富点评）

第十一节　校本研修基于提高课堂效率的导学案资源的开发

一些课改名校构建高效课堂的一个抓手就是利用导学案引领教学。如前面介绍的山东兖州一中的“循环大课堂”教学模式就强调了导学案的核心作用。导学案是经教师集体研究、个人备课，再集体研讨制订的，用于指导学生自主学习、主动参与、合作探究、优化发展的学习方案。它以学生为本，以三维目标的达成为出发点和落脚点，是学生学会学习、学会创新、自主发展的路线图。

导学案的编写和应用是教师基于构建高效课堂要求下的校本研修的另一种重要的资源。这是由于导学案的编写和应用一般经过“个人初备—集体讨论—主备人负责编写—个人应用修订—修订完善”几个环节。在个人初备环节中，教师必须熟读课程标准，明确本单元、本课时的教学目标及重难点，同时还要熟悉学生的特点及其在学习过程中易出现的问题及障碍，这是一个自我研修的过程。在集体讨论环节中，各备课组组长要负责组织集体讨论，定内容，定中心发言人，定研讨重点，体现了同伴互助的功能。导学案经过讨论后，由主备人负责编写，然后各教师在课堂中实践应用，同时在应用中进行修订，最终由有经验的骨干教师形成完善的导学案，为以后的教学提供参考，这是一个实践反思和专业引领的过程。

案例 3—27

××中学关于导学案规范性要求

一、编写

（一）导学案编写程序

各备课组在组织本组教师认真研读课程标准、教材和学生情况的基础上，依据本学科的教学实际安排教学进度；导学案依据“个人初备—集体研讨—个人应用—反思修订—形成学案”的程序；责任到人，各负其责，集体讨论，备课组长审核，领导审批；未经讨论、审核和审批的不得印制。

（二）导学案内容要求

1. 学习目标

知识目标：学生学习后要了解、掌握、运用的公式、概念、要点等。

能力目标：通过学习学到了哪些能力。

情感目标：仔细挖掘蕴藏在学习材料中的道德情操、审美情趣和个人发展目标。

以知识目标、能力目标为主。

目标的制订要明确具体，而且可操作、能达成，具有可检测性，使本节内容、当堂检测题能够与之相对应。学习目标既不能过低，使学生达不到基本的学习要求，又不能过高，使得大多数学生经过努力也很难达到。如果目标确定得不适度，学生很难实现高效学习。学习目标中不要用“了解”“理解”“掌握”等模糊语言，要用“能记住”“能说出”“会运用”等可检测的明确用语。

2. 重点、难点

观察学生的认知水平、知识背景，预测可能会出现的难点，根据考纲、课程标准，确定重点，提醒学生重点应掌握的问题。

3. 知识链接

即课前小测，有的教师命名为前置测评、诊断检测等。可以是小测试题形式，也可以补充学习本节相关的知识。该环节的作用主要是扫清学习新知识的障碍，为新知学习做好铺垫。

4. 学法指导

包括课堂上学生要重点看的课文中的关键词句、图片等的指导，以及学习方法、记忆方法、理解角度、理论活用等活动方式的指导及疑难问题的索引、提示，是对学生自主学习的重要指导。

5. 导学过程

这是导学案的核心和主体部分，要体现导学、导思、导练的功能，将知识点转变为探索性的问题点、能力点。问题设计要有层次，有逻辑，有内在的关联，解决一个问题又是解决下一个问题的前奏，让学生在解决一个一个的小问题的过程中，自然解决重点问题，锻炼学生的思维，逐步教会学生思考问题、解决问题的方法。

（三）导学案格式要求

导学案页眉要有学案编号、年级、教材等信息和励志性语言；正文开头部分写明课题、课时、编写人、参与编写人、编写时间、审核人、审批人、班组、姓名、组评、师评；正文中必须有使用说明、学习目标、学法指导、自主学习、合作探究、课堂检测、反馈展示等主要环节；统一用八开纸。

二、导学案的使用

1. 提前一天下发给学生进行预习，每节课结束时应发下一节课的导学案，确保学生预习效果。

2. 上课前教师应根据学情进行复备。

3. 各教师要结合本班学生实际和自身教学特点，认真做好教学设计，灵活调整学案。

4. 导学案必须在课堂上完成，教师要指导学生完善导学案，不得把导学案变成课后作业。

5. 上课结束前应对当堂课的导学案进行检查、反馈、批阅，了解学情。

6. 导学案使用后要及时交流、反馈，认真写好反思（课后记），并通过编写复习或自测学案弥补不足，同时为修订导学案积累经验。

三、导学案的保存与管理

1. 各备课组要将本组导学案及时收集（包括电子版和文本），妥善保存，按学校要求上报年级组。

2. 各年级将各备课组的导学案整理后按学科、年级分类，每学期末上报教务处。

3. 各教师要将自己使用过的导学案和教学设计整理装订，妥善保存，接受检查。

4. 各班主任要督促学生按学科、日期对导学案归类整理装订，妥善保存，以便复习使用和接受检查。

四、检查与考核

1. 对导学案的编写、使用，各备课组每两周检查一次，年级组每月检查一次，教务处除每学期检查一次外，还要不定期抽查。

2. 检查结果按教学常规考核办法进行考核，对优秀导学案进行展示交流评比，并在考核中加10分，对导学案编写不认真、使用效果不好的扣10分。

在形成导学案的过程中，教师可以在导学案上加上批注，方便教师理解导学案的设计意图，并在教学中灵活运用合理的教学策略，发挥导学案的引领作用。

第十二节　校本研修基于关键事件教学反思资源的开发

一、教学反思的含义

孔子说："学而不思则罔，思而不学则殆。""吾日三省吾身：为人谋而不忠乎？与朋友交而不信乎？传而不习乎？"

美国学者波斯纳提出了教师的成长公式：教师的成长＝经验＋反思，他认为，一个人或许工作了二十年，但如果没有反思，也只是一种经验的二十次重复。

华东师范大学的叶澜教授提出："一个教师写一辈子教案不一定成为名师，如果一个教师写三年的教学反思有可能成为名师。"

这些都说明了反思是教师专业发展和自我成长的核心因素。

实践反思是校本研修三个基本途径之一，是指教师对教育教学实践的再认识、再思考，并以此来总结经验教训，进一步提高教育教学水平。"教学反思"一词是由"反思"一词衍生而来的，《现代汉语词典》对"反思"的解释为"思考过去的事情，从中总结经验教训"。从这一意义上看，反思就是对自己过去的思想、心理感受的思考，以及对自己体验过的事物的理解、描述、体会和感悟等。反思是一种思维方式，同时也是一种认识的过程。

二、什么是教学关键事件

所谓教学关键事件，是指教师日常课堂实践中发生的，并要求教师围绕该事件能做出关键性决策的典型性教学事件或教学片段。教学中的关键事件并不是指课堂上发生的事件本身都必须是关键的或重要的，有的事件可能看起来很常见，甚至是习以为常，但通过进一步分析、判断、研究，这些事件能够揭示一定的道理，具有普遍的意义或具有一定的规律性。课堂关键事件既可以是教师经过深入反思分析后创设出来的，也可以是随机生成的，是课堂教学中有意义的师生行为的子集。

三、基于课堂关键事件的教学反思

教学反思是教师在教育教学过程中能够建构或重新建构遇到的问题，并且在教育教学的背景下进一步探究问题的过程。课堂关键事件来源于真实课堂中的问题和事件，常常能体现教育教学的某些思想、内在的规律，或能反映教育教学的原理和策略。从实践层面看，课堂关键事件在不同的背景和视角中又具有代表性。

因此，基于课堂关键事件的教学反思可以改进教师的教学行为，促进教师个体和教师群体的专业发展。

在教学反思中，重点是发现教育教学中的问题。在课堂教学实践中，一节课可能会存在许多问题，这些问题都可以成为教学反思的资源，然而，最有反思价值的、能改变教师教学行为的还是课堂关键事件。但并不是所有的课堂教学事件都是关键事件，选择或创设关键事件时，教师应立足教学实践的真实性和常态化，从关键事件的类别，选择开发教学反思所需要的资源。

发现问题需要教师有问题意识，而选择或创设关键事件则需要教师有分析问题、研究问题的能力。

因此，教师要在教育教学活动结束后，学会反问自己以下问题：教学目标是否符合新课程的目标要求？我的课堂中是否关注了每一个学生？学生是否在进行高效、优质的学习？教学中还存在什么问题？怎样解决这些问题？为什么会出现这样的问题？如何调整教学计划？怎样的策略与措施更有效？

案例 3－28

青蛙有没有错？

——《坐井观天》教学反思

一、教材及目标分析

《坐井观天》是一则寓言故事。文章通过青蛙和小鸟对“天有多大”的争论，阐明一个深刻的道理：看待问题、认识事物，要站在一定的高度，才能看得全面。同时也说明了正因为青蛙的目光短浅，才看见天只有井口那么大，教育学生不要做目光短浅的青蛙。在教学中，我从侧面入手，让学生以青蛙为镜子，从青蛙身上找自己的不足，培养自信，树立正确的人生观。

二、教学片段

师：同学们，为什么青蛙看见的天只有井口那么大呢？

生：（纷纷举起小手）因为它生活在井底呀，所以它看见的天就只有井口那么大。

师：（继续引导）那为什么小鸟看见的天就是无边无际的呢？

生：（已经等不及举手，抢着说）因为小鸟天天在天上飞来飞去，当然就看见天的无边无际了。

师：（用手指挨近嘴唇，示意安静）那青蛙说错了吗？假如你就是那只天天生活在井底的青蛙，你觉得你看见的天到底是什么样子的？

（生疑惑不语。）

师：（微笑鼓励）想说什么就说什么，用事实说话。

（一生微微举手，举得不高。）

生：我想，假如我就是那只天天生活在井底的青蛙，我看见的天就只有井口那么大，我没有出过井口呀！

师：（继续发问质疑）那你说错了吗？

生：我没有说错，我眼睛中的天只有井口那么大，所以我当然不相信小鸟的话了。

师：（微笑点头，面向全体学生）假如你是一只生活在池塘里的青蛙呢？那你看见的天又会是什么样子？大家先讨论一下。可以是同桌之间，也可以是前后桌的“邻居”，也可以下位到你要好的朋友那里去走动，但是要注意课堂的纪律哟！

（学生讨论活动，教室异常热闹。3分钟后，教师示意安静，汇报讨论的结果。）

生：假如我是生活在池塘里的青蛙，那我看见的天也和小鸟一样无边无际。

生：我还会看见池塘里碧绿的荷叶、漂亮的荷花。

生：我会看见绿绿的池塘水、可爱的小蜻蜓。

生：我还会看见太阳和各种花草树木。

生：（抢着说）我还会看见大人们工作、小孩背书包上学。

……

师：为什么同样都是青蛙，看见的却不一样呢？

生：（很快举手回答）因为它们生活的地方不一样，一只生活在井底里，一只生活在池塘里，所以看见的就不一样。

师：那小鸟能说井底里的那只青蛙说错话了吗？我们能取笑那只生活在井底里的青蛙吗？

生：（议论纷纷）那只青蛙没有错，我觉得小鸟不能笑它。它天天生活在井底，看不见外面美丽的世界已经很可怜了，小鸟不应该再笑它。

生：青蛙多有礼貌，看见了小鸟就友好地叫它“朋友”，小鸟应该带青蛙去外面看一看才对。

生：我觉得当别人说错话或者做错事情的时候，我们不能像小鸟一样去笑别人。

师：（受启发）对，你真会思考，能够从小鸟的身上联想到我们在生活中做事，你今天很有收获。

生：例如，上课时有同学做错了题，我们应该去帮助他，让他学会，而不是去笑他。

师：（拍手称赞）你真棒！

生：如果我是那只青蛙，我多么想跳出井口看一看呀，我才不想让人家笑我是井底之蛙呢！

师：（若有所思）同学们，我忽然有了一种想法，由于我们生活在农村，受生活条件的限制，我们可能很少有机会去大城市旅游，也不像城里的孩子知道那么多的知识，但能说我们农村的孩子笨吗？将来就不如城里的孩子有出息吗？

生：（马上反驳，生气的表情）我们不笨。

师：那我们身上有什么优点？

生：我们认识各种庄稼，我姑姑家的小孩连小麦都不认识。

生：我会做很多的家务活，还能帮妈妈做农活。

生：城里孩子娇气，我上次摔跤，腿摔破了都不哭。

生：我上次数学考试也考了100分。

生：我的字写得很漂亮。

生：我要好好学习，将来和城里孩子一样有本事。

生：我爱画画，将来一定能当画家。

……

师：同学们，老师真为你们高兴。我们虽然生活在农村，但是我们和城里的孩子有一样的蓝天，我们要有自信，只要努力，只要勤奋，我们也能像小鸟一样在无边无际的天空中自由地翱翔！让我们一起鼓掌为自己加油吧！

（教室里响起热烈的掌声。）

三、教学反思

在本课的设计中，我本想让学生说出青蛙错了，从而教育学生不要做一只“井底之蛙”。但一位学生说青蛙没有错，说它由于生活在井底的原因而没有机会看见天的无边无际。根据这一突发的回答，我及时调整教学，趁势引导，问学生：如果是一只生活在池塘的青蛙又会怎样？而这一问却激起

"千层浪"，学生纷纷举手，说出了他们能想到的各种情形，并辐射到自己所处的生活环境，联想到自己的未来。现在的农村学生缺少的不是物质上的温饱而是精神上的肯定，缺少的不是关心而是鼓励。作为一名农村教师，我想我们应该抓住每一个教学瞬间，肯定学生的观点，去赞赏他们、鼓励他们、肯定他们，新课程理念下的农村学校师生关系应该把尊重放在首位。

案例中，正是因为我给予了学生肯定，让他们有了自信，有了对自己优点的了解，有了"我要好好学习，将来和城里孩子一样有本事"的豪言壮语。我想教师不仅仅是教给学生一定的知识，更重要的是教给学生一定的道理，让他们从小就有正确的人生观和价值观，树立远大的目标，并为之努力奋斗。案例中，学生在说话的过程中迸发出了让我们意想不到的创造性思维的火花，涌出了许多新问题和新答案，始终使课堂充满着疑点，闪烁出亮点，呈现出语文课堂的精彩。

我真为学生的奇思妙想感到振奋，也庆幸自己没有错过这道美丽的风景线。在教学中，我没有按照教学设计去界定学生的思维，而是给了学生思维的空间、想象的余地。我肯定了学生的见解，珍视学生的发现，使学生在愉悦的状态中受到鼓舞，使学生在轻松的氛围中碰撞出创新思维的火花。在这样的课堂上，学生获得了多方面的满足和发展，教师的劳动也闪耀着创造的光辉，师生都能感觉到生命力的涌动，感到语文因生活而精彩，生活因语文而灿烂。

（由安康市高新区联合小学朱雪梅提供的案例改编）

本案例就是从"我本想让学生说出青蛙错了，从而教育学生不要做一只'井底之蛙'。但一位学生说青蛙没有错，说它由于生活在井底的原因而没有机会看见天的无边无际"这个关键事件为主题进行反思，提出了"新课程理念下的农村学校师生关系应该把尊重放在首位"的观点。

第十三节　校本研修基于教师专业发展的校本研修模式的建立与开发

校本研修是在校本教研和校本培训基础上发展起来的，兼有校本教研、校本培训的作用。为了使校本研修工作能规范开展，并取得预期效果，一些学校探索出了适合自己学校实际的校本研修模式，这些模式为校本研修的规范开展提供了范例，有效地提高了校本研修活动的效率。

案例 3—29

“五维观察，一课三上”校本研修模式

该模式由宝鸡市临渭区前进路中学创建。

“五维观察”是指教研组成员分成五个观察小组，每个小组确立一个观察维度，对某节课堂教学进行量化观察、记录、分析、讨论和评价。五个维度分别是教学目标、教材处理、课堂结构、情境创设、学生表现。

“一课三上”是指教研组确定一名中青年教师和一节有代表性的课堂案例，然后共同确定一个研究主题，由该教师围绕研究主题对本节课案例进行三次备课、课前说课、上课、课后反思，教研组其他教师每次都围绕该研究主题进行观察，然后评课、议课，真正解决教师在课堂中遇到的困惑和问题。

在“五维观察”中，各教研组的“五维观察量表”各不相同，并在使用中不断修改完善，逐步从定性观察到定量观察过渡，定量的参数也要不断更换，以期达到全面、科学、合理、便于操作的目的。

“一课三上”中的三次上课是由一人分三次在三个不同班级上同样的课。

本案例中的校本研修模式，让教研组成员通过分组观察，从教学目标的达成情况、教材处理情况、课堂结构、教学情境创设和学生表现五个维度，对课堂教学进行观察记录并分项分析，在研讨过程中将课堂教学实录进行回放，针对课例，确定研修主题，通过“一课三上”的形式，解决突出问题，达到提高教学设计水平、逐步改进教学的目的。

案例 3—30

基于微型课题研究下的“一课二上”课例研究式校本课例研修活动模式，是安康市旬阳县吕河中心校创建的一种校本研修模式。

“微型课题研究”也称微型科研，是指把日常教育教学过程中遇到的问题即时梳理、筛选和提炼，使之成为一个课题，并展开扎实的研究。研究的着眼点主要关注于教育教学细节，研究内容是教育教学实践中碰到的真问题、实问题、小问题，研究的周期短，见效较快。微型课题研究以“小切口、短周期、重过程、有实效”为基本特征，以“问题即课题、对策即研究、收获即成果”为基本理念。吕河中心校开展的基于微型课题研究下的“一课二上”校本研修模式为校本研修提供了良好的资源。

“一课二上”也就是“一节内容，多次开课”：在经过教师精心备课或集体备课，设计出教学方案后，由一名教师执教，进行第一次开课，同伴随堂听课；随后，组织专场评议，指出存在的问题，提出改进建议；执教教师对教学方案进行修改后，再进行第二次开课；二次开课后，与第一次上课进行对比分析、交流研讨，总结经验，进一步完善教学方案。必要时，再进行第三次开课，反复研磨，逐步深入，最后形成课例研究成果。

“一课二上”的目标定位为“改进实践”，着力解决教学中的三大问题：一是优化课堂教学结构，提炼教学步骤；二是为学而教，改进教学方式，体现以学生活动为主；三是改进教师自身存在的特殊问题。通过实践我们发现，这种研修方式对于改进教学实践、促进教师教学教研能力的发展有着无可替代的特殊价值，它特别符合我们农村学校教师发展的实际需求。经过一年的实践探索，吕河中心校于2010年年初以校本部和三所完小为基地，将全镇教师组成四个片区，由中心校派出学科骨干，深入各个片区指导开展“一课二上”式典型课例研究活动，聚焦课堂，聚焦问题解决，帮助教师练就研修能力。目前，各完小片区的课例研修活动正如火如荼地展开。在此基础上，吕河中心校作为小学联片教研吕河片区的组长学校，充分发挥组长学校的引领作用，将这种研修方式推广到片区内的段家河镇中心校和桂花九年制学校，并开展了多次多学科（语文、数学、英语、美术、音乐、科学、体育、品德）的“一课二上”式典型课例研讨活动。

通过实践探索，吕河中心校总结得出了以课例为载体的校本研修活动的基本模式：确定研究课题—初次开课—评课研讨、自我反思—理论学习、提出解决策略—第二次开课—验证策略，互补整合，深化主题。县内其他学校也借助“联片教研”这一平台，不断改进、推广“一课二上”式课例研究，其改进实践、促进教师教学教研能力双提高的核心价值日益得到体现，实现了由问题研究向主题研究的提升与飞跃（即由教研向科研的飞跃）。在开展“一课二上”课例研究时，要确定主题，围绕主题或专题进行深入研究，其成果形式为研究报告和论文，采用说明的方式客观描述，理性归纳、总结，提升了研修成果的理论价值。

通过研究，吕河中心校总结出了基于微型课题研究的“一课二上”课例研究的操作程序：发现问题、确立问题、形成课题（主题）—设计方案—主题学习—一课二上（教学设计、一次上课、反思改进、再次上课、再次研讨）—总结提炼—课堂验证—反思行文。课题研究的主要方式仍然是“一课二上”典型课例研究，这是研究的“行动”阶段。接着是研究的“行文”阶段，只有对研究过程和改进实践的效果进行再研究，形成研究文本，在一定范围交流，才能结出研究成果，内化为专业能力。

附：低年级趣味识字教学策略的研究

一、研究背景与方法

识字是阅读和写作的基础，识字教学是小学语文教学的起点。在小学语文教学中把好识字关，就能使学生语言的发展在高起点上步入快速高效的轨道，并对学生今后的语文学习产生深远的影响。

《义务教育语文课程标准（2011 年版）》规定：第一学段（1～2 年级）认识常用汉字 1600 个左右，其中 800 个左右会写。从中可以看出，低年级识字教学任务很重。而目前，低年级识字教学普遍存在“高付出、低收效”的现象，教师下了很大的功夫进行识字教学，而学生识字效率却始终上不去。原因何在？一是识字教学在课堂教学中经常被冷落，学段越高，识字教学越容易被忽略；二是识字教学重点、难点不突出，教师运用同一种识字方法去教学所有汉字，学生在学习过程中对简易的汉字花了过多时间，而对较难的汉字的学习反而用时较少；三是识字方法机械化，虽然每位语文教师都知道要教给学生多种识字方法，但在识字教学的过程中往往图方便，不注意识字方法的变换。如此一来，学生识字的积极性明显下降，识字兴趣和效率也大大降低。

针对以上识字教学中存在的问题，我们拟定了“低年级趣味识字教学策略研究”这个课题，试图从提高小学生识字的兴趣入手，通过一系列的实践与探索，总结出趣味识字的教学策略，提高学生识字教学的效率，为学生今后的阅读、写作打下坚实的基础。

我们确定的研究方法是在教研组内进行“一课二上”课例研究。“一课二上”课例研究，就是选择典型课例，在集体研讨的基础上，由一位教师执教（“一上”）；教后经过执教者个人反思、集体评课，提出修改意见（修改教学设计），由执教者在平行班进行第二次上课（“二上”）；教后再讨论，围绕研究主题总结归纳出解决问题的一般方法（必要时进行“三上”）。“一课二上”也被教师们叫作“一课二上三讨论”。“二上”不是简单的两次上课或用两种模式上课，而是在“一上”基础上的改进和提高，是拾级而上。

二、研究过程

我们选取“识字 4”为课例。

“识字 4”是人教版一年级语文下册第四组的内容。本识字课内容是一首充满童趣的儿歌，主要写小动物在夏天活动的情形，体现了夏天的美好。本课共有 14 个生字，其中 11 个带有虫字旁。教学时，教师应使学生在熟读儿歌的基础上，联系大自然和教材中的图画，运用多样、有趣的识字方法识字，初步感悟和了解夏天的美好。

（一）教学设计

根据《义务教育语文课程标准（2011 年版）》的要求，要让学生“喜欢学习汉字，有主动识字、写字的愿望”，依据本识字课的教学内容，结合本班学生有一定的识字方法但识字兴趣不浓、识字能力较差这一实际，我制订了以下三条教学目标。

1. 通过多种方式认识“蜻”“蜓”等 11 个带有虫字旁的生字和“展”“运”“网”3 个生字，指导书写“蚂”“网”2 个字。

2. 多种途径激发学生识字的兴趣，培养学生自主识字能力。

3. 使学生认识并了解夏天里一些小动物的生活，体会小动物给夏天带来的情趣，感到好奇，愿意观察、了解大自然。

让学生认识 14 个生字是教学目标之一，也是教学重点。让学生愉快主动地识字是这节课的设计理念。在这种理念的指导下，我设计了以下五大教学环节：

一是激趣导入。运用多媒体课件，联系学生已有的经验，引导学生去观察发现，将学生带入学习的情境之中，调动学生学习的兴趣，拉近学生与课本的距离。

二是读儿歌识字。出示儿歌，学生自读—出示生字，学生读说—指名读儿歌—学习11个形声字—做“找朋友”游戏。教师采用多种方式，不断呈现所学字词，在反复与生字的“见面”过程中，使学生认识生字。

三是感悟方法，培养能力。教师在学生认识了蜻蜓、蝴蝶、蚯蚓、蝌蚪和蜘蛛等生字后，引导学生寻找规律。在“你发现了什么”的引导下，让学生感悟借助形声规律识字的方法，提高自主识字的能力。

四是指导书写“蚂”“网”2个字。

五是拓展延伸。引导学生在课后、在生活中多识记带有虫字旁的生字，扩大知识面，真正做到将识用结合起来，增强识字与生活的联系，激发识字兴趣。

（二）第一次开课（“一上”）

教学片段一：激趣导入

师：同学们，一年有几个季节？你最喜欢哪个季节？（当有学生说到夏季时）老师也特别喜欢夏季，（出示课文插图）老师还特意拍了一张夏季里小动物们活动的照片。请同学们仔细观察，看看小动物们正在哪里做什么呢？

教学片段二：用象形字的特点学习“网”字

师：你们谁认识这个字？(出示“网”)

生：网——结网——蜘蛛房前结网忙。(个别读，其他同学跟着读)

师：你们见过蜘蛛网吗？谁能到黑板上简单地为我们画张蜘蛛网？（一名学生上台画）

(教师在图画上写一个大大的“网”字。)

师：你们发现了什么？

生：这个“网”字和这个蜘蛛网的形状长得很像。

生：“网”字外面的框就像蜘蛛的网，里面的小叉子就像小蜘蛛。

师：你还知道什么“网”?

(生纷纷说有球网、铁丝网、电网、渔网等。)

……

教学片段三：游戏中识字

师：现在我们一起做个游戏，愿意吗？（生答“愿意”）

师：我这里有小动物的名片，（出示打印的“蝴蝶”“蚯蚓”等6张名片）还有它们的照片，（出示打印的“蝴蝶”“蚯蚓”等6张彩色图片）我们现在来给它们找朋友，谁愿意？（教师把12张卡片发给学生）

师：其他同学不要着急，我们和他们一起做这个游戏，和他们一起说，一起鼓鼓掌。

（教师示范游戏：“嘿嘿，我的朋友在哪里？我的朋友在这里。我们的名字叫蝴蝶……）

（12名学生分别上台做“找朋友”的游戏，其他同学一边拍手一边读词语。）

教学片段四：拓展中识字

师：孩子们，不仅你们喜欢动物，老师也很喜欢动物，我还带来了几位动物朋友，和我一起认识它们，好吗？

生：好。

师：你们看看它们是谁？（出示青蛙、蜈蚣、蟋蟀等卡片）能大声喊出它们的名字吗？

（学生一边看图认识动物，教师一边出示词语。）

师：你们注意看，这些动物的名字中也带有什么偏旁？

生：虫字旁。

师：孩子们，你们课下的时候，也可以像老师这样搜集带有虫字旁的字，来丰富自己的知识，好不好？

生：好。

（三）课后反思

听课组通过集体评课，认为本节课有四大亮点：一是根据儿童识字“认得快，忘得也快”的特点和生字的不同特点，采取多种识字方式，从看图读拼音识字，到去掉图读拼音识字，再到去掉拼音识字，以及在游戏中识字，使生字的识记有层次、有梯度。通过反复训练，有利于学生识记和巩固。二是注重引导发现，渗透了学习方法的指导。识字教学不仅仅是把教科书上规定的那几个字教给学生，它的最终目的是要让学生能独立识字。教学中教师注意引导学生发现并掌握识字的方法，积极引导学生自己去探究发现，培养了学生的自主识字能力。三是在教学中利用“找朋友”游戏，让学生在喜闻乐见的游戏中巩固生字，不仅营造了融洽的学习氛围，增强了学生识字的兴趣，而且加强了学生对生字词的复习巩固。四是通过课件拓展识字，紧密联系生活，不但拓展了学生的识字面，更拓展了学生的思维，激发了学生识字的兴趣。

教学中存在的主要问题有以下几点：学生的积极性还没有充分调动起来；学生的主动性不够，大部分学生只是在努力配合而已；低估了学生现有的识字水平，课堂上存在用“一把尺子”量一班学生的限制性教学现象。

（四）改进设计

经过对“一上”的反思和评议，执教者对教学设计进行了改进：导入环节从竞选“识字大王”的游戏开始，先让学生认一认不带虫字旁的字，为之后学习形声字做好铺垫；在读儿歌识字环节增加猜字谜活动，交流识字方法；把“一上”中“找朋友”游戏改成“帮助小动物做一张名片”的游戏，让学生把动物的名片贴到相应的照片下。当学生在游戏中巩固生字后，再安排一个小环节，即引导学生发现这些动物的名字中都带有一个“虫”字，发现这些字去掉了虫字旁就是我们课前认读的那些字，发现去掉虫字旁和加上虫字旁的字读音很相似。根据这些发现，总结认识字形的方法，突破教学难点，并以“开火车”的方式打乱次序读这11个生字，进行反馈。

（五）第二次上课（“二上”）

教学片段一：竞选“识字大王”导入

师：今天我们将举行“识字大王”竞选活动，同学们想不想参加？

生（齐声洪亮地回答）：想！

师：竞选活动现在开始。（出示生字：青、廷、胡、丘、引、马、义、科、斗、知、朱）哪位同学认识这些生字宝宝？

生：我认识“丘”，那是皮卡丘的“丘”。（学生边说，边扬起自豪的脸蛋）

生：我认识“斗”，这是北斗星的“斗”，我还认识北斗星呢。（学生说得那么激动）

生：我认识“胡”，我从我们班胡自豪的名字里认识的。（学生说着说着会心地笑了）

11个字很快被他们“抢夺一空”，许多没被请到的学生着急地嚷嚷着“我全认识，我来”。课堂上，学生们尽情展示着课内外的语文收获，他们学得那么主动，那么快乐。这种由心底发出的快乐，又激发了他们活跃的思维，随着思维的活跃，学生的语言也变得更加丰富、生动。几个平时比较胆怯的学生似乎也受到现场气氛的感染，声音响亮了许多。在这大胆表现的过程中，学生们相互学习，相互促进，获得了成就感，形成了好学上进的动力。看着他们精彩的表现，我也在心里偷偷地乐。有了这样的铺垫，再学习11个带有虫字旁的生字就简单了。同时，这一环节还为揭示形声字规律做了铺垫，提高了学生自主识字的兴趣与能力。

教学片段二：形声字识字教学

师：我们来猜个谜语怎么样？身子像个小豆点，拖着一条小尾巴……

生（欣喜地）：蝌蚪。

师：是啊，小蝌蚪可喜欢夏天了，还有一些同样喜欢夏天的小动物也来到我们身旁了，赶快到课文中去找找它们吧，找到请用“____”画下来。

（生画生字词，同桌互读。）

师：夏天里有哪些小动物在活动呢？

（学生说一个，教师贴一张图片。）

师：小朋友们，黑板上这些字，有没有同学已经认识了的？能不能告诉大家你是怎么认识的？

（学生纷纷介绍自己的识字方法。）

师：哪位同学愿意当“小老师”教教大家这些字？

（学生抢着教读。然后男女生比赛读，齐读。）

师：现在小动物们想做一张名片，谁愿意来帮忙呢？

（教室里一下子热闹起来，学生纷纷拿出了装在信封中的词卡和图片，做了起来。）

师：哪位同学的名片做好了，愿意上黑板贴在相应的动物照片下？

（学生争先恐后地上台贴名片。）

师：请你们再仔细看看这些小动物的名字，你发现了什么？

生：我发现这些字都带有虫字旁。

生：我发现除去虫字旁的部分，就是我们课前认的字。

生：我发现去掉虫字旁和加上虫字旁的字读音相似。

生：我发现这些字都是形声字。

师：同学们真细心、真会发现。像这样，在一个字当中，一部分表示字的意思，另一部分表示这个字的读音，这样的字我们称为形声字。在汉字中有许多形声字，只要我们抓住这个特点就可以帮助我们牢牢地记住这些字。

假如识字教学只是单纯为识字而进行，就会使识字变得枯燥无味，使学生望而生畏，失去学习的兴趣和动力。如果我们能够在教学的过程中重视各种教学方法和手段的运用，把识字教学变得生动有趣、充满魅力，学生的学习就会顺利地由被动变为主动。

对于一年级的学生而言，活动和游戏是他们最喜闻乐见的学习方式。小学生非常好胜、好强、不服输，抓住他们这种心理，在教学中创设比赛、竞争氛围，很容易激发学生参与学习的热情，让他们在比赛中、在竞争中不断前进。所以在教学中我增加了猜谜活动和男女竞赛读活动，学生的兴趣高涨，取得了很好的教学效果。尤其是介绍自己的识字方法，让学生当“小老师”教读这一环节，使学生的兴奋点达到了高潮。因为小学生爱表现，希望得到别人的关注、肯定、赞赏，这是他们的天性。另外我把“找朋友”的游戏改成了“帮助小动物做一张名片”的游戏，让学生把动物的名片贴到相应的照片下，再领着全班学生齐读词语。学生在活动中既满足了好动的天性，又在无意注意中加深了对字词的印象，让生字的轮廓逐渐变得清晰起来。采用这种学生喜欢的游戏化学习方式，激发了学生的学习兴趣，调动了学生的积极性，让学生在一种愉快的氛围中学习了生字。可以说，游戏的设置符合儿童爱玩的特点，能够吸引他们的注意力。古语云：“知之者不如好之者，好之者不如乐之者。”学生时刻处于兴奋状态，在玩中体验了学的成功，在学中享受了玩的乐趣。

《义务教育语文课程标准（2011 年版）》指出，要让学生“喜欢学习汉字，有主动识字、写字的愿望”，“学习独立识字”。因此，教师必须具有崭新的学生观，相信学生是具有巨大潜能的生命体，让学生用自己的眼睛观察，用自己的心灵感受，用自己的方式研究。在教学中我没有过多地包办代替，而是放手让学生自主学习汉字，自主探究汉字，在自主感悟中发现汉字的规律，培养学生识字的能力。如当学生在游戏中巩固生字后，我安排了“仔细看看这些小动物的名字，你发现了什么”这一问题，发挥他们的主体作用，引导学生自主合作探究地识字，结果学生说出了很有价值的答案。

三、研究结果

“二上”结束，研究小组再次进行了评课，并总结出低年级趣味识字教学的几种方法。

1. 图画识字法。汉字同生活密切相关，很多汉字形体本身表示的就是一幅图、一件事。低年级学生活泼好动，喜欢涂涂画画，因此在识字过程中把字和图画整合在一起，会使识字过程更具活力。

2. 猜谜编儿歌识字法。先由教师给出谜面，让学生猜字谜，再识记。有时也可以将识记的字编成顺口易记的儿歌。学生在猜谜编歌的过程中不仅培养了思维的准确性、发散性和灵活性，使创造力得到了进一步发展，而且也能充分体会到识字的无穷趣味。

3. 表演识字法。引导学生用肢体动作演示字的形义联系。例如，学一些动词时可以让学生想一想动作，再表演一下。如学习“展”字，可以让学生学做蜻蜓展翅飞的动作；学习“跳”字，可以让学生跳一跳，使学生明白“跳”是用“足”，所以是足字旁。这样不但让学生记清了字形，而且弄懂了字义，学起来不费力气。

4. 游戏识字法。通过游戏来发展学生的天性，使其在游戏中得到教育，用游戏体验取代“说教”与“静听”。游戏是学生最喜欢的，把识字贯穿在游戏中，学生兴趣盎然地玩着游戏，其中的生字也牢牢记住了。

5. 偏旁识字法。汉字是表意文字，汉字大部分是形声字。在教学中，教师可利用形声字的特点，引导学生去发现、去总结、去认识更多的生字。

6. 生活中识字法。汉字无处不在、无时不在，儿童的生活、玩耍、学习、成长离不开汉字。教师要积极引导学生到生活中识字，做识字的有心人、细心人，力求做到课内外相结合，校内外沟通，体现开放性。

通过研讨，大家还达成了以下共识：要提高低年级识字教学的效率，趣味性是核心；创设问题情境，让学生产生浓厚的学习兴趣是前提；充分发挥学生的主体作用是关键；灵活多样的教学方式方法是重要保证；学用结合，拓展延伸，是学生保持良好的识字兴趣的重要因素。

（由安康市旬阳县刘玉殿提供）

第十四节　校本研修文化资源的建设与开发

校本研修文化建设是学校文化建设的重要组成部分。《现代汉语词典》中对“文化”的解释是“人类在社会历史发展过程中所创造的物质财富和精神财富的总和，特指精神财富，如文学、艺术、教育、科学等”。学校文化是学校中形成的特殊文化，体现的是社会背景下以学校为地理环境圈，由全体师生在学校长期的教育实践过程中积淀和创造出来，并为其成员所认同和遵循的价值观、精神、行为准则及其规章制度、行为方式、物质设施等的一种整合和结晶，其本质意义在于影响和制约学校教师的行为，其最高价值在于促进学校及教师的发展。校本研修文化是学校在校本研修中所创造并形成的一种机制、氛围，良好的校本研修文化对每位教师的专业成长具有“润物细无声”的作用，它使学校真正成为每一位教师想发展、能发展、有发展的校园研究基地和园地。校本研修文化建设可以从以下几个方面进行构建。

一、校本研修合作文化的构建

合作既是一种能力，更是一种文化。在校本研修中，合作文化需要学校通过以下几种方式来构建。一是在确定学校校本研修主题时，可采用举行教职工大会的方式。为了让每一位教师充分加入到校本研修的建设中来，成为校本研修的主人，学校在全校教师酝酿的基础上，征集大会提案，成立提案工作小组，明确提案要求必须一事一案，实事求是，具有可操作性，既要提出问题，又要提出解决问题的措施和方法。学校行政班子根据教师的提案进行充分的讨论，最后由主管教师培训的负责人代表学校向大会做提案解答报告，这样做，可以群策群力，加快教师队伍的发展，为学校的下一步工作提供思考和方向。校本研修在全体教师的协商中发扬民主，体现了以人为本的办学思想。二是通过课题带动方式。学校根据办学思想和办学目标，确定学校主课题，年级组和教研组可根据本组实际，确定子课题，并成立课题组，教师在课题研究中根据研究的内容，加强合作，共同提高课题研究能力。

日本教育家佐藤学在著作《静悄悄的革命》中说：“改变学校的第一步，就是在校内建立所有教师一年一次的、在同事面前上公开课的体制。无论是怎样的改革，学校里只要有一个教师不上公开课，要取得成功都是困难的。只有教师间彼此敞开教室的大门，每个教师都作为教育专家而共同构建一种互相促进学习的‘合作性同事’关系，学校的改变才有可能。”

佐藤学认为，“这种合作的同事之间的关系一日不形成，学校的改革就一日不能成功。而这种同事关系只有在所有教师都开放教室，互相观摩教学、互相批评时才能构建起来。只要有一个教师封闭着教室的大门，那么，想从内部进行学校改革就是不可能的。”

佐藤学在书中还指出：“教师文化中也存在着问题，即每个教师都不愿意听到别人批评自己的工作。因为每个人都尽自己最大的努力在工作着，当然希望自己所做的能得到别人百分之百的肯定。此外，教育工作本身就是无法做到十全十美的，谁也不想自己的缺点总被别人指责。但是，反过来，在对待别的教师的工作时，却都可以毫无顾忌地指出其存在的问题，并趁那个教师不在的时候，散布含批评意味的闲言闲语。有这样的教师文化存在，要让教师打开自己教室的大门，让别人来观摩教学，那遭到抵抗就是理所当然的了。但是，正因为如此，才更有必要开放教室，相互观摩教学，克服正在日益扭曲的教师文化。”

从佐藤学的研究可以看出，建立合作文化是校本研修深入开展的前提和保障。

二、校本研修竞争文化的构建

竞争文化是维护竞争机制、尊重竞争规则的一种共识和氛围。在校本研修中，学校要在坚持以人为本的理念下完善竞争与激励机制，建立相应的工作机制，构建争先文化，让全体教师在竞争中参与校本研修。学校可以开展多种形式的竞赛评比活动：举行青年教师汇报课、教坛新秀教师的优质课、骨干教师的展示课评比，开展教师学科论坛比赛，紧扣学校的研修主题开展命题、案例、论文、教学随感及教学反思评比，等等。同时在构建竞争文化氛围时，学校还要关注教师的思想、情感、价值观念、人际关系等方面，在学校内部形成良好的人际关系和文化氛围，在充满团结、和谐和友情的环境中，将人与人之间的摩擦和内耗降到最低程度，增强学校的团队活力。

三、校本研修共享文化的构建

共享文化是分享过程和成果的意识和规则。在现代信息技术飞速发展和日益成熟的环境下，教师的校本研修方式和成果的共享变得简单易行，学校可通过一定的方式，鼓励教师开通教育教学博客，随时上传教学设计、课件、试卷、论文、案例，达到资源共享。教师可以对别人的公开课进行网上评课，尤其是上课评课活动，可以先上传记录、教案、反思，然后是组内教师的评课稿，这样做在时间上更加自由灵活，交流更加方便，也提高了教师的协作能力。在评课过程中教师要尊重他人的劳动成果，不要发表不当言论，更不能进行人身攻击。学校应发挥图书室、资料室、阅览室和电子备课室的平台作用，让教师随时能共享和分享校本研修成果。同时，利用校园网、局域网建立教师文件夹，教师对自己的文件夹可以进行内容上的增删和修改，其他教师可以观看但不能增删和修改；为教研组（年级组、课题组）建立文件夹，放入相关的研修档案材料，供大家学习、参考、利用。

四、校本研修环境文化的构建

校本研修是教师终身发展的必然选择。为了不让校本研修成为一种形式，学校应创设校本研修活动的环境氛围，提高教师参与校本研修的意识。如在学校相关的位置（教研组、教科室、会议室、教室、实验室、图书室、阅览室、资料室、电子备课室等）张贴有关校本研修的知识、要求及名人关于校本研修的语录等，还可以举行各种教育教学节，发挥骨干教师的示范引领作用。

案例 3—31

安康市汉滨区河东学校是一所农村学校，非常重视校园文化建设，学校结合学校的地理位置和环境，自行设计并修建了一条长廊，以《弟子规》《三字经》等国学经典为主要内容，请本校热爱书法的教师书写出来张贴在不同的位置。同时，在学校用房紧张的情况下，学校为了给教师提供一个良好的工作和学习的环境，建立了教师休闲吧、减压室，在这里，教师可以无拘无束地谈论生活、工作，形成了良好的工作、生活的氛围，教育教学质量稳步提高，教师队伍稳定。

第四章

校本研修资源的选择

资源开发的最终目的是为了利用资源，校本研修资源开发的最终目的是为教师进行校本研修服务，为促进教师专业成长服务。校本研修资源是校本研修的载体，校本研修资源选择得合理，对教师的专业成长能产生正向作用。在校本研修资源的选择上，要遵循主体性原则、参与性原则、导向性原则、适用性原则、适时性原则、最优化原则，选择合适的媒体资源、模式资源等。

资源开发的最终目的是为了利用资源，校本研修资源开发的最终目的是为教师进行校本研修服务，为促进教师专业成长服务。校本研修资源是校本研修的载体，校本研修资源应用得合理，对教师的专业成长能产生正向作用，如果选择、利用得不合理，就会给教师增加工作的压力，成为教师工作生活的额外负担。因此，在校本研修资源的选择、利用上，必须有一定的原则，并且要根据这些原则选择合适的应用方式，在应用的结果上有一定的评价标准。

第一节　校本研修资源的选择依据

一、依据学校的办学思想和办学目标

每个学校都有自己独特的办学思想和办学目标，学校的一切工作都是围绕办学目标而开展的。每个教师依照学校的办学思想，制订自己的专业成长规划。在校本研修中，学校和教师都要围绕学校的办学思想和自己的职业规划选择不同的校本研修资源。

二、依据研修的方式

校本研修的方式有实践反思、同伴互助、专业引领和网络研修，学校和

教师在选择校本研修资源时应根据研修方式，在适当的时候选择适当的资源，进行有计划、有安排、有效果的研修。

三、依据研修的对象

校本研修的对象是学校所有管理人员、一线教师及教科研人员，由于教师的教学经验和教学水平以及所教的学科的不同，在校本研修中，应根据研修对象的不同选择相适应的校本研修资源。比如，校长重点选择学校管理方面的资源，教科研人员主要选择教研管理、教研方式和方法以及理论方面的资源，学科教师则重点选择学科教学和先进的教学模式、思想方法等资源。

四、依据学校和教师自身的条件

在当前现代信息技术飞速发展的时代，校本研修资源的呈现方式也各不相同。在进行校本研修资源选择时，应结合学校的具体条件，包括资源状况、教师技能、使用环境及学校管理水平，使学校及教师都能选择适合自己校本研修需要的资源。

第二节　校本研修资源的选择原则

一、主体性原则

校本研修是在教育行政部门的领导下，在教科研部门、教师培训机构的指导下，以教师任职学校为培训基地，由学校和教师自主确定学习目标、内容、方式，由学校组织实施，充分发挥教师的专业自主性，以解决教育教学实际问题，全面提高教师专业水平为目标的一种教师学习方式。校本研修中的主体是学校和教师，校本研修资源的利用离不开教师这个主体，它由教师、学校和校本研修机构开发，由教师根据自身需要选择和利用，服务于教师校本研修的需要。

二、参与性原则

校本研修是解决教师教育教学中的实际问题，全面提高教师专业素养的学习方式，校本研修资源的开发离不开教师的参与。在校本研修资源利用中，教师要对现有的资源进行整合、运用和再开发，根据自身需要制订校本研修计划，并在使用资源过程中不断完善，形成新的、更有价值的校本研修资源。

三、导向性原则

校本研修的终极目标是全面提升教师专业水平，提高学校教学质量和办学水平。校本研修资源利用必须要有正确的导向，切不可大而空，追求片面的所谓轰动效应，要让教师明白资源就在身边，并选取适合自己的校本研修资源。

四、适用性原则

校本研修资源一定要有适用性，可以从教师的本体性知识、条件性知识等方面进行选取和应用。

五、适时性原则

资源应用有一定的时间性，不同的时间选用不同的资源来进行校本研修，取得的效果也会不同。

六、最优化原则

每种校本研修资源都有自己的优点，也有各自的局限性，没有一种资源可以适合所有学校和所有教师。在校本研修中，教师应将各种校本研修资源进行有机整合，扬长避短，优势互补，取得整体优化的研修效果。但要注意的是，资源的整合不是组合，要以取得最佳研修效果为出发点，而不能只是形式上的相加。

第三节　校本研修资源的选择途径和方式

一、媒体资源的选择

媒体资源包括传统媒体资源和现代媒体资源。传统媒体资源主要是根据教师校本研修中所需要的书籍、报纸、杂志来选择，现代媒体资源则是借助现代信息技术等方式从网络资源中选择。

（一）优秀教育教学图书杂志类资源的选择

读书活动是校本研修中专业引领一种方式。它是与书籍的作者，即未曾见面的专家的对话。阅读的过程，不仅是教师开阔视野、丰富知识的过程，也是教师精神成长的过程。特别是在“快餐文化”的网络时代，所有教师都要把读书作为教育生活的一个基本组成部分。对于地处边远农村的学校来说，与专家面对面交流的机会太少，因此，组织读书活动是其实现专业引领的首选方式。

在校本研修中，教师应对书籍杂志做好选择。别林斯基说：“阅读一本不适合自己阅读的书，比不阅读还要坏。我们必须学会这样一种本领，选择最有价值、最适合自己所需要的读物。”曾国藩认为，买书不可不多，而看书不可不知所择。所以教师在读书时，应合理地选择适合自己的书籍。选择书籍时，应首先选择经典之书，适用之书，包括古今中外教育经典类、学科类，以及与教育教学相关的心理类、提升个人修养的人文类书籍等。

案例 4—1

教师可选择阅读的教育类书籍：

基础篇（30 部）

1.《论语译注》，杨伯峻译注

2.《学记评注》，高时良编著

3.《陶行知教育名篇》，方明编

4.《爱弥儿》，（法）卢梭著，李平沤译

5.《大教学论》，（捷克）夸美纽斯著，傅任敢译

6.《普通教育学　教育学讲授纲要》，（德）赫尔巴特著，李其龙译

7.《教育漫话》，（英）约翰·洛克著，徐诚，杨汉麟译

8.《民主主义与教育》，（美）杜威著，王承绪译

9.《给教师的建议》，（苏）苏霍姆林斯基著，杜殿坤译

10.《和教师的谈话》，（苏）JI. B. 赞科夫著，杜殿坤译

11.《当代教育学》，袁振国主编

12.《中国教育史》，孙培青主编

13.《外国教育史教程》，吴式颖主编

14.《学与教的心理学》，皮连生主编

15.《儿童发展》，（美）劳拉·E. 贝克著，吴颖等译

16.《教育社会学》，吴康宁著

17.《德育新论》，鲁洁，王逢贤主编

18.《课程：基础、原理和问题》，（美）艾伦·C. 奥恩斯坦，费朗西斯·P. 汉金斯著，柯森主译

19.《有效教学方法》，（美）加里·D. 鲍里奇著，易东平译

20.《教育研究方法导论》，（美）梅雷迪斯·D. 高尔，沃尔特·R. 博格，乔伊斯·P. 高尔著，许庆豫等译

21.《多元智能教与学的策略》，（美）坎贝尔等著，王成全译

22.《终身教育引论》，（法）保尔·朗格朗著，周南照，陈树清译

23.《教育——财富蕴藏其中》，联合国教科文组织总部中文科著

24.《学会生存——教育世界的今天和明天》，联合国教科文组织国际教育发展委员会编著

25.《学会关心——教育的另一种模式》，（美）内尔·诺丁斯著，于天龙译

26.《国际教育新理念》，顾明远，孟繁华主编

27.《素质教育学习纲要》，教育部基础教育司编

28.《教师专业化的理论与实践》，教育部师范教育司组织编写

29.《走进新课程：与课程实施者对话》，朱慕菊主编

30.《新教育之梦——我的教育理想》，朱永新著

拓展篇（50部）

31.《中国古代教育论著选》，华东师范大学教育系，浙江大学教育系主编

32.《西方古代教育论著选》，华东师范大学教育系，浙江大学教育系主编

33.《西方近代教育论著选》，任仲印主编

34.《西方现代教育论著选》，王承绪，赵祥麟编译

35.《中国近代教育文选》，陈学恂主编

36.《马克思　恩格斯　列宁论教育》，人民教育出版社编

37.《毛泽东　周恩来　刘少奇　邓小平论教育》，人民教育出版社编

38.《中国教育家评传》（精选本），沈灌群，毛礼锐主编

39.《外国教育家评传》（精选本），赵祥麟主编

40.《爱满天下——陶行知文学传记》，周毅，向明著

41.《苏霍姆林斯基的一生》，（俄）塔尔塔科夫斯基著，唐其慈等译

42.《人的现代化》，（美）英格尔斯著，殷陆君译

43.《自我实现的人》，（美）马斯洛著，许金声等译

44.《宽容》，（美）房龙著，胡允桓译

45.《赏识你的学生》，孟繁华主编

46.《伟大的笨蛋：中外名人的差生生涯》，彭歌，陈敬著

47.《顺生论》，张中行著

48.《教师人文读本》，张民生，于漪主编

49.《教育哲学通论》，黄济著

50.《中国的智慧》，韦政通著

51.《西方的智慧》，（英）伯特兰·罗素著，王岚译

52.《教育的奇迹》，朱永新主编

53.《发现母亲》，王东华著

54.《窗边的小豆豆》，（日）黑柳彻子著，赵玉皎译

55.《精神的雕像——西南联大纪实》，李洪涛著

56.《北大传统与近代中国：自由主义的先声》，刘军宁主编

57.《教育的未来》，温世仁著

58.《朱兰质量手册》，（美）约瑟夫·M. 朱兰，约瑟夫·A. 德费欧主编，焦叔斌等译

59.《执行：如何完成任务的学问》，（美）拉里·博西迪，拉姆·查兰，查尔斯·伯克著，刘祥亚等译

60.《世界上最伟大的推销员》，（美）奥格·曼狄诺著，安辽译

61.《更新教育观念报告集》，教育部基础教育司编

62.《教师角色与教师发展新探》，叶澜主编

63.《教育的问题与挑战——思想的回应》，朱小蔓著

64.《教育的理想与信念》，肖川著

65.《教师的情感与智慧》，《教师博览》编辑部编

66.《西方心理咨询经典案例集》，徐光兴主编

67.《教育科学与儿童心理学》，（瑞士）让·皮亚杰著，傅统先译

68.《早期教育与天才》，（日）木村久一著，唐欣译

69.《教育过程》，（美）布鲁纳著，邵瑞珍译

70.《教育的经济价值》，（美）舒尔茨著，曹延亭译

71.《人的教育》，（德）福禄培尔著，孙祖复译

72.《再论教育目的》，（英）约翰·怀特著，李永宏等译

73.《裴斯泰洛齐教育论著选》，（瑞士）裴斯泰洛齐著，夏之莲等译

74.《学校无分数教育三部曲》，（苏）阿莫纳什维利著，朱佩荣译

75.《学习理论：教育的视角》，（美）戴尔·H. 申克著，韦小满等译

76.《领导学：理论与实践》，（美）彼得·诺思豪斯著，吴荣先等译

77.《科学家论教育》，周川选编

78.《成功智力》，(美) R.J. 斯腾伯格著，吴国宏，钱文译

79.《全球化与后现代教育学》，(加) 大卫·杰弗里·史密斯著，郭洋生译

80.《第五项修炼》，(美) 彼得·圣吉著，郭进隆译

实践篇 (20 部)

81.《中国著名校长办学思想录》，朱永新主编

82.《中国著名班主任德育思想录》，朱永新主编

83.《中国著名特级教师教学思想录》，柳斌主编

84.《帕夫雷什中学》，(苏) 苏霍姆林斯基著，赵玮等译

85.《班主任工作漫谈》，魏书生著

86.《爱心与教育》，李镇西著

87.《向孩子学习》，孙云晓主编

88.《向瑞吉欧学习什么》，屠美如主编

89.《小学生心理辅导札记》，毛蓓蕾著

90.《教育诗》，(苏) 马卡连柯著，磊然译

91.《教学教育过程最优化》，(苏) 巴班斯基著，吴文侃译

92.《课堂中的皮格马利翁——教师期望与学生智力发展》，(美) 罗森塔尔，雅各布森著，唐晓杰，崔允漷译

93.《教科文组织理科教师手册》，左雅，周南照译

94.《教学机智——教育智慧的意蕴》，(加) 马克斯·范梅南著，李树英译

95.《讨论式教学法：实现民主课堂的方法与技巧》，(美) 布鲁克菲尔德，普瑞斯基尔著，罗静，褚保堂译

96.《案例教学指南》，郑金洲编著

97.《李吉林小学语文情境教学——情境教育》，李吉林，田本娜，张定璋著

98.《教师如何作质的研究》，陈向明著

99.《青浦实验启示录》，顾泠沅等著

100.《为了中华民族的复兴，为了每位学生的发展》，钟启泉等主编

(资源来源：http：//wenku.baidu.com/view/14436b7102768e9951e73855.html)

除了教育类专著外，教师也不能忽视教育类期刊的阅读，这些期刊中的

文章往往代表着教育发展的前沿。

案例 4—2

教师可选择的教育类期刊：

期刊名称	主办单位
比较教育研究	北京师范大学
华东师范大学学报：教育科学版	华东师范大学
教育学术月刊（原江西教育科研）	江西省教育科学研究所、江西省教育学会
教学与管理	太原师范学院
教育导刊	广州市教育科学研究所
教育科学	辽宁师范大学
教育理论与实践	山西省教育科学研究所、山西省教育学会
教育评论	福建省教育科学研究所、福建省教育学会
教育探索	黑龙江省教育科学研究院
教育研究	中国教育科学研究院
教育研究与实验	华中师范大学
教育与经济	中国教育经济学研究会、华中师范大学
现代教育管理（原辽宁教育研究）	辽宁教育研究院
全球教育展望	华东师范大学
人民教育	中国教育报刊社
山东教育科研	山东省教育科学研究所、山东省教育学会
成人教育	黑龙江省教育学院
电化教育研究	中国电化教育研究会、西北师范大学
父母必读	北京出版社出版集团
继续教育	总装备部继续教育中心
教育与职业	中华职业教育社
中国成人教育	中国成人教育协会、山东省教育厅、山东成人教育协会
中国电化教育	中央电化教育馆
中国特殊教育	中国教育科学研究院
中国远程教育	中央广播电视大学

续表

期刊名称	主办单位
教育科学研究	北京教育科学研究院、北京广播电视大学
教育史研究	中国教育科学研究院
教育发展研究	上海市教育科学研究院、上海市高等教育学会
江苏高教	江苏省教育报刊总社
教师博览	江西教育期刊社
课程·教材·教法	北京人民教育出版社课程教材研究所
上海教育科研	上海市教育科学研究院普通教育研究所
上海教育	上海教育报刊总社
外国教育研究	东北师范大学
外国中小学教育	上海师范大学
学前教育研究	中国学前教育研究会、长沙师范学校（专科）
语文建设	语言文字报刊社
教育传播与技术	上海远程教育集团
中国教育信息化	教育部教育管理信息中心
教育信息技术	广东省电化教育馆
教育技术研究	中国和平出版社
现代教育技术	清华大学
现代远距离教育	黑龙江省远程教育学会、黑龙江广播电视大学
远程教育杂志	浙江广播电视大学
中小学信息技术教育（原北京成人教育）	北京教育音像报刊总社
中小学电教	吉林省电化教育馆

（资料来源：http：//wenku. baidu. com/link？url＝8DQ8sLpsYu46utCfJaJxPwlgT7NC8－ulE8q9FSBNownVFURW5TRDahe8 DRpfSHKWS4ZrjdeappbZpDnu5t3M6RhT2l6KAQ2ZFkEbMYCdzQ _ ）

学校在校本研修中，还可以结合学校的办学特色，选择适合本校师生共同成长需要的书籍。

案例 4—3

安康市汉滨区培新小学创建于 1929 年，是一所省级示范小学。现有 44 个教学班，在校学生 3433 人，在职教师 118 人。学校占地面积 10252.7 平方米，校舍建筑面积 12072 平方米。近年来，学校努力建设美好校园，在推进校园文化建设中着力创建“书香校园”，不断构建温馨和谐的文化育人环境，形成了热爱学习的文明风尚，营造出了知书达理、好学上进的书香氛围。为了促进师生共读共写，学校向师生推荐了适合各年龄段学生阅读的书籍。

培新小学各年级各学期学生阅读书目表

学段	书　　名	作者/译者/编者/绘者
一年级第一学期	百岁童谣	山曼/编著
	熊梦蝶　蝶梦熊	郝广才/著，（俄）欧尼可夫/绘
	一粒种子的旅行	（德）安妮·默勒/文/图，王乾坤/译
	猜猜我有多爱你	（爱尔兰）山姆·麦克布雷尼/文，（英）婕朗/图，梅子涵/译
	千字文·三字经·弟子规	周兴嗣，王应麟，李毓秀/著，罗容海，郝光明，王军丽/译注
	李毓佩数学童话集（低年级）	李毓佩/著
一年级第二学期	寻找快活林	杨红樱/著
	格林童话选	（德）格林兄弟/著，魏以新/译
	让路给小鸭子	（美）罗伯特·麦克洛斯基/文/图，柯倩华/译
	了不起的狐狸爸爸	（英）罗尔德·达尔/著，代维/译
	动物王国大探秘	（英）茱莉亚·布鲁斯/文，兰·杰克逊/图，杨阳，王艳娟/译
	笠翁对韵	李渔/著
	马小跳玩数学（1 年级）	杨红樱/主编
二年级第一学期	我和小姐姐克拉拉	（德）迪米特尔·茵可夫/著，陈俊/译
	月光下的肚肚狼	冰波/著
	木偶奇遇记	（意）科罗狄/著，徐调孚/译
	蝴蝶·豌豆花	金波/主编，蔡皋等/画

续表

学段	书　　名	作者/译者/编者/绘者
二年级第一学期	鼹鼠博士的地震探险	（日）松冈达英/文/图，松村由美子/编，蒲蒲兰/译
	青蛙和蟾蜍	（美）艾诺·洛贝尔/图/文，潘人木，党英台/译
	神奇校车：在人体中游览	（美）乔安娜·柯尔/文，布鲁斯·迪根/图，蒲公英童书馆/译
	马小跳玩数学（2年级）	杨红樱/主编
二年级第二学期	稻草人	叶圣陶/著
	没头脑和不高兴	任溶溶/著
	小猪唏哩呼噜	孙幼军/著，裘兆明/图
	不一样的卡梅拉：我想去看海	（法）克里斯提昂·约里波瓦/文，克里斯提昂·艾利施/图，郑迪蔚/译
	第一次发现丛书：濒临危机的动物	法国伽利玛少儿出版社/编，（法）雨果/绘，王文静/译
	中国神话故事	聂作平/编著
	人	（美）彼得·史比尔/著，李威/译
三年级第一学期	千家诗	谢枋得，王相/编选，李乃龙/译注
	三毛流浪记	张乐平/原作
	宝葫芦的秘密	张天翼/著
	安徒生童话全集	（丹）安徒生/著，叶君健/译
	长袜子皮皮	（瑞典）林格伦/著，李之义/译
	亲爱的汉修先生	（美）贝芙莉·克莱瑞/著，柯倩华/译
	生命的故事	（英）维吉尼亚·李·伯顿/文/图，刘宇清/译
	马小跳玩数学（3年级）	杨红樱/主编
三年级第二学期	奇妙的数王国	李毓佩/著
	林汉达中国历史故事集	林汉达/著
	书的故事	（苏）伊林/著，胡愈之/译
	成语故事	李新武/编

续表

学段	书　　名	作者/译者/编者/绘者
三年级第二学期	图说中国节	大乔/编
	讲给孩子的中国地理	刘兴诗/著
	希腊神话故事	聂作平/编著
	有趣的科学	（英）温斯顿/著，刘建湘/译
四年级第一学期	儿童哲学智慧书（第一辑）	（法）奥斯卡·柏尼菲/著，李玮/译
	武松打虎	刘继卣/绘
	孙悟空在我们村里	郭风/著
	让太阳长上翅膀	金波/著
	小英雄雨来	管桦/著
	戴小桥全传	梅子涵/著
	时代广场的蟋蟀	（美）乔治·赛尔登/著，盖斯·威廉姆斯/插画，傅湘雯译
	窗边的小豆豆	（日）黑柳彻子/著，岩崎千弘/绘，赵玉皎/译
	最美的科普·四季时钟系列	（德）乌纳·雅各布/著，顾白/译
	我的第一本科学漫画书	（韩）洪在彻等/文，林虹均/译
	马小跳玩数学（4年级）	杨红樱/主编
四年级第二学期	让孩子着迷的77×2个经典科学游戏	（日）后藤道夫/著，施雯黛，王蕴洁/译
	舒克贝塔航空公司	郑渊洁/著
	我是白痴	王淑芬/著
	雪花人	（美）杰奎琳·布里格斯·马丁/文，玛丽·阿扎里安/图，柯倩华/译
	父与子	（德）卜劳恩/绘，洪佩琪/编
	丁丁历险记	（比）埃尔热/编，王炳东/译
	爱丽丝漫游奇境记	（英）刘易斯·卡洛尔/著，王永年/译
	柳树间的风	（英）肯尼思·格雷厄姆/著，任溶溶/译
	小飞侠彼得·潘	（法）巴里/著，杨静远/译
	101个神奇的实验	（德）安提亚·赛安，艾克·冯格/著，夏洛特·瓦格勒/绘，谢霜/译
	李毓佩数学童话集（中年级）	李毓佩/著

续表

学段	书　　名	作者/译者/编者/绘者
五年级第一学期	绘本聊斋	蒲松林/原著，马兰，王育生等/改编，吴山明，叶毓中等/绘
	有老鼠牌铅笔吗	张之路/著
	铁丝网上的小花	（意）克里斯托夫·格莱兹/著，罗伯特·英诺森提/绘，代维/译
	飞向人马座	郑文光/著
	安德的游戏	（美）奥森·斯科特·卡德/著，李毅/译
	我们的母亲叫中国	苏叔阳/著
	我的妈妈是精灵	陈丹燕/著
	夏洛的网	（美）E. B. 怀特/著，任溶溶/译
	昆虫记	（法）法布尔/著，陈筱卿/译
	少年音乐和美术故事	丰子恺/著
	马小跳玩数学（5年级）	杨红樱/主编
五年级第二学期	狼王梦	沈石溪/著
	小王子	（法）圣埃克絮佩里/著，周克希/译
	不老泉	（美）纳塔莉·巴比特/著，肖慧/译
	潘家铮院士科幻作品集	潘家铮/著
	世纪三国	罗伯英潘/绘图，钟孟舜/漫画，罗吉甫/撰文
	中国孩子的梦	谷应/著
	莎士比亚戏剧故事集	（英）查尔斯·兰姆，玛丽·兰姆/改写，萧乾/译
	西游记	吴承恩/著
	城南旧事	林海音/著，关维兴/图
	科学家故事100个	叶永烈/著
	李毓佩数学童话集（高年级）	李毓佩/著

续表

学段	书名	作者/译者/编者/绘者
六年级第一学期	寄小读者	冰心/著
	四弟的绿庄园	秦文君/著
	我要做好孩子	黄蓓佳/著
	狼獾河	格日勒其木格·黑鹤/著
	哈利波特与魔法石	（英）罗琳/著，苏农/译
	森林报	（苏）维·比安基/著，王汶/译
	老子说　庄子说	蔡志忠/编绘
	希利尔讲艺术史	（美）希利尔/著，李爽，朱玲/译
	草房子	曹文轩/著
	地心游记	（法）儒勒·凡尔纳/著，杨宪益，闻时清/译
	马小跳玩数学（6年级）	杨红樱/主编
六年级第二学期	鲁滨孙漂流记	（英）笛福/著，徐霞村/译
	汤姆·索亚历险记	（美）马克·吐温/著，刁克利/译
	福尔摩斯探案全集	（英）阿瑟·柯南道尔/著，俞步凡/译
	永远讲不完的故事	（德）米切尔·恩德/著，李世勋/译
	牧羊少年奇幻之旅	（巴西）保罗·柯艾略/著，丁文林/译
	万物简史（少儿彩绘版）	（英）比尔·布莱森/著，严维明/译
	科学家工作大揭秘	（英）理查德·斯皮尔伯利，路易斯·斯皮尔伯利/著，王庆/译
	诺贝尔奖获得者与儿童的对话	（德）贝蒂娜·施蒂克尔/编，张荣昌/译
	居里夫人的故事	（英）埃列娜·杜尔利/著，二粟/译
	孔子的故事	李长之/著

在校本研修中，读书资源最为直接和广泛，教师应有重点地选择，这样既能保持自己阅读的兴趣，同时也能提高自己的修养。

案例 4—4

合理地吸收

我是一个很“胃感”的人，人到中年，居然也没有混个“三高”（高血脂、高血压、高血糖），并且常常因身材问题成为被戏谑的对象。我自己也百思不得其解，实际上我的饭量是很大的，荤的、素的、甜的、酸的样样都吃，可总是不长肉。医生说是我的吸收功能有问题。

同样的，我也是一个知识不够丰富的人，虽然爱看书，但总觉得还没有形成自己的一种思想，对此常常感觉“书到用时方恨少”。今天看叔本华的《论读书》，我才有点明白，原来自己的思考还是太少。

叔本华说：“读书时，作者在代我们思想，我们不过在追循着他的思绪，好像一个习字的学生在依着先生的笔迹描画。我们自己的思维在读书时大部分停止了，因此会有轻松的感觉。但就在读书的时候，我们的头脑实际上成了他人思绪驰骋的运动场了。所以读书甚多，或几乎整天在读书的人，虽然可以借此宽松脑筋，却渐渐失去自行思想的能力，就像时常骑马的人渐渐失去步行的能力一样。……读书而不思考，就不可能心领神会，得到的浅薄印象往往稍纵即逝。就像我们所摄入的食物只有五十分之一能够被身体吸收，精神食粮也只有小部分真正成为大脑的营养。”

这与孔子的“学而不思则罔，思而不学则殆”是一致的。

叔本华说：“要求读书人记住他所读过的一切东西，就像要求一个人把他所吃过的东西都储存在体内是一样的荒谬。人靠进食维持物质生活，又通过阅读过着精神生活。然而身体只吸收能够同化的食物，同样，读者也只能记住他所感兴趣的东西，也就是符合他的思想体系或生活目标的东西。”

叔本华提出：“坏书是灵魂的毒药，读得越少越好，而好书则多多益善。”这又与《周易》中“直、方、大，不习，无不利”是相通的。同时他提出，读书要读古人的经典原著。这与孔子的“信而好古”更是相通的。吃东西也罢，读书也罢，在精而不在博，要广泛选择，合理吸收，尤其不能选择有毒的、无营养的，不管这东西表面上多漂亮。

（二）利用现代网络技术选择多媒体资源

在新媒体高速发展的时代，教师可借助现代网络技术选择校本研修资源。这些多媒体资源具有内容丰富、查阅快捷、存贮方便的特点。

案例 4—5

如何利用网络解决教学中不易解决的问题

在初中化学教学中难免遇到各种教师无法解决或很难解决的问题，这时，教师可借助于网络寻找问题的答案。

比如，我们在对“碳和碳的氧化物”一单元进行教学时，木炭还原氧化铜这个演示实验总是很难达到满意的效果。如何解决这一难题？借助网络是一种理想的方式。现在我把解决这一问题的方法和步骤呈现给大家。

第一步：打开浏览器。在电脑的桌面上找到浏览器图标，并双击图标。

第二步：在浏览器上方的地址栏中输入搜索引擎的网络地址。

第三步：在打开的搜索引擎的页面的输入栏输入“木炭还原氧化铜实验改进”，然后搜索一下，相关的资料就会全部呈现。

第四步：点选相关信息条，就可以看到具体的内容。这些内容都是全国各地一线教师和教学研究人员对这个实验的改进建议。

二、模式资源的选择

校本研修中的模式资源包括名校教学模式、教研模式和学习培训模式等。学校可以利用现场观摩、外出考察、蹲点学习等方式让骨干教师深入到名校，亲自参与这些名校的校本研修和课堂教学实践，结合本校实际制订相应的措施开展校本研修。

案例 4—6

在安康市汉滨区实施构建高效课堂的过程中，一些学校组织骨干人员分别到山东杜郎口中学、山东昌乐二中、江苏洋思中学、山西新绛中学、陕西宜川中学等课改名校考察。考察人员带着问题实地观摩这些学校的课堂，参加这些学校的教研活动，回来后在全校教师大会上总结学习体会。部分学校结合本校实际，探索出符合本校发展实际的校本研修和课堂教学改革模式，现已取得了初步成效。（见正文 244 页案例 5—12）

第五章

校本研修资源的利用

校本研修资源开发与选择的最终目的，是利用这些资源开展校本研修，使各种校本研修资源在实践反思、同伴互助和专业引领中得到合理有效的利用。实践反思是教师专业发展的核心因素，教学设计、案例分析等校本研修资源是反思的载体。校本研修资源中大部分资源的利用和再开发都需通过同伴互助来实现，其主要方式有集体备课和课题研究。

校本研修资源开发与选择的最终目的，是利用这些资源开展校本研修，使各种校本研修资源在实践反思、同伴互助和专业引领中得到合理有效的利用。

第一节　利用校本研修资源开展实践反思

反思是教师以自己的教学实践活动为思考对象，对自己在教学实践活动中的行为（包括教学设计、教学过程、教学效果）进行审视和分析的过程。在校本研修中，实践反思是教师专业发展的核心因素。在实践反思中，教学设计、试卷分析、案例分析、教学反思等校本研修资源是反思的载体。

一、利用教学设计资源开展实践反思

关于教学设计的定义，许多学者都有自己的见解。

美国教育心理学家加涅在《教学设计原理》中说过：“教学设计是一个系统化规划教学系统的过程。教学系统本身是对资源和程序作出有利于学习的安排。任何组织机构，如果其目的旨在开发人的才能均可以被包括在教学系统中。”

帕顿在文章《什么是教学设计》中指出：“教学设计是设计科学大家庭的一员，设计科学各成员的共同特征是用科学原理及应用来满足人的需要。因此，教学设计是对学业业绩问题的解决措施进行策划的过程。”

美国教育心理学博士赖格卢特对教学设计的定义同对教学科学的定义基

本一致。在他看来，教学设计也可以被称为教学科学。他在《教学设计是什么及为什么如是说》一文中指出："教学设计是一门涉及理解与改进教学过程的学科。任何设计活动的宗旨都是提出达到预期目的最优途径，因此，教学设计主要是关于提出最优教学方法的处方的一门学科，这些最优的教学方法能使学生的知识和技能发生预期的变化。"

梅里尔等人在《教学设计新宣言》一文中对教学设计所作的新界定值得人们重视。他认为："教学是一门科学，而教学设计是建立在这一科学基础上的技术，因而教学设计也可以被认为是科学型的技术。"

美国学者肯普给教学设计下了定义："教学设计是运用系统方法分析研究教学过程中相互联系的各部分的问题和需求。在连续模式中确立解决它们的方法步骤，然后评价教学成果的系统计划过程。"

其中，著名教育技术专家何克抗对教学设计定义，最能说明教学设计的内涵，何克抗认为，教学设计就是运用系统方法，将教学理论与学习理论的原理转换成对教学目标与教学内容的分析、教学策略与教学媒体的选择、教学活动的组织以及教学评价等教学环节进行具体计划的过程。依据这个定义，教师在实践反思中，应对教学设计资源进行如下反思。

（一）反思教学目标设立是否合理

教学目标决定着教学的总方向，学习内容的选择、教学活动的设计、教学策略和教学模式的选择与设计、学习情境的设计、学习评价的设计都要以教学目标为依据来展开。对教学的反思，可以从目标设置是否符合课程标准的要求、是否符合学生认知特点、是否具有可检测性等方面来思考，并通过前面介绍的"一课三上""一课二上"等方式进行校正和验证。

（二）反思教学内容是否适当

一般来说，教学内容就是教材内容。我国新一轮课程改革订制的课程标准，是规定某一学科的课程性质、课程目标、内容目标、实施建议的教学指导性文件。课程标准与教学大纲相比，在课程的基本理念、课程目标、课程实施建议等几部分阐述得更加详细、明确，特别是提出了面向全体学生的学习基本要求。同时在教材的选择上，用"一标（课程标准）多本"取代了

“一纲（教学大纲）一本”，教材的多元化促进了教学内容的多元化。教材的编写都有一定的适应范围，不可避免地存在局限性，尤其是一些条件艰苦的地区选择了发达地区适用的教材，会给学生的学习带来一定的困难，因此新课程提倡用教材教，而不是教教材。叶圣陶先生说过：“语文教材无非是个例子，凭这个例子要使学生能够举一反三，练成阅读和作文的熟练技能。”教师在对教学设计进行反思时，应根据课程标准的要求，合理取舍，选择适合本地实际的教学内容。即使是同一篇课文，教师也应反思内容的安排和取舍是不是符合本班学生的实际。

案例 5—1

“活”出语文的精彩

著名语言学家吕叔湘曾说：“成功的教师之所以成功，是因为他把课教活了。”的确如此！名师上语文课的最大特色就是想尽办法调动学生的积极性，他们允许学生上课时你一言我一语，碰撞思维的火花。整个课堂气氛活跃得像一锅沸腾的开水，而且活而不乱，课堂该“动”则动，该“静”则静，学生沉浸在“活”的气氛中思考、提问、质疑。上这样的课，学生会理解透彻，印象深刻，点点滴滴的语文知识都能铭记心间，难以忘怀。

作为一名有十几年教龄的语文教师，我在长期的教学实践中，愈加深刻地认识到，教学不只是传授知识，教学的过程不该是静止的，而应该是“用一棵树去摇动另一棵树，用一朵云去推动另一朵云”。基于这一思考，我认为，“活”就是语文教学的精髓了，“活”是打开语文教学之门的钥匙。如何让课堂教学的水“活”起来，如何才能“一石激起千层浪”，有效激活语文课堂教学呢？我以《人民解放军百万大军横渡长江》一文为例，谈谈自己的看法。

一、从活用教材出发

新课程改革如百花齐放，春色满园，其最鲜明的特点，便是赋予了教师创造性、超越性地使用教材的权利。语文教材是语文课程标准最主要的载体，也是语文教学最主要的依据，但这并不意味着教师只能按部就班地教授教材的内容。如果我按照教材特点讲新闻的结构、内容、语言特点、写作目的，四平八稳，面面俱到，学生必会听得索然无味。于是，我想活化教材，让大家感受不一样的新闻魅力。

《人民解放军百万大军横渡长江》这篇消息是1949年4月22日人民解

放军横渡长江取得胜利后，毛泽东亲自写的一篇新闻稿，它真实地报道了人民解放军渡江情况，宣告了解放战争已经取得决定性胜利。根据教材特点和八年级学生首次接触新闻这种体裁的实际，我首先以学生身边的新闻素材导入新课，让学生在生活中感知新闻，了解新闻是我们时代生活的一个窗口；接着引导学生走进新闻工作室，变换不同的角色，参加新闻筹备会、新闻总结会、新闻展示会，在筹备新闻、感受新闻、学用新闻的不同体验中掌握新闻基本知识，并学以致用。

新闻教材的内容是有限的，如果课堂教学只是“抱着教材打滚”，只在一间房子里兜圈子，就难以求“活”，何况这则新闻背景与学生有一定的距离，很难引导学生进入情境。这就需要教师联系生活，从生活中找到与教材内容相通的联结点，巧妙地给学生搭桥架梁。在创造性地使用教材的过程中，我清楚地知道，认真钻研教材，理解教材的编排意图，才是活用教材的前提，只有联系实际，才能增强学生对教材的亲切感。明白了这一点，也就理解了叶圣陶先生说的“教材无非是个例子”。新课程理念下的语文教学要求教师把语文这门课同大千世界的方方面面联系起来，把丰富多彩的社会生活带入语文课堂，进而再把学生拉到大千世界中去学习、理解并且真正运用语文。让学生带着生活经验与感受走入语文课堂，又带着语文课堂的收获与感悟走向社会生活。

二、用活动形式优化

美国教育家杜威说：“你告诉我，我可能会忘记；你给我看，我可能记得住；你让我做，我才能真正理解。”所以，充分调动学生，让不同层次的学生都能主动参与学习，使课堂活起来，途径之一就是组织丰富多彩的课堂活动，使学生体验知识形成的过程，以优化课堂教学。

依据教材特点，我设计教学主线，突出一“点”（知识点）。《人民解放军百万大军横渡长江》是一篇较为典型的新闻（消息）。消息具有三大特点：真实性，及时性，准确性。结构也比较固定：标题，导语和主体（结语和背景）。根据教材这一特点，我用较为灵活的方法，把知识点融入学生的学习活动中。活动中的第一个会议是新闻筹备会，会议要求：每位学生走进新闻工作室，变换不同的角色，筹备此次新闻报道。整个知识传授的过程，都是在学生有所领悟后，我才画龙点睛。最后让学生以校报记者的身份，报道今天学校的新鲜事。学生出色地完成了无比精彩的一周播报。整个过程以活动优化，实现了以知识点为中心，向四周辐射延伸的“活”的教学。

不仅如此，《人民解放军百万大军横渡长江》一文教学的每一个环节都让学生充分参与，而且各个环节的参与形式都各有特点，绝不雷同。我尤其注意课堂教学形式的实践性和活动性，使学生的参与兴趣浓厚。每一个环节，都按照学生的学习进度、梯度进行，教师决不自作主张。

由此想来，语文课要想达到理想的效果，必须注意教学形式的多样性、教学方法的灵活性、课堂教学的应变性。因为学生是教学的主体，是富有生机和活力的，这就决定了我们的语文教学必须突出一个“活”字。

三、以生活语文为本

李海林先生说，语文，就是主体真实的生活。学语文本身就是生活，我们要做的就是把读文本的学习行为转化为生活行为。

著名教育家陶行知先生也说过，没有生活做中心的教育是死教育，没有生活做中心的课堂是死课堂，没有生活做中心的书本是死书本。可见，语文学习的外延和生活相等，哪里有生活，哪里就可以进行语文学习。让学生在生活中学习新闻，才是最有效的学习，因为新闻是社会的眼睛。在《人民解放军百万大军横渡长江》的教学中，以学生生活中与他们息息相关的新闻导入语文，又在学生学以致用，以校报记者的身份报道学校新鲜事中延伸语文，首尾呼应，将生活与语文有机地结合起来，融为一体，体现了学生是学习的主人，注重了学生学习语文的过程与方法，使学生在活动过程中自觉地学语文、用语文，既开阔了视野，丰富了知识，巩固了语文技能，又培养了学生的创新意识和创造能力，张扬了学生的个性。

“问渠那得清如许，为有源头活水来。”语文课堂的“源头活水”需要教师转变观念，体现“以学生发展为本”的课改思想，把学习的主动权真正交给学生，充分调动起学生学习的积极性、自觉性，语文课堂这“半亩方塘”才会呈现“天光云影共徘徊”的胜景，语文教学才会真正地“活”出精彩。

附：《人民解放军百万大军横渡长江》教学设计

【教学目标】

1. 知识与能力

了解新闻的一般知识；理解文章内容，重点掌握新闻的结构和基本特点；体会本文语言的特点；培养阅读、写作消息的能力。

2. 过程与方法

自主合作探究，在活动中品味文章，激发情感。

3. 情感态度与价值观

感受文章气势，学习人民解放军英勇无畏的革命精神。

【教学重点】

通过分析新闻，把握新闻结构、要素和特点，培养阅读、写作消息的能力。

【教学难点】

体会本文语言的特点。

【教学过程】

一、导入新课，听说新闻

师："生活就是语文，语文就是生活。"生活有多广阔，语文就有多广阔。今天老师就带大家一起走进生活，走进语文。这张图片大家一定很熟悉，就是我们汉滨初中可爱的师生们。

（新闻）2013年12月19日下午，安康市汉滨初中学生会组织了"校园播音主持人"选拔赛，16名参赛选手精神饱满、热情高涨、积极踊跃。此次选拔赛展现了同学们的才华，为校园广播站注入了新的血液，带来了新的活力，同时也提高了学生的综合素质，丰富了校园文化生活。

师：新闻是我们了解时代生活的一个窗口，也是社会变化的一个晴雨表。今天让我们一起走进新闻，了解新闻，共同学习出自一代伟人毛泽东之手的新闻《人民解放军百万大军横渡长江》。

二、走进新闻

新闻筹备会会议要求：每位学生走进新闻工作室，变换不同的角色，筹备此次新闻报道。

1. 播音员

假如你是新华社播音员，你接到这份新闻稿件心情如何？请将你的心情体现在你的播音中。（请大家开始练习播音）

2. 讲解员

假如你是讲解员，请向大家介绍战役情况。分别用一句话说出本则新闻的内容、用一段话说出本则新闻的内容、用几段话说出本则新闻的内容。

3. 编辑

假如你是新华社责任编辑，请你审阅：题目改为“百万大军胜利渡江”行不行？“西起九江（不含）”去掉括号里的内容可以吗？除此之外，还有哪些地方也能体现这则新闻的特点？

4. 记者

假如你是新华社记者，报道此次渡江作战，你最大的感受是什么？

三、感受新闻（新闻总结会）

今天的新闻筹备会，你有什么收获？

四、学用新闻（展示会）

1. 以校报记者的身份，报道学校今天的新鲜事。

2. 汉滨初中一周播报精彩开始。

五、做件美好的事

1. 读读报纸：了解天下新闻事。

2. 写写报道：以校报记者的身份，报道学校的新鲜事。

（由旬阳县城关一中邱俊提供的案例改编）

（三）反思媒体选择是否恰当

教学媒体是教学过程的重要组成因素，也是教学设计中容易忽视的一个环节，教师在进行教学设计时要仔细斟酌，慎重安排。教学媒体的选择，直接影响到教学过程的成败和教学系统整体功能的实现。在校本研修中，教师要以教学设计为载体，对媒体的类型、媒体的内容、媒体呈现的时机、媒体使用的时间、媒体的来源、媒体在教学中的作用、媒体使用的方式、媒体使用的对象、媒体使用中所体现的教育教学原理等方面进行反思，并依据教学目标、教学内容和教学对象及学校条件，对教学媒体做出合理的选择，尽量做到科学、准确、规范。

（四）反思教学策略选择是否实用

教学总是以一定的活动方式展开的，教学目标的达成也是在开展一个个教与学的活动的过程中实现的。教学策略的选择与活动设计是教学设计中的核心环节，也是最能体现教育教学思想观念的一个环节。《辞海》中“策略”

一词主要指的是“谋略、手段”，一般来说，策略涉及的是为达到某一目的而采用的手段和方法。国内外学者对教学策略有很多界定，这些界定既呈现出一些共性，又表现出一些明显的分歧，以下三种观点比较有代表性。

施良方教授认为，教学策略是指教师在课堂上为达到课程目标而采取的一套特定的方式或方法。教学策略要根据教学情境的要求和学生的需要随时发生变化。无论在国内还是在国外的教学理论与教学实践中，绝大多数教学策略都涉及如何提炼或转化课程内容的问题。

袁振国教授认为，所谓教学策略，是在教学目标确定以后，根据已定的教学任务和学生的特征，有针对性地选择与组合相关的教学内容、教学组织形式、教学方法和技术，形成的具有效率意义的特定教学方案。教学策略具有综合性、可操作性和灵活性等基本特征。

和学新教授认为，教学策略是为了达成教学目的，完成教学任务，而在对教学活动清晰认识的基础上对教学活动进行调节和控制的一系列执行过程。

尽管人们对教学策略的内涵存在不同的认识，但通常情况下，人们还是将教学策略理解为在不同的教学条件下，为达到不同的教学结果所采用的手段和谋略，它具体体现在教与学的交互活动中。因此，教师在校本研修中，对教学设计中教学策略的选择恰当与否，应以是否符合当前的教学目标、教学内容、学生特点和教师风格来衡量。

二、利用试卷及试卷分析资源开展实践反思

考试是对学生学习结果进行的一种常见评价方式，在一定程度上也是对教师教学质量的检测。试卷是考试的一种载体，考试结束后，一般都要进行试卷分析。在校本研修中，教师要从试卷分析中发现教学中存在的问题，并针对这些问题及时调整教学思路。比如，通过分析，看学生答卷中暴露出的问题是属于基础知识掌握不扎实的问题，还是能力问题；是习惯问题，还是意志问题。如果是基础知识方面的问题，则反思教学中的目标内容是否合适；如果是能力问题，则反思教学中是否关注学生学习能力的训练；如果是习惯问题，则应关注学生思维习惯和书写习惯的培养；如果是学生因心理或意志因素出现问题，则应关注学生的思想动态。

案例 5—2

“三校联考”英语试卷分析及对教学的启示

本套试卷结构严谨合理，试题类型丰富，内容科学规范，难易度和区分度适中，充分体现了新课程的理念，贴近社会，贴近学生生活。

一、试题分析

整套试卷题型分为Ⅰ卷（客观题）和Ⅱ卷（主观题）两部分，满分120分，考试时间120分钟。总体来说，难度适中，每一题型试题设置基本遵循了由易到难的原则，梯度明显，无偏题怪题，考查了学生“在有意义的具体语境中运用词汇、语法、句型等语言知识的能力”。整套试题关注学生对语言知识、语言技能的理解和准确掌握，关注学生综合语言知识运用的能力。由于各校条件限制，以及听力磁带录制存在困难，本次考试没有设置听力，在整套试卷中适当增加其他题型，达到120分。

具体题型及学生答卷情况分析。

1. 选择题

知识覆盖面较广，重基础，重语境，学生答卷情况较好。

2. 完形填空

完形填空题主要考查学生的英语综合技能，重在整体理解，确定个别单词的词意很关键，题型难度较大，具有较高的区分度。学生失分较多。

3. 阅读理解

（1）重在篇章理解，不能单从原文中寻章摘句，必须静心从全文入手，反复推敲。第一篇短文判断正误，学生出错率较高。

（2）非常注重考查学生的逻辑推理、归纳、演绎等各方面的能力。

（3）既考查了学生对文章中心的理解，又考查了学生对细节的把握。

（4）阅读的试题更具开放性和应用性，试题的设计既能较好地考查学生的阅读理解能力和语言运用能力，又对今后教学有较好的导向作用。

（5）单词拼写特别注重语境和上下文理解的考查，词汇比较基础，具体运用比较灵活。

（6）任务型阅读题既要考查学生的理解能力，同时也考查学生的英语书面表达能力，但从学生的答卷看，学生出错较多，说明学生答题不结合文章内容，只找某时间状语，却不分析在此时间状语下发生的事情与问题是否一致。另外，在其余每个小题的回答中句子表达不规范，应该鼓励学生能用文中原句回答的问题尽量用原句回答，针对相应的特殊疑问词尽量简答，避免言多必失的现象，并在平时的教学中适当进行句型转换的练习。

(7) 补全对话分两部分，第一部分七选五，但是其中有两个比较模糊的答案，学生出错较多；第二部分的对话谈论天气和想要做的事情，比较接近学生的生活实际，试题基本都可以通过联系上下文语境完成，相对比较容易，但部分学生不能结合下文提供的情境判断表达的句意，或写出的句子不准确。

4. 写作

书面表达是先判断材料正误，再结合自己的选择写出一篇作文，试题比较灵活，给学生提供了自由发挥的空间。此题注重运用，与学生实际生活联系紧密，它要求考生具备扎实的语言功底，并能关注语篇意义的表达以及运用英语思维去写作。此题能够检测考生的写作水平和英语的综合语言能力。

二、成绩分析

在这次考试中我校英语成绩稳中有升，在学校统计的三校前400名学生中，我校学生英语成绩平均分是83.2分。100分以上的有40人，90分以上有31人，80分以上23人，80分以下43人。低分的学生也较多，而且存在比较大的失误。

三、错误分析

1. 两极分化较大

优秀率较高，但低分的学生相对较多，因此，如何有效地抑制两极分化，大面积提高英语教学质量，任务依然艰巨。

2. 基础知识和基本技能不扎实

学生对一些基本词汇、语法、句型不够熟练。因此，课堂教学中如何合理、有效地训练基础知识和基本技能，应该引起一些学校和教师的高度重视。

3. 学生综合运用语言的能力不强

今年的中考试卷中增加了主观题的比重，要求学生灵活应用所学的知识，但考查的结果暴露了教学中的一个薄弱环节，这些题（完形填空、书面表达）的得分都比较低。因此，在平时教学中如何培养学生综合运用语言的能力，应引起教师的高度重视，不应单纯地教师讲语法，学生背语法。

4. 学生的书面表述能力差

语感不强，中国式英语较多，拼写错误也较多，在日常教学中如何对学生进行有效的写作训练，仍是教师需要考虑的问题。

5. 在教学中忽略了对学生良好书写习惯的培养

大部分学生的卷面不够整洁，书写不规范。

四、今后的教学建议

1. 认真钻研教材，吃透教材

教师要注重对学生进行基础知识与基本技能的学习与训练，首先要让学生过单词关。

2. 教师的日常教学应面向全体学生

教师要注重对学生学习策略的培养，抓两头，促中间，防止两极分化，大面积提高我校的英语教学质量。

3. 夯实基础，加强写作训练

书面表达是中考必考内容之一，一直是考生的薄弱环节。书面表达能客观地反映考生英语基础知识掌握情况，因此在平时的教学中，一定要让学生吃透教材和考纲，夯实基础知识，为语言运用打下扎实的基础；平时应多归纳，举一反三，鼓励学生运用所学词组和句型进行组词造句，表情达意，并创设语境，活跃学生的思维，提高学生的语言运用能力。另外，面对中考英语作文开放性、实用性的发展方向，教师要培养学生良好的写作习惯，帮助学生熟悉各种文体的写作方法，学会运用过渡词和逻辑关联语，使短文连贯流畅。

4. 加强阅读训练，强化语篇意识

在平时的阅读教学与训练中，我们要改变以往肢解语篇进行翻译串讲、偏重单项知识讲授和语法分析的不良现象，始终将语篇教学贯穿于平时的课文教学和阅读理解教学中，从而提高学生从整体入手概括语篇意义的能力，培养学生预测下文、推断隐含意义、筛选信息等能力。同时，教师还要引导学生应用科学的阅读方法，进行限时阅读训练，培养学生快速、准确、高效阅读的能力。

5. 注意培养学生严谨的学习态度，降低考试中出现低级错误的概率

平常训练中要严格要求，重视学生在学习过程中出现的各种错误，并帮助学生将错误归纳总结，以免一错再错。

（由汉滨区五里镇民主学校邓玉琼提供的案例改编）

本案例简要分析了试题的命题意图，并对题型及学生答卷情况进行分析，通过分析，反思自己的教学，并对今后教学提出了合理的改进建议。

三、利用录像课资源开展实践反思

一般来说，教师在上课时都会自我感觉良好，并会记下课堂教学过程中最精彩的部分，而在自我反思时，常会忽略一些实际会影响到课堂效果的行为。利用录像课资源进行自我反思能有效克服这一弊端。教师可以选择一个适当时机，心平气和地观看自己的教学录像，并把录像里的“我”与现实的“我”分离，这样就会发现平时教学中一些被自己忽视的细节。比如，有一位教师课上得很不错，教学质量也很高，但课堂中的口头禅如“啊”“这个”等较多，别人听课给提出来，他觉得没有这么严重，后来观看了自己的课堂录像统计了一下，“啊”说了近 80 个。还有一位教师，习惯把手插到裤子口袋中，自己没有觉察到这是一个不好的教态，他通过观看自己的课堂录像，发现了这个问题。有一位参加全市录像课比赛的教师在观看了自己的课堂实录后，感觉这不是自己在上课，很不满意自己的表现，于是他反复修改。所以，利用录像课资源进行反思，可以自己发现自己的不足，反思效果会更好。

四、利用名校课堂改革模式资源开展实践反思

名校的成功的课改模式都有成功的原因，教师在借鉴名校的课堂教学改革模式时，可以结合自己的教学实践进行反思，在实践中借鉴，在借鉴中优化。

案例 5—3

初中英语课堂教学改革的心得体会与教学反思

为了落实新课程改革理念，优化课堂教学模式，提高英语课堂教学质量，我校从去年开始全面开展学生“自主学习和小组合作型学习”高效课堂教育教学改革。一年多的时间过去了，教师的教学理念、教学方法、教学方式及教学手段发生了明显的变化，学生民主、主动、互助、合作、探究的学

习精神和学习方法有了巨大突破，教学效果也有了明显提高。特别是以学生为主体的教学思想、教学理念和教学措施进一步落实，课堂教学逐步走上了“求实、求新、求创新”的新的发展轨道，课堂教学呈现出科学化、规范化、高效化的良性互动局面。

下面，我从以下几个方面，谈谈我在这一年多的高效课堂实践中的一点心得体会和自我反思。

一、落实小组建设，培养学生进行小组自主合作型学习

课改倡导自主、合作、探究的学习方式，而小组合作型学习是其得以落实的有效载体，也是保障学生合作探讨，开展高效课堂的关键。小组合作学习就是以异质学习小组为基本形式，利用学生个体在学科上的互补，以小组的整体成绩为评价依据，全面促进学生知识、能力、情感、态度、个性和谐发展的合作型学习活动。采用这种形式，将传统的师生单项交流的方式，转变为学生与学生、学生与教师的合作，通过互动交流，使每个学生有语言实践和自我表现的机会。既让每一个学生都发表自己的学习心得，也养成注意听取别人意见的良好习惯，促进学生之间互相启迪、互相帮助，解决学习中的各种问题，共同完成学习任务。从预习、展示到反馈，小组学习讨论始终是课堂的核心组织单元。

通过本学期在我班英语课上的实践，我认为开展英语高效课堂小组自主合作型学习主要包括小组构建、小组评价、小组奖励三个方面。

1. 小组构建

根据学生各自不同的学业成绩、心理特征、性格特点、兴趣爱好、学习能力，我将学生每 6 人为一组，共分为 13 个小组。每个小组有两个英语学得比较好的学生，分别做英语组长和副组长；每个小组有两个英语成绩中等的学生和两个英语成绩比较差的学生。

按照以往的经验，英语成绩差的学生一般不爱发言，因为听不懂教师讲的内容，容易走神或者出现自暴自弃、不听讲的情况，所以把他们安排在小组中间的两个位置。这样其他四个英语学得好的学生把他们包围起来，在自主学习时可以监督他们，在合作学习时可以带动他们。英语组长和副组长坐他们旁边能为他们答疑解惑，而英语组长和副组长也能和英语成绩中等的学生进行探讨、互帮互助、提升自我，小组之间也可以在遇到难题时进行组与组之间的讨论。

总的来说，分英语学习小组要按照“组内异质，组间同质”的原则。分组时做到相对平衡、自愿和调整相结合，保持动态，可以是组内角色转换、组内位置轮换、组间位置轮换、个别学生调整等，也可以按活动主题的需要让学生进行自由组合。这样做不仅可以让学生有新鲜感，提高合作学习的兴趣，而且还可以改变学生在小组中长期形成的地位，即有的学生始终处于控制地位，有的学生始终处于从属地位，从而给每个学生提供发展的机会。担任组长的一般是学习成绩较好，乐于助人，且有一定的合作创新意识，口头表达、组织能力较强的学生，在活动中发挥组织和示范带头作用。教师可以在各个英语学习小组间进行诸如“攀登英语智慧峰”“爬梯子夺红旗”“小组英语朗读对抗赛”等游戏活动，使学生在游戏中时时体会到小组合作成功的喜悦和互相关爱的真挚情感，让学生既学会合作又能增强自信心。

合作小组这种分组形式，在教学中直接体现了以学生为主体的教学思路，合理搭配小组人员实现了组内外优势互补，所以学生学习的积极性空前高涨。它还使教师在教学中面向全体学生，让每个学生都有机会运用所学知识，在讨论中相互学习、取长补短，既增加了学生的语言信息，又消除了基础薄弱学生的畏难情绪，为学生营造了宽松的学习环境。

2. 小组评价

教师在课堂上进行小组合作学习评价，要结合学习过程评价与学习结果评价，结合对合作小组集体的评价与对小组成员个人的评价。教师要让小组成员认识到合作小组是一个学习共同体，个人目标的实现必须依托集体目标的实现，以此来培养学生团结协作的精神以及合作学习的能力。同时，在小组评价时，还要对个人合作学习的参与度、积极性、独创性等给予恰当的评价，这样可以在小组内树立榜样，激发组内竞争，调动每位成员的积极性，打消个别学生的依赖思想。

教师的评价要得体、有效。师生情感交流亲切、自然，能帮助学生建立自信心，能帮助教师及时发现和纠正学生学习过程中出现的错误，有助于形成一个宽松、和谐，让学生感到安全舒服的教学氛围。教师要尽量避免以竞赛结果对每个合作小组做出单一的终结性评价，而是在小组合作竞赛实施过程中对学生进行评价，这有助于激发并保持学生的英语学习兴趣和学习热情，从而使更多的学生参与到小组合作竞赛中。

教师的评价一定要有鼓励性、针对性、指导性和全面性。一是重视个人评价与小组评价相结合。通过评价促进小组成员之间互学、互帮、互补、互促。二是重视学习过程评价与学习结果评价相结合。教师除对小组学习结果进行恰当的评价外，更要注重对学习过程中学生的合作态度、合作方法、参与程度的评价，要关注学生的倾听、交流、协作情况，对表现突出的小组和个人及时给予充分肯定和生动有趣的奖励。特别是对那些性格内向、少言寡语的学生，教师应尽量找到他们的闪光点，及时给予鼓励，以免在评价过程中挫伤他们参与合作学习的积极性、主动性。

还有一种方法是互评。它是一种以学生为主体的形成性评价，是通过学生以同桌或小组的活动形式，互相评价对方某一阶段的学习成果的评价方式。其特点是，在互评活动中每个学生既是评价者又是被评价者，是参与者又是合作者，而教师在活动中只起主导作用，指导学生以“平等的眼光”客观、公正地相互评价。互评能够培养学生合作学习的精神，虚心听取别人意见，特别是批评意见的心理承受能力，以及诚恳友善地对待学习伙伴的道德品质。互评可以改善学生的情感态度。互评是在学生之间平等进行的，这种活动方式不但能激发学生参与活动的热情，还能为学生创造出一种轻松、平等的心理环境，增强学生学习的自信心，有益学生的身心健康。在活动中教师要教育学生平等、公正地评价对方，虚心接受别人的批评，诚实友善地对待伙伴，使学生在实践中潜移默化地接受品德教育，促进健康人格的发展。在活动中，学生需要合作、交流才能共同完成互评，所以互评活动还可以培养学生合作互助的精神。

3. 小组奖励

（1）小组合作竞争式。上课时，我把每个组的代号写到黑板上，无论是单词接龙比赛、口语朗读比赛、问题抢答比赛，还是对话表演比赛、英语书法比赛，都实行小组“捆绑式”评价。每项的积分要看全体组员的配合程度，只要有一人在某方面表现不好，该项的分值就会最低，甚至不得分、倒扣分，就会影响小组的星级评定；如果学困生的答案正确，给予双倍的分值。学生都有争强好胜的心理，为了小组得分，课堂上学生回答问题非常积极。在每堂课后，记分员总结每个小组的得分情况，评出冠、亚、季军；一周之后评出周冠、亚、季军，给予红星奖励，给每位组员个人量化考核加5分，一人一个小奖品；一个月后，综合四个周的成绩评出三名“月冠军”，给予月亮奖励，每组一张奖状，给每位组员发一个小奖品。

（2）彰显“达人”式。每个小组的英语组长手中都有一份评价组员上课表现的表格，每项的积分以及标准很清楚，操作起来比较简单。每节课，英语组长根据组员的表现打分，英语组长的表现由课代表评价，教师只评价课代表的表现，评价结果下节课公布。每组分数最高者评为英语“达人”，教师通过家校通平台给家长发送报喜信息；一周三次被评为“达人”，把该生的照片张贴于班级“达人族”，并把该生的资料收集存档，作为期中或期末评选“英语学霸”的重要依据，在期末考试的终结性评价中适当奖励附加分。平常英语作业或作文完成情况优秀的“达人”，教师可以把他们的作业拿去别的班级做展示，或者在全年级举办优秀作业或优秀作文展。

（3）分阶段考核式。具体操作方法是，制作一张考核表，从作业、听写、背书、课堂检测、考试等多个方面检验小组学习效果，就每一次考核内容制订一个具体的考核标准。例如，作业方面，如果小组全体成员作业都得到星，则由专门负责考核表的学生在考核成绩一栏里打上一颗五角星。再如考试方面，如果小组成员考试成绩与上次相比均有进步，或小组平均分在80分以上，即可得到一颗五角星。一个月评比一次，并给予优胜组一定奖励。

二、初中英语不同课型和不同模块的高效课堂改革措施

1. 在词汇教学中的具体措施

在英语教学中，词汇的学习一直是一些基础较薄弱的学生的拦路虎。但由于教学时间较紧，学生人数多，教师难以一一面授辅导。这时，教师就可充分发挥小组合作学习的优势。从学生初一开始学英语时，教师要教会学生音标的读法，掌握发音规律。每学一个新单元之前，小组各成员先根据导学案上的预习任务按音标自己试读单词，再在家听磁带跟读。课前教师先检查课代表和英语组长的发音，然后各英语组长再组织组员一起读单词。在读的过程中，若小组成员对某个单词的发音意见不统一，由英语组长或发音准确的学生指导发音不准确的学生。在试读结束后，教师播放录音教读单词，最后再教读那些难读或需要注意发音的单词。

在单词记忆过程中，小组成员之间或组与组之间可以用“英译汉”或“汉译英”的方式互相提问，可以对一些单词的拼写互相提问，也可以集思广益，为那些难背难记的单词想些简单、快速的记忆方法。在分类记忆单词的过程中，小组成员分工协作，一起回忆并制作同类单词记忆卡。这些互帮互助的小组合作学习大大提高了学生学习新单词的效率，既增加了学生的练

习量，又减轻了学生的心理负担，发挥了学生的主观能动性。我们看到平时怕背单词的学生也表现得很积极，组员之间更是互相帮助、互相鼓励、互相督促。

我在班内进行了词汇过关新尝试。具体操作流程包括：(1) 在每单元完成第一课时新单词的学习后，要求学生用整个单元的单词来造5个句子，句子要尽量使用本单元的单词并符合逻辑，贴近学生的生活实际。(2) 小组内讨论、订正每位同学写的句子，并评选出本组最佳的5个句子。(3) 课前请每个小组在黑板上写下本组的成果，全班评比选出最有创意的句子，并记在词汇本上，给句子的原创者一定的奖励。(4) 要求全班学生背诵并会默写这5个句子。(5) 全班统一听写这5个句子，并在每节课前读这5个句子。这样的方法一经实施，学生觉得很有意思，用单词随意造句使学生反复琢磨这些单词，学习新词汇的效率比原来死记硬背高出很多。

2. 在口语教学中的具体措施

每堂课进行"课前5分钟报告"活动，让学生用学过的、将要学的或课外的内容，充分发挥创造力，围绕当日天气、班级记事、新闻报道和名人故事等安排对话表演、讲故事、看图说话、游戏等。教师可以把表演的任务落实到某一小组，每一小组在一学期中都有多次表演或展示的机会。

每课的口语教学形式包括课本上的对话、问答练习和情境表演三种。课本上的对话主要采用"组内三对三""小组对小组"这两种模式分角色进行朗读。进行这一活动的关键是教师布置任务后，应让学生有准备的时间，最后从读音是否标准、对话是否有感情、表情是否自然、表演是否得体等各方面综合考虑，选出最佳小组。一般来说，英语成绩好的学生都乐于承担内容较复杂的角色，英语成绩较差的学生也不甘示弱，会努力演好自己的角色，每个组员都能在小组活动中充分锻炼自己的语言表达能力；问答练习主要采用"组内一对一""小组圆形"两种模式；情境表演是各组根据本单元新学的功能话题和日常问答用语编一个完整的英语故事，小组成员各承担一个角色，用对话表演的形式展示出来，最后教师比较各组的表演，对较为典型的问题做适当评析，并帮助表演有欠缺的小组分析原因，引导他们认真总结经验教训。

在提高学生口语表达能力方面，小组合作学习有利于提高学生的自信心，使口语能力强的学生有更多的机会展示自己，使口语能力不强的学生大胆地张嘴说英语。通过小组成员的互帮互助，并顺利完成任务，使学生体验到助人为乐的满足感，同时也培养了合作精神。小组合作学习还有利于创设积极的课堂气氛，改善和调节英语课堂严肃紧张的学习气氛，让学生面对面，可以减少直接面对教师的紧张心情，既能检验学生的英语学习效果，又给学生提供了语言实践的机会。

3. 在听力教学中的具体措施

在听力活动的准备阶段，学生要浏览所有听力内容和问题，对听力材料中的内容进行预测并与组员交换想法。在听的过程中，每位学生要独立听懂听力材料中的主要内容，然后进行小组讨论，对所听内容统一答案。如果所有的学生都对某个答案有异议，教师要重复播放听力内容，让学生在重听后得到正确的答案。同学之间可以一起分享他们的听力技巧，帮助同学共同提高听的能力。

在英语听力教学中运用小组合作学习，体现了英语听力课堂教学以学生为中心，使听力课堂不再枯燥乏味，变得充满生机与活力，使学生的交际成为一种需要。每个组员在合作学习中都肩负责任，在为完成共同的目标与任务的过程中发挥团队精神，显示自信，培养了民主意识，体验了成功的快乐，也提高了听力水平。

4. 在阅读教学中的具体措施

课前预习是学生学习最重要的环节。在平时的教学中，我们可以把很多课堂上需要复习或讲解的知识点放到课前预习环节。在处理一篇阅读材料之前，教师必须要求学生提前预习，在导学案中出示阅读材料里学过的短语的汉语翻译，让学生在预习时从文中找出相应的英文。这样既达到了复习旧知识的目的，也在课堂上有更多的时间用来学习新知识点。教师在给每个阅读材料设定学习目标之前，要研究和分析如何才能对学生进行有效的指导，比如，收集相关信息的知识目标，实现快速阅读与略读的技巧。在共同了解课本中预设的几个简单问题后，学生独立完成快速阅读和精读的任务。学生在原文中找出相应答案后，小组成员进行讨论、纠错和讲解，个别小组进行展示。了解文章的大意后，学生要按照导学案的重难点知识清单，先对文章进行深度理解和分析，对难句进行翻译，对重点句子或长句的句型和语法结构进行分析和概括，之后小组成员就共同的疑难问题进行讨论，为组内的后进生讲解语法知识点并造句。

5. 在写作教学中的具体措施

小组讨论是英语写作教学的有效途径，在英语写作教学中已有以下两种形式：(1) 范文引路。教师精心选择范文，引导学生分析范文，分组讨论范文的内容、写作技巧和篇章结构，然后学生进行范文仿写。在仿写前，学生要在小组内轮流发言，其他成员记录，然后各小组派代表陈述本组讨论的内容要点，其他学生从内容的真实性和结构的逻辑性等方面对每位代表的发言进行评述，最后各组成员各自完成一篇书面作文。在写作之前，教师还要先让学生列出文章中会用到的重点词汇或短语，再带领学生分析这篇文章应该用什么时态、什么人称来写。接下来是相互批改阶段，小组一起对组员的作文进行批改和纠错，小组长负责填写疑难问题回执单。与此同时，教师可以迅速批阅每个小组英语成绩最好和最差的两位学生的作文，总结、归纳出不同层次学生存在的相同问题。各小组将本组最优质的文章写在黑板上，教师带领全班学生逐句进行批改和点评，并根据各小组回执单中反馈的问题答疑解惑，总结重难点知识，最后将全班最好的作文作为范文让学生抄下来并背诵。(2) 看图会话。看图会话有助于开阔学生的视野，提高学生的思维能力、口语表达能力和写作能力。学生口语句型结构和表达方式往往是他们学习写作的基础。小组讨论的形式有助于激活学生思维，激发学生表达和交流的欲望。各小组成员通过讨论、向全班汇报、学生之间的评述、教师总结、完成初稿、小组内修改纠错等环节，最终完成一篇习作。

6. 在语法教学中的具体措施

在课前，教师根据该课时所涉及的语法知识点，按重点短语、难句翻译、句型结构、知识框架、时态编导学案，给每个知识点出几个中文句子让学生进行翻译，或出相应习题让学生完成。像不同时态、比较级、最高级等这些大的语法板块，在学习的过程中教师在导学案中循序渐进地引入，最后一单元结束后，让学生将所有跟这个语法板块有关的句子全部总结出来，然后在导学案中引导学生自己来提炼和总结。所有语法的学习都是教师教会学生简单的句子结构和句子成分，再按“学生分析—学生提炼—学生归纳—学生练习”四个步骤进行，彻底颠覆了以往英语课堂上教师对语法部分的自说自唱。在每个单元的导学案中，教师再按学生学习的顺序总结和归纳整个单元的语法知识点并附带相应练习题，让学生再练一次，这样就达到了复习、巩固的效果。

7. 在习题课上的具体措施

每节习题课前，课代表公布正确答案，学生用红笔进行正误标记。然后各小组就每个组员做错的题进行讨论，组员就语法知识点、做题方法和思路各抒己见，英语小组长负责讲解疑难问题。或者，在全班范围内小组分工协作，每个小组负责讨论一道大题，然后给全班同学讲解。在讨论的过程中遇到无法解释的问题，可以进行小组间的讨论，如果还是无法解决，可以记录下来向教师汇报。习题课的最后10分钟，由教师根据各组汇报的疑难问题进行做题技巧的分析和知识点的讲解。习题课结束后，小组成员要共同归纳习题中出现的知识点，并总结重难点题的考查目标、方向和不同题型的做题技巧与方法。

8. 在作业方面的具体措施

英语作业往往以书面形式由学生个人完成。新课程标准要求改变过去单一的作业形式，力求作业多样化，如听写单词句子、写英语书信、阅读英文书籍、表演对话、制作英文贺卡、编辑英语小报等。学生都可以以小组合作的形式完成这些作业，这样既能培养学生的合作意识和团队精神，使学生感受到集体智慧的力量，又能分享到成功的喜悦，真正体验到学习的快乐和做作业的乐趣。

三、开展高效课堂小组自主合作型学习需注意的问题

1. 小组自主合作学习是课堂教学的一种重要方式，但不是唯一的方式

在课堂教学中，不能一味追求学习方式的多样化，应避免在教学内容过易或过难的地方设计小组讨论，避免在适合学生自主探索或动手实践的地方安排小组交流，避免在适合全班教学或教师引导的地方组织小组探究。教师要根据教学内容、学生实际和教学环境条件，选择有价值的内容和适当的时机让学生进行合作学习，对任务中的一些具体步骤可根据学生的实际情况适当处理，不一定要盲从教材。一般来说，较简单的学习内容，只需要个人独立学习或开展全班教学，而较复杂、综合的学习内容，则可以采用小组合作学习方式。教师要根据教学内容的特点精心设计小组合作学习的问题，为学生提供适当的、带有一定挑战性的学习对象或任务。合作学习的问题可以是教师在教学的重点、难点处设计的探究性、发散性、矛盾性的问题，也可以是学生在质疑问题中主动提出的问题。一节课中不宜安排过多的小组合作学习内容和时间，避免小组合作学习过于随意与形式化。

2. 教师要给学生充足的时间，讲清合作学习的具体要求

开展“小组自主合作型”学习过程中，教师要给学生充足的时间，布置的学习任务要明确，否则合作学习会流于形式。在课堂中经常会出现这种现象，教师提出一个问题后立即让学生讨论，教室里马上就会出现热烈的讨论场面。但只要稍加注意不难发现，这只是一种“假热闹”，你说你的，我说我的，谁也不听谁的；有的小组始终只有一两个人发言，其他人一言不发，只是心不在焉地坐着；有的小组互相推辞，谁也不发言；有的小组借此机会闲聊、说笑或者干别的事。因此教师要给学生提供充分的操作、探究、讨论、交流的时间，让每个学生都有发言的机会和相互补充、更正、辩论的时间，使不同层次学生的智慧都得到发挥。组织合作学习前要给学生留出独立思考的时间，学生有了想法后，才能和同伴交流、探究，解决问题。另外，教师必须讲清合作学习的具体要求，每一步该怎么做，目的是什么，通过适当的示范增强学生的感性认识。例如，进行对话操练时，教师可先与能力较强的学生进行示范对话，使其成为一种模式，然后让学生在小组中自由操练。这样学生合作起来才具有明确的方向，合作才得法，交流才有效。

3. 要设立有序的合作常规

学习任务的布置、课前的准备、课堂上的交流、课后的练习、专题性学习等均可以小组为单位。对不同的学习小组可以布置共同的学习任务，也可以布置不同的学习任务。共同学习任务的课堂交流中可以显示各小组不同的理解和做法，不同学习任务的课堂交流则以互补学习为主。我们要根据中学生的特点，向学生传授“合作”的技能，尽量做到要求具体、明确，指令清楚，为充分发挥每一位学生的优势、发挥优化组合的整体功能、开拓学生的创造性思维、培养学生团结合作的精神打下了良好的基础。例如，英语课文的预习，把词汇的学习作为共同任务布置给各个小组，课堂交流中各个小组会出现不同形式和内容的词汇练习。教师需要根据各组学生的兴趣或是基础分配不同的工作。

4. 营造宽松的合作学习环境也很重要

教师要为小组合作学习创设一个民主、和谐、宽松、自由的学习氛围，尊重和保护学生的参与热情，采用多种形式鼓励学生尤其是“后进生”积极参与活动。同时，教师也应平等地参与到小组合作学习中去，并对各小组的学习情况及时进行鼓励、引导和帮助，让学生充分体会到“失败乃成功之

母”，增强合作学习的乐趣。

四、我眼中的英语高效课堂模式

我综合了宜川中学、洋思中学、杜郎口中学这三所课改先锋学校的教学模式和我在本班高效课堂改革中的实践经验，总结出高效课堂的模式主要包括以下几个方面。

1. 自主预习和自主学习

在英语教学中，尤其是在“语法课”“阅读课”“习题课”的教学中，自主预习是至关重要的。教师应该根据学生的课前学习状态和教学内容设法调动学生，特别要重视激发学生的学习情绪和学习状态；教师要充分了解学生的认知能力，认真钻研教材、会用教材、活用教材，设计符合学生能力的导学案，明确本节课学习目标，对学生进行自学方法指导，并展示具体任务和相关练习以引导学生自学；学生要根据导学案的要求完成教师布置的课前预习任务。例如，语法课的大部分知识学生通过自学都能够解决，平时教师需要讲十几分钟的内容，学生自学三、四分钟就可以了，教师讲反而更耽误时间。学生自学几分钟就开始做题，不会的再回头看导学案上的讲解和例句，基本就都会做了。

2. 讨论探究

在词汇、口语、习题的教学中，小组内、组与组之间的“兵教兵、兵练兵、兵强兵”是非常有效果的。在学生自主学习后，学生在小组内讨论，小组内英语后进生暴露问题、提出问题，中等的学生进行讲解、分析，初步解决中低难度问题，组内英语优等生进行点评、拓展，并对出现的难点知识答疑解惑。对于全班的共性问题，即学生通过以上环节仍然解决不了的疑难问题，学生可以进行组与组之间的讨论，各小组的英语精英各抒己见，在讨论、辩论中解决问题、掌握知识。

教师对学生遇到的疑难问题梳理归类，做好“第二次备课”。对学生自学后暴露的问题进行准确的分析，分清主次难易，了解部分学生乃至全体学生共同遇到的问题。对于共同遇到的问题要及时抓住要害，做到心中有数，为下一步准确高效地解惑做好充分准备。

3. 展示点评

在口语、写作等教学中让学生展示，可以激发学生的学习兴趣。让学生展示，符合初中学生的年龄特征，这样就调动了他们的积极性，产生主动学习的意识，课堂学习效率就会高。一些学生，特别是学困生，在学习上没有自信心，教学中让他们进行展示，可以帮助这部分学生树立自信。教师要努力为他们创造更多的机会和条件，多给予他们展示的机会，让他们从点滴的进步中，感受成功的喜悦，进一步树立自信心。例如，平时上课时一些较简单的问题，尽量让他们展示，让他们在学生面前能表现自己。教师要及时肯定他们，让他们认识到"我能行"，克服自卑的心理。让学生来展示，也可以检验学生的自主预习和合作交流的成果，检验这两个环节中学生对教材知识的掌握程度。由于我们课堂中的时间有限，不可能所有的问题都在课堂上讲到，通过展示，特别是学困生的展示，我们可以了解学生哪部分知识学得好，哪部分知识没有学透，对于一些学生可以学明白的知识，教师没必要重复，没有学透的知识再通过小组探究和教师的精讲来完成。通过让学生展示，可以培养学生的表达能力、分析问题的能力，为学生的终身学习打下基础。

4. 当堂训练

要求学生通过先学后教的学习后，能够在教师的引导下进行自我总结、自我提问、自我质疑、自我探究，从而加深对所学内容的理解和掌握，实现"堂堂清"。在教师的统一要求下，学生围绕学习内容进行互检互测教学活动。课前，教师根据每节课的教学目标和学生的实际情况，由教研组或备课组的教师编写练习题。课中，教师规定学生自学几分钟就要做练习题，让学生有一种紧迫感，不认真学就不会做练习题，就会落在别人后边，影响整个小组的学习速度，从而提高学生的做题速度，同时，当堂训练减轻了学生课后的作业负担，也避免了学生抄作业、应付作业的现象。课后，教师可以根据学生当堂训练的反馈结果，加强难点知识的训练和检测。

总的来说，在学习和开展一种新的教学模式时，要研究它的原理和指导思想，不能简单、机械地模仿它的步骤或技巧，要在思想观念上进行改革。高效课堂绝不是"教师只讲 10 分钟，学生自主 35 分钟"这种固定的模式。它是指班级授课的高效率、高效益、高效果，在教学中体现了学生为主体、教师为主导、训练为主线、思维为核心的教学理念的互动式高效课堂模式；它要求教师能最大限度地发挥课堂教学的功能与作用，最完美地实现教育教学"三维目标"的整合，充分调动学生学习的积极性，充分发挥学生学习的自主性、探究性，让学生的创造性思维在综合探究的学习过程中得到充分展示，真正使学生体验到英语学习的趣味性和实效性，以实现课堂教学的最大效益。

如果一味追求“教师只讲10分钟，学生自主35分钟”的模式，过分突出学生的主体地位，那就走向了教学的另一个极端。教师的知识储备、思路视野以及对问题理解的深度、准确程度等超过学生。有些知识学生自己看，和通过教师设计后讲解出来，效果有很大区别。如果各学科采取单一的教学模式，不区别对待，既不符合创新教育的理念，也不符合教学实际。例如，学生英语单词拼读发音不准确，教师不及时指导的话，靠“兵教兵”是根本无法纠正的，这对将来学习外语十分不利；在英语写作课点评每组的作文时，如果全部让学生来纠错、更正的话，很多句子的对错学生是把握不准的。在实际的英语教学中，很多环节必须由教师来组织、调控。因此，教师必须明确主体与主导的关系，教师的主导作用不在于课堂用时的多少，关键在于有无价值。在英语教学实践中，教师应该根据所教内容，对小组学习和集体教学所需要的时间进行科学、有效、合理的分配。只有把合作学习与集体教学有效结合在一起，才能实现真正的英语高效课堂。

（由汉滨高中胡镕提供的案例改编）

第二节　校本研修资源在同伴互助中的利用

校本研修资源中大部分资源的利用和再开发都需通过同伴互助来实现。同伴互助是指在两个或两个以上教师间发生的，以专业发展为指向，通过多种手段开展的，旨在实现教师持续主动地自我提升、相互合作、共同进步的教学研究活动。在校本研修资源利用上，主要方式就是集体备课和课题研究。

一、案例资源在同伴互助中的利用

从学校层面来说，学校可以根据课堂教学改革的实际，围绕一个专题收集材料，鼓励教师撰写教育教学案例，并以教师撰写的教育教学案例为主题，组织教师进行交流与讨论，通过信息交流和不同观点的碰撞，相互启发、相互促进，帮助教师加深对问题的认识，最后形成共识。这是校本研修中同伴互助作用的体现。

案例具有典型性，因此，教师可以针对案例中出现的关键事件、反映出的教学问题进行研究和探讨，并针对这些事件和问题认真思考，共同研究这些现象是偶然出现还是普遍存在的，造成这些问题的是教育思想还是教学方法，是教师教的问题还是学生学的问题，这些问题在其他教师的教学中会不会出现，等等。教师可以从这些问题出发，寻找相关理论，学习相关知识，及时总结和研讨，形成自己的观点，并在教学中实践。

二、集体备课资源在同伴互助中的利用

教师集体备课以教研组为单位，组织教师开展集体研读课程标准和教材、分析学情、制订学科教学计划、分解备课任务、审定备课提纲、反馈教学实践信息等系列活动。这些活动都需要教师集体参与，共同研究。基于集体备课的校本研修资源除了形成统一的教学设计范式外，还有一个重要的资源，就是集体备课过程中形成的良好的合作机制和研讨氛围。在使用集体备课中形成的统一的教学设计时，各位教师要对教学设计进行个性化修改，以适应自己的教学风格和学生的特点。教师应在集体备课形成的良好研讨环境中畅所欲言、取长补短，并促使自己在教学中扬长避短。

三、课题研究资源在同伴互助中的利用

课题研究是教育科学研究最常见、最基本的方式。“课题”就是要尝试、探索、研究或讨论的问题。《现代汉语词典》中“课题”的解释为“研究或讨论的主要问题或亟待解决的重大事项”。我们这里的课题是指为解决一个相对独立而单一的问题而确定的最基本的研究单元。课题研究的过程包括课题的选择与论证、制订研究计划、查阅文献资料、实施研究、研究成果评价和推广等几个方面。在校本研修中，可利用的课题研究资源包括课题研究过

程中的团队合作机制、研究问题的确定、研究资料的收集、研究成果的推广等，这些资源都需要同伴互助。教师在课题研究中的分工协作让每位教师都有收获，而研究成果的推广也需要课题组成员的实践。

四、网络资源在同伴互助中的利用

教师可以借助 QQ 群、微信、博客等现代网络工具，将自己对某一教学问题的理解和同伴一起探讨。

案例 5—4

博客在校本研修中的作用

随着科技创新，新技术不断涌现，个性化的网络产品层出不穷，也带动着人们生活和工作理念不断更新。互联网已从 Web1.0 时代迈入了 Web2.0 时代，网民由被动地接收互联网信息向主动创造互联网信息迈进。博客，作为一种自由媒体，凭借着个性化、信息共享化、开放性、交互性等特点脱颖而出，并迅速成为网络产品的新秀之一。

“博客”一词是从英文单词 Blog 翻译而来。Blog 是 Weblog 的简称，Weblog 是由 Web 和 Log 两个英文单词组合而成的，是一种整合了文字、图像、其他博客或网站的链接及其他与主题相关的媒体，可以简易、迅速、便捷地发布自己的心得，及时、有效、轻松地与他人进行交流，能够让读者以互动的方式留下意见，并集丰富多彩的个性化展示于一体的综合性网站。博客的这些特点，使其迅速成为网络媒体的一个重要组成部分。CNNIC（中国互联网络信息中心）2013 年 1 月发布数据显示，截至 2012 年 12 月底，我国博客和个人空间用户数量为 3.72 亿人，网民中博客和个人空间用户占比为 66.1%。从这个庞大的数据可以看出，博客的社会影响面非常巨大，对教育行业也产生了巨大的影响。

一、博客在教育教学中的作用

博客作为知识传播的快速途径，自其产生之日起，就把它的目标人群定位于中国的知识工作者，而教师就是这一群体的重要组成部分。教师博客是博客大军中数量较庞大的一支，在教育领域产生了很大影响。教师博客有教师日常生活、教师心理历程的内容，但更多的是教学方面的内容。随着教师博客的快速发展，博客在教育教学中的优势更加突出。

1. 教师工作学习和成长的好帮手

教师博客可以把教师的优秀思想被连贯地记录下来，促进教师的专业成长。在日常教学过程中，教师往往迸发思想火花，这些一闪而过的灵感实际上就是教师进步的源泉，是非常宝贵的资源。但是由于传统教学中缺乏记录这些灵感的载体，这些知识的火花常常会被遗忘，这是教育中一件非常可惜的事情，而教师博客的出现使得随时记录思想火花这一想法变得切实可行。博客一个显著的特点就是持续的个人表达。教师博客就是教师对自己教育教学生活持续、频繁的记录和描述，它提供了一个记录教师连续的思维过程的载体。教师在每天编写教师博客时，把教学或学生工作中有意义的事件和思考记录下来，久而久之就会形成一条完整的叙事链和思维链，而这些事件所引发的反思也会作用于教师以后的教学过程。所以说，教师博客不但能促进某个教师个人的成长，对教师整体教育教学水平的提高也会发挥很好的促进作用。

教师博客可以加强教师之间的交流，方便教师资源共享，促进教师整体教学水平的提高。例如，集体备课是一种非常好的教师备课和研修方式，它可以节省时间，减轻劳动，实现资源共享，提高教学效率，提高教学的质量，能很好地落实新课改要求，体现了“合作、探究、创新”和以人为本的精神，促进教学相长，能大力整合学校各科的教师资源和营造科研氛围。但是它存在一些先天的不足，如集体备课的范围比较小，无法组织大规模的集体备课；集体备课只能限定在一定的时间里进行，不能进行跨时段、持续性集体备课，而教师博客可以弥补传统集体备课的不足。在教师博客上进行集体备课可以打破时空的限制，使集体备课的规模可以无限制扩大，也可以使集体备课的时间无限制延长，打破了地区与地区、学校与学校的隔阂，在整个教育界共享优质的教育资源。此外，博客中还有一个“博客圈”功能，在每个人的博客中都会提供同一个圈子所有博客的链接，这个强大的链接群也是教师之间资源共享的良好载体。在圈子中，每个教师的教学经验都可以被其他教师学习、分享，共同学习、共同进步，使得教师整体的教学水平得到提高。

教师博客可以使教师对学生的评价更加客观和全面。以往的教育评价体系以学生学习成绩为主要标准，这一标准自然有其不可替代的优点，但是用一个维度评价学生，难免有些单一和效率低下。教师博客中的留言功能可以使教师和学生之间的沟通更加顺畅，加强教师对学生的了解，而且在博客上，教师和学生的交往是真诚的，这样教师可以更加真实地了解学生的方方面面，使教师对学生的评价更加客观。此外，教师在自己的博客中了解学生是一个持续的过程，这样的过程可以帮助教师看到教育在学生身上发挥的作用，从而不断调整自己的教育策略。教师博客中不仅仅有教师对学生的评价，学生也可以对教师评价、对其他学生评价，这就使原本只是教师对学生评价的状况得到改善。利用教师博客，可以建立一个多方位、立体化、更加有效的评价体系。

2. 学生的好老师

教师博客可以建立起教师与学生之间交流的桥梁，促进师生关系健康和谐发展。学生可以在博客中留言、发表评论，使教师和学生的交流不再流于表面，方便教师和学生互相理解。师生可以通过这个平台进行“心灵的对话”，有效地提高了师生关系的质量，促进了师生关系的发展。

教师博客为学生进行研究性学习提供了一个良好的平台。教师在博客中可以提出一些具有研究价值的问题，指导学生自己学习，把学习成果在教师博客中公布，和其他同学交流，再进行新一轮的研究性学习。教师在博客中给予学生必要的指导，帮助学生真正提高研究性学习能力。

此外，教师博客还可以帮助学生进行自我教育，弥补现代学校教育中学生自我学习能力锻炼机会不足的缺陷。教师在自己的博客中把学生自学的内容分门别类地发布出去，配套相关的讲义和练习。当学生进入教师博客中进行学习的时候，教师就不再控制学生学习的进度和学习的时间，学生在教师博客中学习的过程是完全自主的。所以，教师博客又是一个帮助学生提高自我教育能力的良好途径。

3. 社会了解学校的有效途径

教师博客可以方便家长与学校的沟通，提高教育效率。教师可以通过博客把学生在学校的最新情况，如成绩、日常生活状况等告诉家长，而家长也可以在教师博客上面给教师留言，向教师提出新的希望和要求。有了这样的交流平台，教师和家长都能够真实地了解学生的现状，更容易达成共识，共同制订符合学生发展的教育计划，真正提高学校和家庭合力育人的效率。

二、选择博客

提供博客和个人空间的服务商非常多，教师如何选择一个适合自己的博客很重要。从个人角度出发，选择博客需要遵循免费、稳定、访问速度快、用户数量大、提供的模板丰富、用户设定自由度大的原则。目前国内影响力比较大的博客网站包括新浪、网易、搜狐、百度空间等。从免费、稳定性、响应速度来看，主流博客网站相差不大；从人气来说，排在第一梯队的是新浪博客、百度空间、网易博客、搜狐博客，其中，新浪博客的服务可以说是国内比较领先的，用户覆盖率达到21.7%，有利于博客的推广，而且提供免费的博客托管服务，很多名人、专家都在新浪博客安家。百度空间也是很有名气的一个博客网站，与其他博客相比有不可比拟的优势，作为中文搜索引擎百度旗下的产品，在博客推广方面有很大的优势，博客的流量大多数来自搜索引擎，而百度几乎是所有中文博客流量的第一大来源，所以百度空间的文章很容易被搜索到。当然百度空间也有它的不足，例如，几乎没有自由度，用户不可以根据自己的喜好修改模板等。因此，如果追求漂亮的风格和样式，尽量选择新浪博客。

三、注册自己的博客

注册一个博客帐号，不是一件很难的事情，下面我们以注册新浪博客为例，给自己在博客上安一个家。

1. 进入新浪网首页。

2. 点击右上角链接“博客”。

3. 进入博客登陆页面，点击链接“注册新浪博客”。

4. 新浪网博客注册，分为手机注册和邮箱注册两种，以手机注册为例，需要输入正确的手机号码，设置密码，选择兴趣标签，可以多选，但至少要选择一项，然后点击“免费获取短信激活码”，新浪网会给输入的手机号发送一条激活码短信，输入短信中的激活码，最后点击“立即注册”，就完成了新浪博客帐号注册。

5. 博客帐号注册完成，用注册时输入的手机号和密码登录博客，系统会提示：“您的博客尚未开通，仅一步操作就能开通您的个人博客。”根据系统要求，给博客起一个个性化的名字，完成隐私设置，然后点击“完成开通”，这时候博客就正式开通了。

系统会自动转入到“个人中心”，在这里可以设置个人信息，修改主题风格，发表博文、照片、视频等。如果第一次使用博客，建议仔细阅读一下“使用帮助”。

（由汉滨区电教中心陈守军老师提供）

教师还可以利用手机等移动终端，在微信中的朋友圈发布教研信息和感想，或建立相关的校本研修QQ群，就某个问题进行研讨，这种研讨可以突破时空的限制，具有及时性和参与面广的特点。

第三节 校本研修资源在专业引领中的利用

一、教育专业书籍及理论资源在专业引领中的利用

教师在校本研修过程中要从先进的教育教学理论中吸取营养，同时又能运用到教学实践中去。在这些资源的利用上，教师要发挥主观能动性，在自主阅读中获得相关的资源。教育教学科学的理论，案例与信息等，均需要教师从自主阅读、观看和查寻中获得。阅读、观看的内容包括网络信息、教育专著、专业报刊、光盘课件、教学案例等。教师可以针对教育教学、学生学习、专业成长等方面的问题，合理地选择相关的阅读内容，以便从理论中受到启发和指导，从案例中得到启示，从信息中产生感悟。教师联系自己的实践，经过周密、细致、深入地思考，就会找到适合自己的校本研修资源，并从中找到自己教育教学中问题的症结，找到问题的解决办法，制订研修的主题和行动方案，然后在工作实践中参考、模仿、检验、解决、应用并实现创新。这个过程可以归纳为：问题—阅读—思考—实践—解决。教师每经过这样一个校本研修的过程，就能使自己的专业成长前进一步。

日本东京大学著名教授渡边茂提出“三万天学习论”的理论，即假设人活到81岁，人从出生至27岁这一万天主要是学习基本知识，适应社会，称为“成长时代”或“修业时代”；从27岁至54岁这一万天为不断积累，整理知识时代，主要是把之前所学的知识和培养的能力运用、发挥出来，称为“活跃时代”；从54岁至81岁这一万天为踏入圆熟人生境地，进行思考总结阶段的时代，称为“充实时代”。“三万天学习论”与中国的“活到老，学到老”是一个意思。在读书过程中，教师应制订长远规划，确定读书目标。就

像托尔斯泰说的那样，“人要有生活目标：一辈子的目标，一个阶段的目标，一年的目标，一个月的目标，一个星期的目标，一天的目标，一小时的目标，一分钟的目标，还得为大目标牺牲小目标”。

学校应制订学校的读书规划，教师个人也应根据自己工作和生活的需要，制订自己的读书规划。

案例 5—5

汉滨区培新小学打造“书香校园”工作方案

打造书香校园，丰润生命底色。为了进一步彰显我校办学特色，打造“书香校园”，让师生亲近书籍，与好书为友、与经典对话、与博览同行，开阔视野，陶冶情操，让经典成为师生穿越生命、积淀情感的快车道，我校开展“共读共写共成长”活动。通过“师生共读共写”，给学生一种榜样的力量，用教师的激情点燃学生的激情，用教师的智慧引领学生的智慧，从而产生良好的互动，共同营造书香氛围，实现教学相长，达到师生双赢；通过“亲子共读共写”，拉近家长与孩子的距离，让家长走进孩子的内心世界，创造并拥有共同的语言密码，真正实现共同的生活；通过“生生共读共写”，形成互帮互助的学习氛围，养成自我反思的习惯，让学生共同遨游知识的海洋，读在其中，乐在其中。希望教师、学生和家长能在这一阅读活动中有所收获、共同成长。

一、活动目的

1. 用阅读引领成长，让师生在阅读过程中摄取养分，受到文化滋养。

2. 通过读书活动，打造充满浓郁文化气息的“书香校园”，为师生精神成长提供一个和谐的乐园，推进校园文化建设发展。

3. 引导师生在共读共写活动中学习思考、感悟人生、开拓视野，让师生在活动中体验读书给自己带来的幸福，养成终身学习的习惯。

4. 引领教师撰写教育随笔，做学生楷模，影响学生，达到“共读共写共成长”的目的。

二、领导小组

组建以校长为组长的领导小组。（名单略）

三、活动时间

此方案从 2013 年 12 月 1 日起执行。

四、活动对象

全体教师、学生和家长。

五、活动过程

（一）营造氛围

1. 通过多种形式宣传读书的好处，倡议全体师生共读共写。

2. 打造“书香班级”，设计班级读书标语，让教室散发出文化气息。各班充分利用墙报，布置读书的名言、方法等，渲染读书的气氛；在板报上设置“新书介绍”“教你一招”“阅读快递”“优秀读后感”“读书之星”“班级读书大王”“小书迷”“小书虫”等板块；各班要充实图书角，定期更换，充分发挥班级图书角作用。

3. 利用校园广播播放中外经典名篇欣赏。

4. 利用校园电子屏播放读书的名言、方法等，渲染读书气氛。

（二）共读活动

1. 师生共读。

（1）每周两次晨诵，两次午读。周一、周四的早读时间为晨诵，由语文教师安排，组织本班学生晨诵（各学科组确定统一内容）；每周二下午自习为语文午读时间，语文教师组织并和学生共读学校推荐的本年段人文类书籍；周五下午自习为数学午读时间，数学教师组织并和学生共读学校推荐的本年段数学或科学类书籍。

（2）教师在晨诵、午读时间阅读学校推荐的图书。

（3）教师利用课余时间自读教育教学类书籍。

2. 生生共读。

（1）各班语文教师组织学生共读活动，指导学生在本年级计划的时限内读完共读书籍。

（2）组织学生阅读班级图书角的图书和阅读空间（即培德楼学生活动空间，供二至四年级学生使用）的图书。

（3）学生与学生之间、班级与班级之间可建立“好书交换站”，开展“好书换着看”活动。

（4）组织开展多种形式的读书活动，如读书演讲、书海拾贝、好书推荐、读书交流会、读书展，指导并激励学生快乐读书，共享读书的乐趣。

3. 亲子共读。

开展“亲子共读”活动。建议家长提前为学生准备共读书籍，建立家庭“小书架”，开展父母与孩子共读一本书活动。

（三）共写活动

1. 教师建立个人博客或班级博客，每周至少撰写两篇教育叙事、教育随笔或读书心得，两篇字数不少于1500字，所写随笔等发布在个人或班级博客上。50周岁以上的女教师和53周岁以上的男教师可以不写。

2. 语文教师组织、指导学生写读书心得、日记等，并将学生的优秀作品发布到班级博客中。一、二年级学生每周至少写两篇，三至六年级学生每周至少写三篇。

3. 鼓励家长撰写读书心得或家教随笔等，发布在班级博客中。

（四）每学年举行一至两次“教师读书沙龙”活动（培新文学社负责）

（五）评比表彰

1. 在共读共写活动中，学校采用“底线＋榜样”的模式进行学校管理。对活动中涌现出的优秀者（撰写随笔篇数多且质量高）予以表彰。

2. 评选班级“读书之星”。每学期每班评选两名“读书之星”，学校进行表彰。（年级组长负责）

3. “书香班级”评比。评比标准参考图书角建设及使用情况、“读书”主题报评比成绩、学生参加读书交流情况、学生参加诵读比赛得奖情况等。每学期各年级评选两个班，学校进行表彰。（年级组长负责）

4. “书香家庭”评比。评比标准参考家庭藏书情况、亲子共读经验交流。由班级推荐一名上报年级组长，再统一上报学校。

5. 每学年举行一次家长读书征文评比活动，学校对优秀作品予以适当奖励。

备注：

1. 在学校推荐各年段阅读书目的基础上，各年级语文教师每学期对推荐书目做适当补充。（各语文学科组长负责）

2. 每学期开学前，各语文学科组制订本年段学生阅读计划，细化每天阅读内容和阅读页数。（各语文学科组长负责）

（由安康市汉滨区培新小学李玉翠老师提供）

教师在阅读专业书籍时，可以根据实际做好读书笔记，写出读书感悟，如果是自己的书，还可以在书的空白处做标记。

案例 5—6

我在阅读书籍时，常在书中空白处记下自己的理解，同时，还将那些对自己的思想有碰撞、有收获的地方记录下来。以下是我的几篇读书笔记和体会。

至繁怎样归于至简——读《新教育》有感

大道至简。乔布斯将其应用于新产品上，于是有了“至繁归于至简”的设计理念。然而，将至繁归于至简并不是一件容易的事，需要强大的技术体系的支持。读朱永新的《新教育》，让我感受到了他是怎样将至繁归于至简的。

为了实现“让师生过一种完整幸福的教育生活”的目标，朱永新提出了四个改变（追求），即改变学生的生存状态、改变教师的行走方式、改变学校的发展模式、改变教育的科研范式。为了达到四个改变，他提出了六大行动，即营造书香校园、师生共写随笔、聆听窗外声音、培养卓越口才、构筑理想课堂、建设数码社区。

朱永新在阐述《新教育》的精神时，曾例举一个朋友的说法，说当下中国有三种人：官人、学人、农人。这个比喻形象地说明改革所需要的人员条件，即行政领导的重视，专业人员的支持，基层学校的实施。因此“新教育”实验成功的地区和学校，都会有一个懂教育、爱教育、知教育的教育局长的大力支持，有一批专业人员参与研究和实践指导，有一大批执着坚守的教师，而不是被动的实施者。

从逻辑关系上讲，“新教育”有坚实的理论基础，更有实在的行动。营造书香校园是前提，朱永新在《新教育》中不止一次提到“一个人的精神发育史就是他的阅读史”。师生共写随笔是保障，聆听窗外声音是引导，培养卓越口才是成果，构筑理想课堂是载体，当然，建设数码社区则是一个体系。

作为教师，在选择书籍时，可以突破教育专业的局限，多读读伟人的传记或伟人的著作，从中思考与教育相关的问题，也会给自己的教育教学生活提供精神食粮。

从法学教授趣说“法律”说起

哈罗德·伯尔曼是美国一所大学的法学教授，他授课深入浅出，妙趣横生。

有一次，他到一所中学给学生们讲授法律类型及其适用范围时，打比方道：一个孩子说“这是我的玩具，别动它”——这是财产法，合法的财产神圣不可侵犯；一个孩子说“你答应过我的，不要反悔”——这是合同法，每一个人都要对自己的承诺负责；一个孩子说“他先打我的，他应该道歉和罚站”——这是刑法，伤害他人或者侵犯他人合法权益，就应受到惩罚；一个孩子说“爷爷奶奶给的零花钱我不能独吞，我必须要上缴一部分给妈妈”——这是税法，任何人的收入必须有一部分要上缴政府；一个孩子说“我要把你做的事全部告诉老师”——这是诉讼法，私下解决不了的纠纷，就必须通过诉讼的途径；一个孩子说“爸爸说不可以，我们还是不要去做吧”——这是宪法，最具权威性的法律，任何其他法律条文或者组织规范都不可挑战它。

看了这篇小文，我感慨万千。

由于工作关系，我经常听一些专家的讲座，一些专家能结合实例把抽象的理论说得清楚明白，而一些专家则把一些简单的事说得神乎其神。我常常记住的是专家所举的生动事例，而不是其理论。

周国平说，把简单的事情说得玄妙复杂，或把复杂的东西说得简单明白，都是不寻常的本领。

项羽的学习

《史记》记载，项羽小时候学习不好，于是去学剑，学了一阵子，觉得自己力能扛鼎，学剑不适合，没有兴趣，又不学了。这下子惹怒了项梁，项梁虽然不是项羽的生父，但对项羽期望极高。这时项羽及时对项梁说了自己的想法：“书足以记名姓而已。剑一人敌，不足学，学万人敌。”这时，项梁才知道，项羽不仅仅力气大，而且志气高，于是开始教项羽兵法。

从这段记载中我们不难看出，项梁是相当懂教育的。当项羽的学习不好时，他及时让项羽学剑，当发现项羽有远大的志向时，就教他兵法。如果当时他硬要项羽学习文化，或许就没有了后来的西楚霸王。

由于项羽的个性和天赋，对于兵法也是“略知其意，又不肯竟学”，所以霸王打仗，靠的是勇气和自信，于是当垓下四面楚歌时，自觉无颜而自刎。

项梁教了他“万人敌”，使他成了“万人迷”，可惜的是，没有学会“一人敌”，即“敌”自己。

毛泽东说“不可沽名学霸王”，但项羽对学习的调整和项梁的教育方法，还是有些道理的。

孺子可教也，孺子可教乎?

张良遇圯上老人，开始也是心不甘情不愿地给老人拾鞋穿鞋，但老人一句话“孺子可教”，改变了他的人生，经三次考验，终于得到了《太公兵法》。从教育角度上讲，这反映了教育的几个层面问题。

一是态度。学习的态度属于非智力因素，却是学习成功的关键所在，如果没有强烈的学习欲望，再好的知识也不会学到手。前国家男子足球队主教练米卢蒂诺维奇对中国足球的最大贡献不是把中国球队带入世界杯，而是那句“态度决定一切”，也就是我们说的学习的主动性。

二是悟性。这个属于智力因素，如果没有一定的悟性，张良会觉得圯上老人是个疯子，就像项羽初见范增一样，说一句“老人家，如果没有什么事的话，请让道”。那会是什么结果?

孺子可教也，需要态度，正如《周易》中的蒙卦卦辞：“《蒙》：亨。匪我求童蒙，童蒙求我。初筮，告。再三，渎；渎，则不告。”这是态度。

孺子可教也，还需要智力和悟性，如《论语》中孔子说：“中人以上，可以语上也；中人以下，不可以语上也。”还说：“举一隅不以三隅反，则不复也。”说的也是这个道理。

然而，现时的情况是什么？学生学习的悟性没有问题，但为什么几乎所有的中小学生都对学习产生了极大的恐惧?

我们还有多少孺子可教?

孺子可教乎？有待求证。

二、课程标准和教科书资源在专业引领中的利用

国家课程标准是教材编写、教学、评估和考试命题的依据，是国家管理和评价课程的基础，体现了国家对不同阶段的学生在知识与技能、过程与方法、情感态度与价值观等方面的基本要求，它规定了各门课程的性质、目标、内容框架，提出教学建议和评价建议。教科书则是根据课程标准的规定，选取的一定的课程学习所需要的材料，是教师教学和学生学习的载体。课程标准不包括教学重点、教学难点、时间分配等具体内容，在提倡“一标

多本”新课程背景下，具体选取的教材只是课程标准的体现，每个版本的教材都有一定的适应性。所以在校本研修中，教师一定要重视对课程标准和教科书的研读。

案例 5—7

怎样在化学教学中体现课程标准要求

《义务教育化学课程标准（2011 年版）》中明确把科学探究列入了“课程目标”“内容标准”和“实施建议”中，把科学探究作为化学课程的目标和重要内容，并提出了明确的要求。

一、增进对科学探究的理解

1. 体验到科学探究是人们获取科学知识、认识客观世界的重要途径。

2. 意识到提出问题和做出猜想对科学探究的重要性，知道猜想与假设必须用事实来验证。

3. 知道科学探究可以通过实验、观察等多种手段获取事实和证据。

4. 认识到科学探究既需要观察和实验，又需要进行推理和判断。

5. 认识到合作与交流在科学探究中的重要作用。

二、发展科学探究能力

要素	目　　标
提出问题	1. 能从日常现象或化学学习中，独立地或经过启发发现一些有探究价值的问题。 2. 能比较明确地表述所发现的问题。
猜想与假设	1. 能主动地或在他人的启发下对问题可能的答案做出猜想或假设。 2. 具有依据已有的知识和经验对猜想或假设做初步论证的意识。
制订计划	1. 在教师指导下或通过小组讨论，提出活动方案，经历制订科学探究活动计划的过程。 2. 能在教师指导下或通过小组讨论，根据所要探究的具体问题设计简单的化学实验方案。具有控制实验条件的意识。
进行实验	1. 能积极参与化学实验。 2. 能独立地或与他人合作进行实验操作。 3. 能在实验操作中注意观察和思考相结合。

续表

要素	目　　标
收集证据	1. 认识收集证据的重要性。 2. 学习运用多种手段对物质及其变化进行观察。 3. 能独立地或与他人合作对观察和测量的结果进行记录，并运用图表等形式加以表述。 4. 初步学习运用调查、查阅资料等方式收集证据。
解释与结论	1. 能对事实与证据进行加工与整理，初步判断事实证据与假设之间的关系。 2. 能在教师的指导下或通过讨论，对所获得的事实与证据进行归纳，得出合理的结论。 3. 初步学习通过比较、分类、归纳、概括等方法逐步建立知识之间的联系。
反思与评价	1. 有对探究结果的可靠性进行评价的意识。 2. 能在教师的指导下或通过讨论，对探究学习活动进行反思，发现自己和他人的长处与不足，并提出改进的具体建议。 3. 能体验到探究活动的乐趣和学习成功的喜悦。
表达与交流	1. 能用口头、书面等方式表述探究过程和结果，并能与他人进行交流和讨论。 2. 与他人交流讨论时，既敢于发表自己的观点，又善于倾听他人的意见。

然而，在教科书中，发展科学探究的八个能力要求渗透到一些具体的实验探究中，这就需要教师对教材中的每个实验进行分析。如人教版九年级化学教科书上册第三单元“物质构成的奥秘”课题1“分子和原子”中，分别设置了“实验3—1”和“分子运动现象”的探究。在“实验3—1”中，向盛有水的小烧杯中加入少量的品红，静置，观察现象。在实验中，品红在静置的水中会扩散，这是学生很明显就能观察到的现象，同时，书中又提出，如果使用的是热水，品红的扩散速度会更快一些。如果教师在教学中设计一个用热水的小烧杯同时做这个实验，就会达到培养学生“具有控制实验条件的意识”。

又如在“分子运动现象”的探究活动中，书上设计的实验步骤为：

1. 向盛有20mL蒸馏水的小烧杯A中加入5～6滴酚酞溶液，搅拌均匀，观察溶液的颜色。

2. 从烧杯A中取少量溶液置于试管中，向其中慢慢滴加浓氨水，观察溶液颜色有什么变化。

3. 另取一个小烧杯B，加入约5mL浓氨水。用一个大烧杯或水槽罩住A、B两个小烧杯。观察几分钟，有什么现象发生？你能解释这一现象吗？

在这个探究活动中，教材设计的三步实验都有其明确的目的，步骤1中没有明显变化，是作为对比用的；步骤2则是说明氨水与酚酞溶液混合后的变色，这都是为步骤3做准备的。在步骤3中，烧杯B中的浓氨水和烧杯A中的酚酞并没有直接混合，但几分钟后，A中的颜色发生了变化，说明分子的运动现象。除了这些分子运动、氨水与酚酞溶液的反应的知识外，这个探究活动的另一个意图就是让学生体验科学探究的过程，这同时也是科学实验中对比思想的体现。

为了达到提高学生的探究意识和探究能力的目的，教师需要研究课程标准中科学探究的要求，可以这样进行教学设计。

提出问题：分子是不是运动的？

做出猜想：分子是运动的。

制订实验方案：就按教材上的三个实验步骤设计实验。

进行实验：按设计的实验步骤进行，并及时记录实验现象。

解释与结论：通过实验，B烧杯中的浓氨水因挥发，运动到A烧杯中，与A烧杯中的酚酞溶液反应而变色，说明分子是运动的。

反思与评价：让学生对这个实验过程及结论的可靠性进行反思与评价。

表达与交流：让参与探究实验的学生对实验现象和结论进行交流表达，教师对实验设计的思想进行总结。

在实际教学中我们发现，很多教师并没有深刻理解教材的编排意图，就实验讲实验，学生并没有从这个探究活动中提高科学探究能力。

案例5—7体现的，就是课程标准在校本研修专业引领中的利用，如果没有课程标准的引领，教师在备课和教学中就会“就教材教教材”。同时，我们也要重视对教材本身的研究，有些教材有很多的插图，这些插图往往包含着大量的教学信息。教师应对教材编写的意图进行深入的研究，防止教材使用表面化。

在实施新课程的背景下，由于课程标准代替了过去的教学大纲，“一纲一本”也被“一标多本”所取代。课程标准下各个版本的教科书都有自己的特色，教科书的这种多样化的确满足了不同地区和学校的需要。教师在校本研修中，应以课程标准为依据，研究多个版本的教材，从中选择适合自己教学风格和教学实际的内容，起到扬长避短的作用。

案例 5—8

数学七年级上册关于“有理数的乘法法则”内容，在三个版本教科书中，分别体现了三种典型模式：北师大版是“合情推理模式”，华师大版是“变号法则模式”，而人教版则是“运动模式”。这三种模式不仅结构差异很大，而且体现的思维模式也不尽相同，但却各有利弊。如果教师清楚地了解三个版本的教科书中提到的三种模式，并根据学生的实际水平和教学的实际需要，适时采用合适的呈现方式，必定会取得很好的教学效果。

另外，在校本研修中，教师还应站在培养完整的人的高度上审视和整合教材。

案例 5—9

回到教育本身

——整合思维下的《皇帝的新装》

2013 年 10 月 17 日，北京市海淀区委教育工委、海淀区教委在清华大学附属小学为我举办“超越·主题·整合，为聪慧与高尚的人生奠基——窦桂梅教育教学实践研讨会”。

这既是对我将近 30 年教学生涯的总结，也是我自己借此梳理教育教学思想的机会。从语文特级教师到校长，于我而言，转变的不只是职位，还有看待教育的视角。我发现自己最大的进步，是从学科本位走向了课程整合，能够站在教育的高度看待学科教学，课堂关注的不再是教学方法，而是课程观与儿童观的体现。我们认为，学校里与儿童相关的一切，包括课程与课堂教学，都要回到教育本身——培养完整的人。

一、追问：我们究竟怎样培养完整的人

我们的教育究竟怎样培养完整的人？这是附小在整合思维下对教育的思考。就语文学科而言，该拥有怎样的对待自我、对待他人、对待自然、对待社会的态度与行为？就语文课来讲，除了这样的担当以外，又该还儿童一个怎样真实的教育情境，使之能在这样的过程中实现语意与语用的双馨？让我们先从解读教材、选择教学内容与学习方式谈起。

（一）关于主题

虽说有一千个读者就有一千个哈姆雷特，但哈姆雷特还是哈姆雷特。对

《皇帝的新装》这篇经典童话，学生的理解不尽相同，但大多停留在诚实、勇敢、天真这个层面。我们发现，名家解读不少，名师授课者也很多，可落脚点似乎都停留在“情节”层面或对人物的单一评价上。

这几年，学校在构建“1＋X课程”过程中，一直强调“回到教育本身”。皇帝、大臣、百姓怕被别人认为“不称职”或“愚蠢得不可救药”，于是为了面子、虚荣、权力，最终迷失自己。只有一个小孩子没有任何欲望，这跟称不称职没有关系，跟愚蠢不愚蠢没有关系，只跟他看到什么就说什么这件事情有关。也就是说，小男孩看到了事情的本身，而这恰恰是哲学上“回到事情本身”的一个命题。这篇童话揭示的不正是这样一个主题吗？怀着这份激动，我们请教了哲学教授，得到了充分的肯定。“事情本身”指事物的本真和本来的面目，更是指每个人内心真正的自我。“回到事情本身”意味着排除一切成见，在意识之中追寻事情的本质，反思我们思想世界的“原点”。

但是，要怎样回到事情本身？我们每个人都能控制自己的欲望，客观地认识自己吗？也许更多的时候，我们也不得不像文中的皇帝、大臣、百姓一样，会经常穿上“新装”。而这也许正是这则童话200多年来经久不衰的原因。

如果这堂课能将这个主题印在学生脑海中，那么其对儿童一生的发展将多么重要！所以，在跟学生对话时，教师要尽量基于对人性的尊重而进行追问与反思。当然，对于这个复杂的哲学命题，我们不必在课堂上刻意为之，能够适当、适度地点拨，在孩子心里种上这颗哲学的种子，可供一生发酵，便是福德。

（二）关于整合

“整合”的理念贯穿这堂课的始终。我们希望借此为儿童创造接近现实生活的真实教育情境，让儿童获得一个完整的人应有的创新精神与实践能力。

1. 学科内整合

尊重教材、超越教材。清华附小的语文教学在使用北师大版教材的基础上，还编入人教版、苏教版等教材中的经典篇目。这次选用鄂教版教材中的《皇帝的新装》，是对学生学过的常人体童话《卖火柴的小女孩》的进一步拓展。

2. 学科间整合

通过语文与科学、英语、美术、音乐、信息技术等多学科的整合，使学生建立学科与学科间的联系、学习与生活的联系，提升综合素养。例如，文中加入的中英文对照，世界名曲和名画，以及现代技术手段的应用，都体现了学科间整合的理念。

3. 学科内外整合

抓住常人体童话反映社会现实这一特点，我们与学生一起深入学习文本后与社会现实生活相对照，进而形成对生活、对文本丰富而深刻的认识，警示自己身上的“新装”，从而促进儿童在与生活的联系中获取知识的能力和提升对问题的价值判断的能力。

（三）关于学习过程

儿童应站在课堂正中央。“教是为了不教”，课堂的精彩，一定要是学生自我建构的精彩，为了实现儿童的自主、自立、自知、自省，在学习方式的选择与学习过程的预设中，我们努力为儿童提供自主建构的空间，通过“预学”“共学”“延学”的过程设计最大可能地让儿童实现意义的创生。

二、伟大构想：破解“脑中之轮”

德国哲学家施蒂纳在150年前曾警告世人：“通过学校控制思想的传播将很快成为现代国家进行统治的重要手段。如果不是个人拥有思想，而是思想拥有了个人，那么这一思想就成了人头脑中的一个轮子。”作为教育者，我们一定不能实施奴化教学，因为一旦给学生脑中安放了机械装置，稍有外力施功，它就会疯狂地滚动，甚至乱动，使人沦落为一部自反性的机器。

我欣赏施蒂纳“脑中之轮”的说法，并时时自我警惕。反观如今的教学，我们不再一味追求课堂的完美无缺，我们更愿意传递一种声音：透过语言文字，要让孩子们保有天真和纯粹，保有批判与反思的精神，只有思想力量，才能如阳光般照耀孩子的心灵！我们当下努力，今后依然努力，让儿童在一节节课中，在未来成长的路上，不被欲望、世故、权力所左右，真正成为拥有“聪慧与高尚”人生的“完整的人”。

三、课堂：在这里种下价值判断的种子

（一）预学：带着问题与准备来到课堂

课始，请小组内结合“预学单”讨论“初读后最大的收获和疑问”，之后组间交流。学生从情节、顺序、人物、语言等角度谈了“收获”。

“疑问”主要有：(1) 为什么大家不敢说出皇帝没有穿衣服，小孩却敢？(2) 皇帝知道自己没穿衣服，为什么还要继续走完游行大典？(3) 为什么所有的人都没有看到皇帝的衣服，但他们却说看到了，并且还说它有多么美丽？(4) 课文第一段写皇帝特别喜爱新装的目的是什么？教师顺势按褒义、贬义板书关键词：诚实、天真；好面子、虚伪等。

(二) 共学：多方整合中合作释疑

1. 聚焦“新装”，整合学生质疑

师：我发现你们的质疑大多指向文中出现的人物，这恰恰抓住了“常人体童话”质疑的基本方法。那么，究竟是什么东西让包括皇帝、大臣在内的大人们都迷失了呢？

生：就是那件皇帝的新装。

师：这是一件怎样的新装？童话里是怎样描述的？让我们共同走进课文。

生：“这种布不仅色彩和图案都分外美观，而且缝出来的衣服还有一种奇怪的特性，任何不称职或者愚蠢得不可救药的人，都看不见这件衣服。”

师：这件衣服对谁有杀伤力？请紧扣文本寻找答案。

生：对任何人都有杀伤力。因为制作这件新装的两个骗子说“不称职或愚蠢得不可救药的人都看不见这件衣服”，你想啊，谁都不想被别人看作是愚蠢或不称职的人。

生：而且有人说你愚蠢这还不算完，还会说你“愚蠢得不可救药”，这谁能受得了？

生：那两个骗子就是抓住了人们的心理，利用了人性的弱点来进行诈骗。

师：是的，骗子真会炒作，也的确抓住了人性的弱点。

师：但这样的骗术，换个国家能行得通吗？

生：行不通，因为那件所谓的衣服还有一个特点，那就是色彩和图案分外美观，这正合了这个国家国王的胃口，如果国王不那么迷恋新衣服，骗子也不可能成功行骗。

师：还记得刚才有个同学质疑课文第一段写皇帝特别喜爱新装的目的究竟是什么，现在明白了吗？

生：是为了铺垫。先交代这个皇帝爱新装，才有了上当的可能。

师：请紧扣文本，注意这句话里还有一个词“任何”，这在课文里指谁？

生：皇帝，大臣，还有老百姓。

生：对这些人而言，如果你说自己看不见这件衣服，就意味着你不称职，还意味着很愚蠢，而且不称职和愚蠢得不可救药。

师：然而，这件衣服真的对“任何”人都有杀伤力吗？

生：不是，文章中那个小孩子就没管那套。

师：何以见得？请紧扣文本说话。

生：“‘可是他什么衣服也没穿呀！’一个小孩子最后叫了出来。”

师：小孩子说的这句话，跟称职不称职有关吗？

生（异口同声）：没有！

师：跟愚蠢不愚蠢有关吗？

生（异口同声）：没有！

师：那跟什么有关？

生：我认为跟他的单纯有关。小孩子嘛，什么也不顾忌。（生板书“单纯”）

生：我觉得跟这个小孩子敢于说真话有关，他敢于说出自己的想法。

生：与这个小孩没有任何虚荣心，一点儿也不虚伪有关。他看到这个事情是什么样，就说成什么样。

师：是啊，小孩子看到事情本身是什么样，他就会怎么说。

生：也就是说小男孩看到皇帝没穿衣服。他就说“可是他什么衣服也没穿呀”。（板书“事情本身”）

师：按说，事情本身什么样，就照实说呗，这有什么难的？但为什么大人们却迷失在这件新装里，像刚才许多同学质疑的那样，不敢面对这个事实呢？（学生稍显沉默）

师：就让我们带着这个问题进入“共学”阶段。小组内可以选择一个角色，或皇帝，或大臣，或百姓，来研究他们迷失的原因究竟在哪里。友情建议，一定要紧扣文本，同时可以整合各种资源，比如，联系你们以前的阅读，联系其他学科学习到的知识，利用手中的ipad查找资料。把你们小组讨论的结果记录在“共学单”上，现在开始。（教师板书：“整合资源”）

（学生小组交流讨论的时候，教师用ipad拍照，记录学生讨论时的场景以及“共学单”上的笔记。）

2. 聚焦人物，学科间整合

(1) 聚焦大臣

师生一同紧扣文本，依次讨论第一个大臣、第二个大臣和其他群臣的表现，分析他们为什么口是心非、掩饰真相。教师追问：其中谁是第一责任人？学生分析后认为每位大臣都有责任。(过程略)

(2) 聚焦百姓

讨论百姓后，大家的共识是“人云亦云、随波逐流”。(过程略)

(3) 聚焦皇帝

① 皇帝爱新装

生：我们组觉得，皇帝之所以会招来骗子是因为他太爱新衣服了。

师：皇帝爱美错了吗？

生：没有错。但他爱美太过分了，他每一天、每一点钟都要换衣服，连国家大事都不关心了。简直就是走火入魔，像患了强迫症一样。(学生大笑)

生：皇帝太爱慕虚荣了，国家有这样的国王太危险了。(生板书“爱慕虚荣”)

师：爱美没错，童话故事一般比较夸张、荒谬，所以写一个男皇帝如此爱打扮挺可爱，但是如果把爱好变成嗜好，甚至癖好的话，作一个像皇帝这样的领导的确不称职了。

② 皇帝爱权力

生：我们组也想谈谈皇帝。第 3 自然段中写道：“‘那真是理想的衣服！’皇帝心里想，‘我穿了这样的衣服，就可以看出在我的王国里哪些人不称职；我就可以辨别出哪些是聪明人，哪些是傻子。是的，我要叫他们马上为我织出这样的布来。’”皇帝想通过这件衣服考验大臣对他是否忠诚，真狡猾。

师：皇帝要考验大臣有错吗？

生：没错。但方法不对，谁好谁不好，应当看他平时的表现，哪儿能靠衣服检验呢。

生：这个皇帝，治理不好国家，不去反思自己的问题，却用这样的方式，这是自作聪明，恰恰说明自己是愚蠢的。

师：权力多么可怕，为了权力竟然用这样愚蠢的办法，真是聪明反被聪明误。谁来读读皇帝的心里话？(学生朗读声音很大)

师：皇帝这样的想法，你这么大声说，能让别人听见吗？(生笑)

生：肯定是不能的。这时皇帝应该自言自语。

（学生再读，声音很小，半捂着嘴，偷偷摸摸，仿佛怕人知道一样。生鼓掌。）

③ 皇帝爱面子

生：我想说说第5自然段。这里反映了皇帝心里对这件事有点纠结，觉得自己是至高无上的，没有什么可害怕的。但同时又怀疑骗子的把戏，想让人去打探。

生：还有第21自然段，皇帝是国家最高的首领，所有人都要听他的话，如果别人发现他不称职，当不了皇帝，民众就会让他下台，皇帝为了自己的权力和面子，就不能承认自己看不见。

师：注意，里面有两个反问句，请你读读，体会一下皇帝是什么心情。

生："难道我是一个愚蠢的人吗？难道我不够资格当皇帝吗？"皇帝心惊胆战。大臣们都看见新装了，自己却没有看见，这不是说自己不称职吗？

生：毛骨悚然。"我自己的确没有看见这件新装，难道自己愚蠢得不可救药了？"（生读略）

师：皇帝怀疑自己错了吗？

生：也不算错。皇帝发现自己的所见和两个大臣不一样，怀疑自己，这是人之常情。

师：如果此刻的皇帝真的看见什么就说什么，尊重这个事情本身的话，他也许会转过身来，此时会对大臣们说什么，会对骗子说什么呢？

生：他可能对大臣们说，"我没有看见这件衣服呀，难道你们看见了吗"？

师：前面两个大臣都说看见了，自己根本就没看见，皇帝还如此"温柔"。（众笑）

生：如果是我，我就说，"明明什么也没有，你们这些大臣，竟然敢跟我说假话，当我是吃干饭的吗？拉出去，各打20大板"。（生大笑）

生：我还会对骗子们说，"你们胆敢欺骗，还跟我要生丝和黄金，我要用王法处置你们，看你们还敢不敢行骗"！（掌声）

师：然而我们的皇帝却这样说——

生："'哎呀，真是美极了！'皇帝说，'我十分满意！'"

师：皇帝这回错了吗？

生：皇帝这回可真是错了！因为他口是心非，他明明没有看见，还在那里赞美，这可真是颠倒是非了。（生板书“口是心非”）

师：谢谢你们啊，亲爱的同学们，这是一个世界经典翻译的文本。英文中，这句话是怎样写的？请读读。

生：“‘Oh! The cloth is charming.’said he，aloud.‘It has my complete approbation.’”

（朗读）

师：这里的感叹词“oh”翻译成中文就是——

生：啊。

生：嗯。

生：还可以翻译成“哎呀”。

师：哎呀，你厉害，你翻译得跟叶君健先生一样。请读读这句话。

（该生读这句话时，把“哎呀”的“哎”读为一声，拖长。掌声。）

师：瞧，你这么一读，就把这个皇帝装腔作势的样子表现得活灵活现。我们汉语中有四个声调，你读的是一声，还可以怎么读？（生用四个不同的声调读，甚至创造性朗读）

师：看来母语和英语并不一定是非此即彼的对立关系，遇到这样的翻译文本，像刚才一样，将学科知识整合一下，用比较阅读的方式，也许你会发现，里面藏着特别有趣又丰富的内容，不信还看这句话，“said he，aloud”的意思是——（板书：比较阅读）

生：意思是“大声说”……

师：可叶君健翻译为“说”，这就意味着你可以——

生：大声说。

生：小声说。

师：还可以——

生：正常地说，也就是平静地说。

师：那我们就放到这个语境里面去，看看我们的皇帝是怎样的前后矛盾、口是心非。（生读第3自然段，心理活动小声读，语言大声读）

师：心里惴惴不安，表面却故作镇定。（生读，心理活动大声读，语言小声读）

师：内心波澜起伏，让他的语言也不那么自信了。（读，声音大小不变，但语言中加入颤音）

生：这个皇帝被这事吓得话都不会说了。所以，如果说皇帝爱美爱到偏执，就会显得可笑；大臣们骗皇帝，显得皇帝可怜，那么此时此刻皇帝就显得可恨啦。

生：其实不是一般的可恨，而是可恶。你瞧，皇帝并没有就此打住，接下来，还给骗子发勋章，还去举行游行大典，就想不断显示自己看得见新装，这就是一个谎言，往往要用一个又一个的谎言去掩盖。（热烈的掌声）

（4）聚焦结尾

师：所以就有了故事的结尾作为故事的高潮。现在请各小组试着表演。

（各小组运用 ipad，从提供的三幅世界名画和三首世界名曲中分别选择组成背景，组员分别扮演技术员、旁白、皇帝、大臣。表演后教师采访演员。）

师：技术员，讲讲为什么选择这样的背景？

生：我们选的是一段滑稽的音乐和一幅喜庆的图片，将它们组合在一起，正符合当时大家开心的情境和皇帝搞笑的样子。

师：皇帝，小孩说你什么也没穿，百姓们也对你指指戳戳，你为什么还要游行，甚至表现出一副骄傲的样子？

生：因为当时场面非常隆重，我如果半途而废了，不仅丢人，搞不好皇位都没了，所以我装也要把戏演完。（笑声）

师：大臣，你看见你的皇帝在众人面前裸奔，你什么心情啊？（众笑）

生：实在是荒诞可笑，我心里也挺不是滋味的。不过，如果我不这样去迎合皇帝，我的官职会丢掉，脑袋可能都保不住，所以我只好托着那不存在的后裙，好像真的有一样。（笑声）

3. 聚焦现实，课内外整合

师：亲爱的同学们，现实生活中，或者在历史上，有没有发生过类似于“皇帝的新装”这样的事情呢？

生：我在看历史书的时候，读到了一篇赵高指鹿为马的故事，赵高牵着一头鹿说这是一匹千里马，大家为了迎合赵高都说是千里马。很多时候，人们会在迫不得已的情况下说假话。

生：我们刚学习了一篇课文《楚王好细腰》，因为楚王喜欢腰细的人，所以大臣们就拼命减肥，大王喜欢什么，大臣就迎合什么，这和这篇课文也有相似之处。

生：我看过一条新闻，日本海啸核泄漏的时候，有人谣传，海盐会被污染，还有人谣传吃盐能防辐射。所以，人们都疯狂地去超市抢购盐，有些人还没弄明白怎么回事就一起去抢盐，这种盲目跟从与文章里的很多大臣和百姓是一样的。

师：原来从古至今，类似的事一直在上演。这则童话流传有 200 多年了，“皇帝的新装”已经成为经典的符号，一直敲打着人们的内心，面对刚才你们说的那些现象和文中这些大人们，难道你不想劝劝他们吗?

生：我想对国王说，作为一国之君，你首要的责任是管好国家，管理好你的军队。喜欢美是没有错的，但不要把爱好当癖好而去过分追求，否则后果不堪设想。

生：我想对那些大臣说，你们不要为了讨好皇上就隐瞒事情的真相，应该实事求是。

生：我想对老百姓说，你们不要光考虑自己的面子，一定要眼见为实，不能随风倒，要像小孩子那样说出真相。

生：我想对大臣们说，你们应该学习唐朝时期的大臣魏征，魏征总是直言指出皇上做得不对的事情，所以唐朝才会繁荣昌盛。

师：你们讲的道理也为我上了一堂教育课。这个世上有大皇帝，也有小皇帝，比如你们的班干部，比如窦老师现在是名校长，每个人都在扮演不同的角色，在这个过程中，选择和判断一些事情的时候，真是一种考验。阅读的意义，也许就在于将文本与我们的生活相整合，透过文章让我们看到另一个自己。而你们的这些话呀，无外乎要告诉我们这些大人们，应该去掉——

生：好面子、爱权力、虚伪、爱慕虚荣、人云亦云、随波逐流、口是心非。

师：而要回到——

生：诚实、天真、单纯、实事求是。

生：不要因为个人的权力、面子之类的东西说假话。要尊重事实，事情本身该什么样，就是什么样。

师：瞧，孩子是天生的哲学家，你们深富哲理意味的建议，帮助我们大人划破了这看不见，但又无时不在的“皇帝的新装”，告诉我们一个简单而又深刻的道理，不论对事物还是对自己，都要给予正确地判断。在哲学上可以用这么一句话概括——回到事情本身。

生：现在我明白了，原来安徒生在把西班牙的民间故事改编成童话的时候，特意放置了这样一个揭示真相的孩子，他就是想让大人像孩子一样"回到事情本身"。

师：所以，童话不只是给你们读的，也是给大人们读的。透过这则童话，安徒生那忧郁的眼神仿佛是在告诉我们（出示安徒生警句）——"当我在为孩子们写每一篇童话故事的时候，我永远记住他们身后一定会有一位读给他们的父亲或母亲。"

（三）延学：带着更高的期望与疑问走出课堂

教师出示"延学单"，鼓励学生继续编排课本剧，中英文对读《皇帝的新装》，延伸阅读《爱你本来的样子》《败坏了哈德莱堡的人》等，并提出新的疑问。（过程略）

（资料来源：《人民教育》2014 年第 2 期，作者窦桂梅）

三、专业研究人员在专业引领中的利用

这里所说的专业研究人员，一般是指县区级以上的各级各类专职或兼职的从事教育教学研究、教师继续教育的专业人员（也包括高校教育教学专业的教授、教师）。专业研究人员的引领方式主要是高校课程专家的讲座、教研人员和教师进修学校的教师到校指导。对于高校课程专家的讲座，教师主要从中听取与自己教育教学相关的观点、方法，力图与专家产生思想上的共鸣、思维上的碰撞，并从中汲取有指导意义的新观点和新看法；对于教研人员的到校指导，主要是请研究人员深入到学校课堂，对课堂教学进行观课、议课和诊断，教师要抓住与教研人员面对面的机会，与教研员共同探讨研究，在教研人员的指导下，总结自己的优点、成功经验，找出存在的主要问题，并针对教研人员提出的改进建议，修改自己的教学设计方案，改进课堂教学行为，如果条件许可，可以定期邀请教研人员跟踪指导。专业研究人员在指导过程中，不但要就课堂教学问题进行交流研讨，还应在教师的教育管理行为、学生的学习行为、教师的成长等方面一同进行探讨。专业研究人员也是校本研修的引领者和实践者，要"放下身段"，每年利用不少于三分之一的时间下校观课、评课，最好在同一个学校多听几位教师的课，还要创造条件对同一位教师的教育教学行为进

行跟进式的指导；在观课、评课过程中，要防止脱离教学实际的思考，既不能在评课中泛泛而谈，大唱赞歌，言而无物，也不能在评课时自以为是，夸夸其谈，对教师品头论足，横加指责，丝毫不顾及讲课教师的感受，挫伤讲课教师的自尊心和积极性。专业研究人员要有与一线教师平等相处的心态，要虚心向一线教师学习。其实，在很多方面，研究人员需要向一线教师学习，因为教师是真正的教育教学的实践者，对于教育教学实践他们最有发言权。教研人员在指导一线教师时，应尊重教师的劳动成果，教学评议与引领应让教师心服口服，心悦诚服，这样才能帮助教师切实改进课堂教学行为，提高教育教学水平，实现高效优质的教学。

案例 5—10

安康市汉滨区教研室退休教研员李春义在退休后心系汉滨教育事业，曾连续在汉滨区关家镇蹲点指导三年，对全镇教师进行了三轮以上的听课评课，并针对教师存在的突出问题举行培训讲座。在他的指导下，全镇教师的教育教学水平都得到了极大的提升，使关家镇中小学教学质量有了明显的提升。

四、骨干教师及名师资源在专业引领中的利用

近年来，国家逐渐加强了对骨干教师的培养，每个县（区）包括学校都有数量不等的骨干教师，这些骨干教师都有积极向上的进取精神，有良好的职业道德和专业素养，善于学习和反思，重视教育教学行为的改进，有教育教学实践智慧，经验丰富，重视校本研修。因此，在校本研修中，校长要关心、扶持和激励本校骨干教师的成长，为他们创造适宜的环境和条件，比如，多提供外出培训学习的机会，提供必需的校本研修的学习资源，同时建立相关机制，让骨干教师充分发挥示范引领作用。普通教师也应多向骨干教师请教，请骨干教师指导自己备课、上课，形成良好的“师傅就在跟前”“教师培训教师”的同伴互助的氛围，从而整体提升全体教师的专业素质，为提高学校教育教学质量奠定坚实的人力资源基础。

案例 5—11

安康市汉滨区五里镇民主学校是一所农村九年制学校，学校特别重视发挥骨干教师的引领作用，在省级教学能手陈鹏的引领下，开展以学习洋思中

学“先学后教”教学模式本地化的课堂教学改革，带动年轻教师共同成长，先后培养省、市教学能手多人，学校也被评为“陕西省科研兴校明星学校”。

五、名校先进教学模式资源在专业引领中的利用

名校先进教学模式资源是学校构建高效课堂的有效资源，这些模式之所以成功，主要是因为它们符合学校特点，符合教育教学规律。在校本研修中，学校及教师要学习和借鉴这些先进模式，在借鉴过程中，要针对这些先进模式的操作要领、所依据的教学原理进行合理的借鉴。

案例 5—12

遵循规律　尊重科学　打造平实有效的课堂

——汉滨区构建高效课堂的实践与思考

打造高效课堂是深入推进课程改革的有效措施。近年来，我区部分学校借鉴省内外课改名校的先进经验，结合学校实际，推进课堂教学改革，开展了“高效课堂”模式的构建与探索，并且取得了初步成效。为了全面提高教育教学质量，深化教学改革，汉滨区区教育体育局把 2013 年确定为“打造高效课堂年”，并于 2012 年底下发了《汉滨区中小学构建“高效课堂”实施方案》，经过近一年的实践，涌现出一批在推进课堂教学改革，构建高效课堂方面做出一定成效的学校，积累了一定的经验，形成了一些切合实际的教学模式，教学质量稳步提升。11 月 26 日，省教育厅组织在宝鸡市召开了有各市教育局分管局长、基教科长、教研室主任以及部分县区教研室主任参加的“全省中小学课堂教学改革现场会”，会上全面听取了宝鸡市课堂教学改革的全面经验介绍。通过参观、深入观课、现场交流等形式，全面了解了凤翔县横水一中、宝鸡市高新一小的课堂教学改革实施的情况，给我们很大的启示，引发我们进一步的思考。会上，还表彰了课堂教学改革优秀案例以及全省课改先进单位和先进个人。我区大竹园镇中心校的“三步十环导学案例”教学法获得优秀案例一等奖。为了继续深化课堂教学改革，指导全区构建高效课堂工作的健康发展，现就我区构建高效课堂情况进行简要回顾，并提出今后课改工作的指导意见。

一、全区构建高效课堂取得的经验

2010 年起，我区部分学校在课堂教学改革中先行一步，在学习江苏洋思

中学、山西新绛中学、陕西宜川中学、山东昌乐二中及杜郎口中学先进经验的基础上，探索出适合本校实际的课堂教学模式，如汉滨区初级中学的“预、展、评、测”，民主九年制学校的“预、检、展、评、测”模式，双龙初中的“目标导学，先学后教”的教学模式，早阳九年制学校数学学科的“导—探—展—练—补”数学课堂教学模式，四合九年制语文、数学、英语三学科的“先学后教，当堂训练”教学模式，吉河九年制学校数学讲评课的“思、检、研、展”模式，大竹园初中的“三步十环导学式教学法”课堂教学新模式，建民初中的“‘检—展—评—测’＋‘预习’”的两步四段大循环模式等。这些模式有的已取得了初步成效，有的正在起步探索阶段，分析这些成功模式的成功经验，我们认为，遵循事物发展的规律和尊重教育科学原理是课堂教学改革取得成效的保证。

（一）遵循事物发展的规律，让课改少走弯路

任何改革都需要一定的勇气，更需要符合改革的要求和规律。事物的发展都是有规律的，如果顺应这些规律，在改革中就会少走弯路。课堂教学改革也不例外。纵观全国课改名校的成功之路，它们在改革中都是自觉或不自觉地遵循了以下这些规律。

1. 遵循中国人的成事规律

中国人在改革或处理问题时，会表现出一个显著的特点，那就是“一把手”的作用。因此，在课堂教学改革中，校长的作用是不可替代的。在洋思中学推行“先学后教，当堂训练”时，蔡林森面对教师不绝于耳的反对声，执着地坚持；崔其升在杜郎口实行“35＋10”模式的改革时，面对大部分教师的阻力，表现得毅然决然；宜川中学孙明贤为了统一改革思想，召开了700余次会议；杜郎口中学宁致义提出“学生是不需要教的，只要激发就行了”的观点，并决定一天只上半天课时，教师不配合，家长反对，宁校长坚持下来了；赵丰平在昌乐二中进行课改之初，面对教师不愿放弃讲台，提出了“不可能等到学校最落后的分子都理解了这个问题正确的时候再执行，那样改革就不会成功”的论点。在我区课改过程中，一些学校的校长率先垂范，担任课堂教学改革领导小组组长，全面安排课改工作，解决改革过程中出现的具体问题；一些校长还亲自带课，下课堂听课，组织培训、研讨，并从机构建设、评价监督等方面为课改保驾护航。在校长的亲自带动下，教师课改的思想认识逐渐到位了，参与课改的热情和激情提高了。这就为课堂教

学改革打下了思想基础。

2. 符合实践认识规律

认识来自于实践，同时又对实践有能动作用。纵观名校成功的历程，都是经历了实践—认识—再实践—再认识的过程。实践需要以正确的认识作为先导，没有理论指导的实践是盲目的实践，用正确的理论指导实践会达到预期的效果。我区在推进构建高效课堂的具体操作时，也经历了从实践中发现问题—通过学习提高认识—再次实践—进一步发展的历程。主要做法包括以下两点。

(1) 重视理论学习和培训。汉滨高中、汉滨初中、民主学校、恒口高中、大竹园初中、小关初中等走在我区课堂教学改革前列的学校，都特别重视教师培训工作。一是采用现场观摩、实地考察等方式开展学习，先后组织教师带着问题到洋思中学、杜郎口中学、新绛中学、昌乐二中、宜川中学等课改先进名校考察学习；二是把培训工作常态化，利用假期、教研活动和周末时间集中研训，开展专题讲座、磨课研讨、集体备课；三是开展“青蓝工程”建设，发挥骨干教师的传、帮、代作用，将他们在课堂教学改革中的经验进行分享，帮助青年教师快速成长；四是以各种教学研讨活动为载体，拓宽教师视野，如组织参加安康市洋思经验交流会，进行优秀教学设计、案例评选，民主学校坚持的每周“一科一赛一评”等活动，为研修提供了交流平台。

(2) 重视实践反馈校正。通过学习培训，教师对课堂教学改革的必要性和重要性有了充分的认可，同时对先进的课堂教学模式进行了借鉴和消化吸收，一些学校成立了教改实验小组，通过“摸索出模式—实践验证模式—校正选择模式—形成推广模式”的实践反馈和校正，形成符合自己学校实际、具有学校特色的模式，并在中考中取得了明显的成绩。

3. 符合干成事的规律

任何改革都不可能一蹴而就，课堂教学改革要见成效，也不是一件容易的事，必须要有坚定的态度、积极的行动和相关的资源做保障，我区课改也不例外。通过理论学习和培训，学校领导和教师对课堂教学改革的信念坚定了，但改革仅靠信念和激情是不够的。正如恒口高中提出“课改之难，难就难在执行力上”一样，为了提高课改的推进力度，我区部分学校付出了艰辛的努力，采取了得力的措施。五里民主学校为了让主管教学的副校长专心进行课改，在安排工作时，将事务性的学校管理工作都分配给其他领导；汉滨高中提出“打造高效课堂，追求适合每一个学生发展的教育”理念后，坚持“五常态”促进教师专业化发展，同时“借三力扎实推进高效课堂”。一些学校为保证课堂教学改革的正常开展，建立了各种行之有效的机制，在经费投入、人员调配等方面优先保障课堂教学改革的正常进行，为构建高效课堂保驾护航。

（二）尊重教育科学原理，确保课改真实有效

课改的主阵地在课堂。分析一些课改名校和我区一些课改先进学校的成功之路，除了遵循事物发展的规律外，在课堂教学的具体实践操作中，也都做到了尊重教育科学原理，具体来说，主要是两个重要的学习理论。

1.“学习金字塔”原理

“学习金字塔”是美国缅因州的国家训练实验室的研究成果，它用数字形式形象展示了学习者采用不同的学习方式在两周以后还能记住内容（平均学习保持率）的多少，这是一种现代学习方式的理论。最早是由美国学者、著名的学习理论专家爱德加·戴尔1946年首先研究并提出的。

“学习金字塔”原理揭示了不同学习方式的效率。第一种是“听讲”，两周以后学习的内容只能留下5%；第二种是通过“阅读”方式学到的内容，可以保留10%；第三种是用“声音、图片”的方式学习，可以达到20%；第四种是“示范”，采用这种学习方式，可以记住30%；第五种是“小组讨论”，可以记住50%的内容，第六种是“做中学”或“实际演练”，可以达到75%；第七种也即最后一种在金字塔基座位置的学习方式，是“教别人”或者“马上应用”，可以记住90%的学习内容。爱德加·戴尔提出，学习效果在30%以下的几种传统方式，都是个人学习或被动学习；学习效果在50%以上的，都是团队学习、主动学习和参与式学习。

我区课改先进学校探索出的课堂教学模式中，都强调了学生的自主合作与探究，都重视了小组建设与展示，这些模式中的“讨论、展示、议议、讲讲和兵教兵”等学习方式都是团队学习、主动学习和参与式学习的具体体现，这些做法都是对“学习金字塔”原理的具体运用。

2.“最近发展区”理论

“最近发展区”理论是苏联教育家维果茨基提出的，可以简单表述为，学生学习有两个发展水平。第一个是现有的发展水平，表现为学生能独立

地、自如地完成教师提出的智力水平。第二个是潜在的发展水平，表现为学生无法独立地完成任务，须在教师的帮助下，在集体活动中，通过模仿和自己的努力才能达到的智力水平，这两个水平之间的间隔称为“最近发展区”。我区一些学校的“学案引领、先学后教”“预习、（检查）、展示、评价、检测”“三环节导学式教学法”等模式中，“先学”就是让学生独立学习，当有解决不了的问题时，可以在同伴和教师的帮助下完成，一些学校提出了“学生会的不讲，学生通过同伴帮助能学会的不讲，老师讲了也不会的不讲”，这些都是在“最近发展区”理论指导下的具体实践。

（三）尊重管理科学原理

学校是一个小社会，教学是一个完整的系统，课堂教学改革也是一个系统工程，因此，在课堂教学改革中，应尊重系统科学管理原理。在我区课改先进学校中，学校领导把课堂教学改革当作一个系统工作来做，把涉及课堂教学改革的各个方面都综合考虑，建立及时反馈机制，解决课改中的“短板”。例如，为了整体推进课堂教学改革，学校构建高效课堂领导小组和实施小组；为了解决课改中的操作问题，制订实施方案和细则；为了解决教师观念上的认识问题，组织各种理念培训；为了解决学生自主学习问题，建立高效学习小组和科研小组；为了解决学生学习动力问题，建立课堂学习和综合素质量化标准及实施办法；为了保障课改的顺利进行，建立课改评价考核机制，对在课改中做出突出贡献的教师在职称晋升、评先评优、绩效工资等方面给予倾斜；为了解决青年教师教学经验不足的问题，实行“青蓝工程”；为了能随时发现并解决课改中的问题，定期开展研课磨课活动。通过系统安排、全面部署，构建高效课堂已成为学校的中心工作，教师也从强制走向自觉，从被动走向主动，从主动走向自动。

二、构建高效课堂中存在的问题

任何改革都不可能一帆风顺，我区在课改中也经历了探索、实践，取得成效的过程，在实践中也产生了一些困惑，出现一些值得注意的问题，主要表现在以下几个方面。

1. 发展不均衡

在课改推进过程中，虽然城区、川道和山区部分学校做了大量卓有成效的工作，但仍存在着一些学校起步慢、效果不明显的现象。一些学校虽然认识到课改的重要性，但行动不积极，措施不得力，也影响了全区工作的整体推进。

2. 部分学校没有建立完善的课堂教学改革体系

学校组织机构不健全，没有形成统一规划、部门联动的局面，课改成为教师可做可不做的事情。

3. 个别学校准备不足

有的学校对课改工作的前期准备不足，没有形成上下齐心、思想统一的局面，致使课改成了“校长喊破嗓子、群众不动膀子”的状态。

4. 部分学校不重视理论引导

教师在课堂教学改革中还存在“干着什么，但不知道为什么这么干”，于是当在实践中出现问题和困惑时，常常束手无策，最终出现倦怠，致使课改半途“夭折”。

5. 部分学校在引进名校的先进教学模式时缺乏研究

有些学校在引进名校的先进教学模式时没有对其背后的规律进行研究，只学其形，未得其精髓，于是虽然教师走下讲台了，但没有有效地组织教学，学生分组了，但没有发挥小组的作用，个别学校出现了“由教师灌变成了学生灌”的现象。教学的基本效果都达不到，更不要说高效了。

三、进一步推动我区课堂教学改革、构建高效课堂工作的基本思路

十八届三中全会通过的《中共中央关于全面深化改革若干重大问题的决定》（以下简称《决定》）对全面深化改革的重要领域和关键环节做出了重大部署，在全面深化改革特别是推进社会事业改革创新方面，把深化教育领域综合改革摆在突出的位置。

与现在全国和我区轰轰烈烈进行的课堂教学改革联系起来看，三中全会《决定》中的两个方面需要我们给予高度关注和思考，并努力以此为根本出发点，指导我们完成教学改革。

一是坚持立德树人的基本导向。《决定》中明确提出“全面贯彻党的教育方针，坚持立德树人，加强社会主义核心价值体系教育，完善中华优秀传统文化教育，形成爱学习、爱劳动、爱祖国活动的有效形式和长效机制，增强学生社会责任感、创新精神、实践能力”。其本质要求是育人为本，德育为先，能力为重，全面发展。

二是必须有利于促进公平提高质量。作为“举一发而动全身”的考试招生制度，《决定》明确了“探索招生和考试相对分离、学生考试多次选择、

学校依法自主招生、专业机构组织实施、政府宏观管理、社会参与监督的运行机制”的改革方向，将试行学区制、九年一贯对口招生，推行初高中学业水平考试和综合素质评价，基于统一高考和高中学业水平考试成绩的综合评价多元录取机制等一系列改革措施，力图扭转应试教育倾向，更加有利于促进学生健康成长，科学选拔人才，维护社会公平，彰显有教无类、因材施教、终身学习、人人成才的理念，为亿万学生提供多样化的学习选择和成长途径。

立德树人为基本导向。仔细分析研究，在全国知名的课改先进校中，无一不是把德育工作放在首位，特别是在德育名校建设、德育工作理念、德育工作活动建设、德育特色建设方面有系统的安排和持续发展的机制保障。德育工作名校成为我区课堂教学改革和构建高效课堂工作的首要着力点。

促进公平提高质量为根本目标。纵观新一轮课程改革的理论思想和成功实践，必须要切实转变育人理念，认真落实“自主、合作、探究”的模式要求，切实培养学生的实践能力和创新意识。高效课堂教学改革的出台意见在于此，所以，高效课堂的构建应该成为我们的关键着力点。

教体局十分重视并大力支持高效课堂建设，要求教研室要积极推动全区的高效课堂建设工作，全面推进教学改革和教育质量的整体提升。

区教研室就课堂教学改革，构建高效课堂工作提出了具体的工作思路。

1. 积极稳妥，学段差异

初中段强力推进，高中段分类推进，小学段积极探索。

2. 理念引领，加强培训

教研室将就教改理念，省内外、区域内优秀学校成功经验等方面，采取外出学习、观摩研讨、经验交流、专家讲座、能手示范等方式组织不同层次的人员进行培训。

3. 以校为本，宏观指导

教研室将在《汉滨区中小学构建“高效课堂”实施方案》的基础上，出台《汉滨区中小学构建“高效课堂”工作指导意见》和《汉滨区中小学构建“高效课堂”工作评估办法》，以指导和推动此项工作的高质量开展。

4. 以评促改，梯次推进

教研室将在全区按“实验校—先进校—示范校”的梯次模式，依照“指导实验校、评选先进校、打造示范校”的思路，经过 2 年的推动，完成

“530”工程规划；经过3至5年的时间使大部分初中和小学课改工作整体得以提升；从今年起，每年安排一次高效课堂建设推进会，每年评选一批课改先进个人。

5. 校本研修，提升水平

教研室将紧紧抓住校本研修这个关键点，围绕课改研修，将校本研修做实、做好，做出成效。

6. 依托专家，打造品牌

教研室请省内外专家选择我区几所名校和课改成绩突出的学校，请专家进行指导，并对这些学校的理念、模式、特色进行系统整理，提炼归纳，使之模式化，形成具有特质的，可持续发展的，对全区、全市乃至全省有影响力的教育品牌。

根据上述思路，各区各学校、中心校及所属学校都要根据本校实际，安排工作，积极配合全区的整体工作。

四、今后工作建议

根据《汉滨区中小学构建“高效课堂”实施方案》提出的目标任务，结合我区课堂教学改革的实际，现对全区课堂教学改革提出以下建议。

（一）加强学习，提高认识

一是学习先进的教育教学理论，用先进的理论武装思想；二是学习借鉴先进的教学模式，吸收消化；三是学习先进的教育技术，掌握提高课堂教学的有效方法。

（二）做实常规，科学创新

课堂教学改革是建立在落实常规的基础之上的，任何抛开教学常规开展的高效课堂教学都将是无源之水，无本之木。各校要认真贯彻落实“三常规、两细则”，在落实常规的基础上针对学校实际开展课堂教学改革工作。

（三）追根溯源，系统统计

各校要在分析本校实际的基础上，科学分析，从制度保障、实施过程、评价考核等方面系统设计，着力抓好教师培训这个关键环节，以构建“高效课堂”为抓手，着力做好校本研修工作。

（四）分析现状，有的放矢

一是对学生学习状况进行调研分析，摸清学生的来源、学习基础和学习动机，针对学生情况制订相应的改革策略；二是对教师的教育教学现状进行调研，认真查找在课堂教学中存在的违反教育规律、违背课改精神以及偏离学生可持续发展的种种问题，并对这些问题的具体表现、产生的原因及危害作深入研究，强化校本研修，研究提高教师专业素养的途径和方式，通过“四课”（观摩课、研讨课、示范课、达标课）观摩，规范教师的教学行为。

（五）循序渐进，稳步推动

课堂教学改革的目标是提高课堂效率，首先是要解决“无效”“低效”的问题，各校在推进课改的过程中，应循序渐进，在统一思想认识的前提下，合理借鉴先进学校的模式和方法，结合本校实际稳妥推进，不要过分追求形式上的“高效”和热闹，造成表面上的课改，实际上的无效。

（六）强化机制，有力执行

各校要根据本校实际，健全构建高效课堂的机制，完善相关的规章制度，强化评估评价，制订实施细则，创新管理模式。在集体备课、导学案设计、学生评价和学习方式等方面细化操作，确保执行有力。

（七）及时反馈，总结提高

一是学校要对构建高效课堂工作实施过程做到实时反馈，针对实施过程中出现的问题进行及时修正；二是教师在课堂教学实施中，要做到对教学模式、教学方法和教学效果的及时反思。各校要在构建高效课堂的全面推进阶段，整理相关经验材料，形成典型课例、优秀导学案集、教学反思和论文集。区教研室将根据全区课改推进情况，通过召开现场交流会、总结表彰会等方式总结推广成功经验，对创建高效课堂有突出成绩的学校、先进教研组和先进个人进行表彰，创建高效课堂示范学校，以引领全区课改深入健康发展。

（八）加强交流，协作共赢

构建高效课堂是办人民满意的教育的需要，构建高效课堂的前提是解决课堂低效甚至无效的问题，当前我们应先达到有效，再追求高效的理想境界。我们相信，只要遵循规律、尊重科学、措施得力、执行到位，我们一定会打造出平实有效的课堂，为提高全区基础教育质量，促进教育均衡发展做出新的贡献。

（节选自安康市汉滨区“构建高效课堂推进会”区教研室主题发言）

六、校本研修制度资源在专业引领中的利用

制度一般是指要求大家共同遵守的办事规程或行动准则，校本研修制度就是学校校本研修工作的规程和准则。要使校本研修制度资源在学校校本研修工作中发挥管理作用，应在制度制订的程序和制度的执行方面进行进一步的规范和利用。制度的制订和执行过程，也是制度资源在校本研修中的一种引领。

案例 5—13

安康市汉滨区根据省、市相关要求，结合本区实际，制订了《汉滨区中小学（幼儿园）教师校本研修学时认定实施方案》和相关标准，规范了校本研修学时认定。

七、试卷分析报告资源在专业引领中的利用

试卷分析报告是实践反思的重要资源，尤其是高考或中考这样关注度较高的考试，其试卷分析更是教学和复习中的专业引领资源。因为，根据试卷分析报告，学校教研组和教师可以结合学生实际，制订相关的复习策略，更好地提高教学效率。

案例 5—14

江北高级中学 2014 年高考生物备考复习计划

一、指导思想

以教材、新课程标准、考试大纲为依据，以加强“双基”教学为主线，以提高学生能力为重点，全面提高学生的综合素质和应试技巧。通过高三生物总复习，处理好高中生物教材，揭示单点知识、知识结构、知识结构扩展三个层次的知识内涵及内在的逻辑联系，形成立体知识结构。把基础知识教学与能力发展融为一体，从而提高学生分析问题和解决问题的能力，确保 2014 年高考任务顺利或超额完成。

二、学情分析

2014 届高三年级理科共有 7 个班，其中 4 个重点班，2 个平行班，1 个

复习班。从以往的练考情况来看，主要存在的问题有：基础知识不扎实，理解深度不够，应用不灵活，造成Ⅰ卷选择题的得分不高；规范化答题能力差，Ⅱ卷填空部分因错别字、语言表达不规范、书写潦草造成的失分较严重。此外，还普遍存在着审题不清、不全，不按题目要求作答的问题。所以在以后的复习过程中，一定要在充分研究学生的基础方面对症下药，不仅要强化学生掌握基础知识，还要注重培养学生的解题能力和应试能力。

三、2013年高考新课标全国Ⅰ卷理综生物试题分析

2013年陕西省理综生物试题与前两年相比，试题难度有所提升，主要是31题的遗传题，由于等位基因对数过多超乎意料，就其考查的知识点来讲，也不能称之为怪题或偏题。试题总体依然侧重对基础知识、基本技能的考查，其中选择题以考查生物基本概念、基本原理为主，非选择题则注重综合能力的考查。难度适中，并具有较好区分度，考点源于教材重点知识，考查形式注重内容的延伸和拓展。

全卷考基础、重实验，着重信息获取能力。试卷主要考查了组成细胞的分子、基因指导蛋白质的合成、有丝分裂和减数分裂、物质的跨膜运输、免疫、种群的特征、基因的分离定律和自由组合定律、生物组织中有机物的检测、动物激素调节、群落的结构和演替、生态系统的稳定性、无菌操作技术和发酵技术、基因工程、蛋白质工程、胚胎工程等基础知识和主干内容。

重视实验探究，突出能力应用。试题立足于教材，以新情境呈现，突出对教材内容的综合应用，较好地考查了考生的实验分析能力，如31题。

着重信息获取能力，突出知识迁移。如4题和29题主要通过曲线图呈现新情境，第32题通过表格呈现相关信息，还有第29、30、31题的题干中也隐含了大量的信息，这些试题的构思有其独到的地方，着重考查了考生获取信息的能力，也考查了考生对生物基础知识的理解、分析、推理、运用能力。

从模块的角度来看，必修1的试题有第3、29、30题，合计25分；必修2的试题有第1、2、6、31题，合计30分；必修3的试题有第4、5、30、32题，合计20分。选修部分选做题各15分。

从命题方向来看，非选择题命题方向变化不大。如29题两年都是考查种子萌发过程中的相关问题；31题仍然考查的是自由组合定律；40题两年考查的都是基因工程。而对于生命活动的调节重点考查的是激素调节和免疫

调节，生态学方面重点考查的是种群和群落，与去年相比有所变化。

从题型来看，选择题考查的是基因的表达、有丝分裂和减数分裂、物质跨膜运输、免疫调节、种群特征、基因的分离定律。非选择题考查的是种子萌发过程中的代谢问题、物质跨膜运输与激素调节、自由组合定律与基因突变、群落演替与生态系统的稳定性。选做题中选修 1 考查的是传统发酵技术中泡菜的制作；选修 3 考查的是基因工程和胚胎工程的综合。从中可以看出，与去年相比，试题的综合性有所增强。

梯度合理，主考能力。今年与往年相比的最大变化，是个别试题的知识综合性有所增强，强调对相似知识点之间的比较与综合，主要考查学生是否具备了构建结构性知识网络的能力。如有丝分裂与减数分裂的综合，免疫知识与基因表达及对药物的敏感性的综合等。

实验探究能力。如遗传题主要考查的是学生的推理判断能力和实验探究能力。要求学生推理判断白花性状形成是由于基因突变引起的，并设计实验方案来验证预期实验结果。

获取信息能力。选择题第 4 题，非选择题第 29 题，都体现了对从曲线图中获取信息能力的考查；30 题中对于物质跨膜运输的方式的内容，必须从题干获取是否消耗能量的信息；32 题必须从题中获取不同群落的丰富度的信息等。

试题梯度合理。试题的层次性很明显，尤其是遗传题中虽然是 8 对等位基因控制，但只有最后两个空有点难度，选修试题的设置也是最后两个空稍有难度。

2014 年的高考题应该还是遵循这几年的考试规律，也就是说，重点章节还是遗传与变异、细胞代谢、生命活动调节、生态问题，因此，高三复习时对这几章一定要复习到位，不管是广度还是深度。第一轮的重点是细，严格按照考纲和教材，绝不放过任何知识点，尤其不要忽略小字部分，而在深度上则要适当控制；第二轮要形成知识网络，分专题复习，而重点针对高考必考的几个重点，一定要挖深度；第二轮以做题为主，提高学生的综合解题能力，注重回归教材。

四、2013—2014 学年度复习备考计划

（一）教学用书

1. 主要教科书：《普通高中课程标准实验教科书生物 1 必修分子与细胞》

《普通高中课程标准实验教科书生物 2 必修遗传与进化》《普通高中课程标准实验教科书生物 3 必修稳态与环境》《普通高中课程标准实验教科书生物选修 3 现代生物科技专题》。

2. 参考用书：《“三维设计”2014 新课标高考总复习——生物》。

3. 专题训练：《“滕远”2009—2013 五年全国高考真题分类研究——生物》。

（二）教学设想

本年度的教学初步分为三轮复习方案。

1. 一轮复习

（1）时间

本阶段时间从 2013 年 7 月 1 日—2014 年 1 月底，总体分为 4 个阶段进行。

第一阶段：2013 年 7 月初—2013 年 9 月底，完成必修 1“分子与细胞”的复习；

第二阶段：2013 年 10 月初—2013 年 11 月底，完成必修 2“遗传与进化”的复习；

第三阶段：2013 年 12 月初—2014 年 1 月底，完成必修 3“稳态与环境”的复习；

第四阶段：2014 年 2 月初—2014 年 3 月底，完成选修“现代生物科技专题”的复习。

（2）总体思路

必修部分以章节为单位，掌握基础知识，理清知识点、重要概念和原理，构建知识框架。选修部分以选修 3“现代科技专题”为主，以专题为单位，进行专题训练。

（3）复习策略

① 以教材为主，按教材的编排顺序适当整合，强化基础知识。及时梳理知识点和知识网，整理成册，印发给学生，强化学生“双基”记忆积累。对于练习册上各节的习题，有选择地精讲精练，但要让学生都做。

② 在课堂教学过程中，充分调动学生主动参与性，让学生多提问，多参与习题和小知识点的讲解，让学生养成主动学习、主动思考的习惯，强化记忆，提高审题、分析和解答能力，形成解题思维，规范解答用语。

③ 除课时检测外，学生在每个知识模块同步完成 5 年高考真题强化训

练，重点模块知识，教师以5年内高考真题为主进行讲评强化。每个月做一次大测试（90分钟）。测试题由组内教师精心命题，以确保每套题的质量。

④ 复习时每一节课都要精心推敲，集体备课时要确定每节课的教学内容，包括复习知识点、精讲的习题、知识框架、布置的作业等，全组统一，防止出现随意增加、提高或降低难度的现象。

2. 二轮复习

（1）时间

本阶段时间从2014年4月初—2014年4月底，主要针对部分近年来热门考点专题进行强化巩固与提高。

（2）总体思路

主要是进行专题复习及理综测试。以新课程标准为依据，注重知识间的纵横联系，帮助学生构建知识网络，突破重、难点，培养学生获取信息及分析、综合、探究的能力，同时强化学科术语、规范用语，关注各层次的“尖子生”。二轮复习全部内容共设8个专题，各专题都设有专题训练，这8个专题确定的依据是课程标准和考纲，主要考虑学科内综合。

（3）专题名称

第一专题：生物重点实验及实习。

第二专题：题型（分析推理题的解题；生物计算题的解题；生物图表题的解题；生物材料信息题的解题）。

第三专题：细胞代谢与生命历程。

第四专题：遗传与育种。

第五专题：生命活动的调节。

第六专题：生态与环境。

第七专题：选修3热频考点。

第八专题：易错知识。

3. 三轮复习

（1）时间

本部分时间从2014年5月初—2014年6月5日，主要进行强化训练提升、模拟考试与讲评、查缺补遗工作、考前心理疏导与应试技巧及策略交流工作。

（2）总体思路

回归教材、查漏补缺、综合模拟、真题回放，加强应试能力的强化训练，针对一、二轮复习中存在的问题，尤其是学生在解答理综试卷时所暴露出的缺陷，给学生以技巧的指导和方法的指点。

（3）复习策略

① 紧扣考纲，分清重点和难点。

② 狠抓基础知识，深入理解教材内容。

③ 认真完成习题训练，从中寻找解题技巧，包括必考题和选做题的处理、理综的时间分配等。

④ 进行针对性练习。

a. 每天做一到两道实验设计题，提高学生实验设计题的解题能力。

b. 进行限时练习，如课堂上抽出一定的时间进行限时训练，加快做题速度，特别是针对非选择题的限时训练。（一方面，可以节省部分时间给其他学科，另一方面，如果物理、化学用时略长，学生可以在有限的时间内完成更多的题目）。

c. 精选习题练习。如每种题型的题目都选出几道典型的例题。

d. 分析习题时突出重点，侧重思路和方法。

e. 讲解完习题后，留出一定的时间，要求学生回顾解题的思路以及记忆相关内容。

⑤ 联系生产生活实际，关注科学发展的新成果。生物学科与生活实际的联系非常紧密，历年高考题中都有很多与实践相关的题目，因此复习时教师要经常浏览网页，及时总结新闻热点中包含的生物现象，并运用生物学原理对其进行解释或者可以利用这些生物学现象改编一些习题。

（三）综述：抓好复习的六个环节

（1）读：阅读教材，发现问题。

（2）讲：按照知识体系梳理知识，形成网络，提炼生物思想和方法，理清基本题型，讲清解题方法。

（3）练：精选习题，学生训练，掌握知识，形成技能。强调控制数量，讲求质量，不避陈题，特别是经典题。

（4）测：进行单元测试，定时练习，查漏补缺。

（5）评：全批全改，对部分学生尽量面批，统计问题，课堂讲评。

（6）补：及时纠错，矫正练习，二次过关。

附：教学进度安排表

时间	项目	单元	主要内容	课时
2013 年 7 月初至 2013 年 9 月底	必修 1 分子与细胞	第一单元 细胞的分子组成	组成细胞的元素及水和无机盐	4
			蛋白质的结构与功能	4
			核酸的结构和功能；糖类和脂质的种类及作用	6
		第二单元 细胞的结构与物质进出细胞的方式	细胞学说及多种多样的细胞	3
			细胞膜系统；细胞核的结构和功能	5
			主要细胞器的结构和功能	4
			物质进出细胞的方式	4
		阶段验收评估（1）		2
		第三单元 细胞的代谢	酶和 ATP 在代谢中的作用	6
			细胞呼吸	4
			光合作用的基本过程及影响因素	6
		细胞代谢专题强化训练		4
		第四单元 细胞的生命历程	细胞的增殖	5
			减数分裂与受精作用	6
			细胞的分化、衰老和凋亡	4
		阶段验收评估（2）		2
2013 年 10 月初至 2013 年 11 月底	必修 2 遗传与进化	第一单元 遗传的基本规律	基因的分离定律	4
			基因的自由组合定律	6
			伴性遗传	6
		阶段验收评估（3）		2
		遗传的基本规律专题强化训练		4
		第二单元 遗传的分子基础	人类对遗传物质的探索历程	4
			DNA 分子的结构、复制与基因的概念	6
			遗传信息的转录和翻译	6
		第三单元 生物的变异与进化	生物的变异	1
			人类遗传病与生物育种	6
			生物的进化	4
		阶段验收评估（4）		2

续表

时间	项目	单元	主要内容	课时
2013 年 12 月初至 2014 年 1 月底	必修 3 稳态与环境	第一单元	植物的激素调节	6
		第二单元 动物生命活动的调节	通过神经系统的调节	4
			脊椎动物的激素调节及应用	4
		第三单元 人体的内环境与稳态	稳态的意义及调节	10
			免疫调节	6
		阶段验收评估（5）		2
		生命活动的调节专题强化训练		4
		第四单元 种群和生物群落	种群	4
			群落	4
		第五单元 生态系统	生态系统的结构	4
			生态系统的功能与稳定性	10
		第六单元	生态环境的保护	4
		阶段验收评估（6）		2
		生态系统专题强化训练		4
2014 年 2 月初至 2014 年 3 月底	选修 3 现代生物科技专题	第一单元	基因工程与蛋白质工程	12
		第二单元	细胞工程	14
		第三单元	胚胎工程及生物技术的安全性和伦理问题	8
		第四单元	生态工程	8
		阶段验收评估（7）		2
2014 年 4 月初至 2014 年 4 月底	二轮专题强化	一、生物重点实验及实习		4
		二、题型专题		4
		三、细胞代谢与生命历程专题		4
		四、遗传与育种专题		4
		五、生命活动的调节专题		4
		六、生态与环境专题		4
		七、选修 3 热频考点专题		4
		八、易错知识专题		4

续表

时间	项目	单元	主要内容	课时
2014 年5月初至2014 年6月初	三轮强化训练	套题强化训练		36

（由安康市汉滨区江北高级中学高三年级生物备课组栗丰金、李小康、王坤发老师提供）

第六章

校本研修资源利用效果的评价

资源开发的目的是为了利用资源，资源利用的效果取决于资源本身和利用资源的方式。校本研修资源开发和利用的终极目标是提高教师的专业情意和专业素养，提高教学质量，这主要体现在教师在教学实践中的思想态度、方法措施和行为跟进上。对校本研修资源的利用应有一定的评价标准、评价方式和评价原则，以便于教师能更好地选择、开发和应用校本研修资源。

资源开发的目的是为了利用资源，资源利用的效果取决于资源本身和利用资源的方式。校本研修资源开发的目标是利用这些资源提升教师的专业素养，提高教学质量。无论是校本研修的人力资源还是非人力资源，都会在教师的专业发展中发挥作用，都将应用到教育教学实践之中。所以，对这些资源进行评价应有一定的标准和原则，以便于更好地选择、开发和应用。

（一）评价标准

校本研修资源种类较多，在选择和利用校本研修资源时，应依据一定的标准来选择。校本研修资源的来源应遵循易获得、易吸收的原则，不增加学校和教师额外的负担。在利用时应遵循易操作、易创新的原则，对教师获得本体性知识（学科知识）、条件性知识（教育教学原理）、教育教学实践智慧有一定的启发和作用。

（二）评价要点

评价的要点包括：这些资源是否符合本校校本研修的实际？是否符合本校和教师本人的研修主题需要？能否达到校本研修的目的？是否达到促进教师专业成长、促进教育教学改革、提升教育教学质量的目的？对于活动类资源，则看是否能激发教师的思维碰撞？是否能培养教师的团队精神？是否能让每位校本研修人员感到有所收获？

（三）评价方式

对校本研修资源的评价一定要以应用的需要、应用的效果和应用的效率为侧重点来评价，可以采用问卷调查、跟踪调研等方式进行。对于适合本地、本校和教师本人的校本研修资源进行归类，建立本地化的系列资源库，逐步积淀成校本研修文件；对于不适用本地、本校和教师本人的校本研修资源，应合理地吸收和借鉴，大胆地舍弃。给学校和教师留下自主研修和发展的空间，避免形式主义，以更好地防止教师出现职业倦怠。

如本人曾参与英特尔未来教育项目骨干教师培训工作，通过对被培训者在教学实践中对培训理念的应用的跟踪调研，我们发现，凡是在内容、方式设计等方面设计到位、思想先进的培训都会在教师的校本研修中起到良好的作用，并会落实到教育教学实践中。

案例 6—1

强调参与体验　提高培训效益

——参加英特尔未来教育项目培训工作的总结

提高教育质量的关键在教师。虽然大多数教师是师范院校的毕业生，具有一定的教育学和心理学知识，但由于师范院校的课程开设与基础教育实际的脱节，教师在实际教学中还不能做到理论与实践相结合，因此，从事教师职业还需要教师继续提高自身素质。而各种在职培训就是提高教师业务素质，促进教师专业成长的有效途径。对于教师来说，参与体验式的培训是提高培训效益、促进教学应用的有效方式之一。英特尔未来教育项目培训就是先进教育理念与实践的结合，是一种行之有效的培训方式。

一、参与体验式的培训能让教师在参与中更好地理解先进的教育思想

当前，培训的类型有继续教育培训、骨干教师培训、课程改革培训、教材培训等，在我参加的培训中，大多数的培训是专家讲座式，专家或主讲教师通过讲解，解读新的教学思想和理论，参加培训的教师主要是听讲座、记笔记。一些教材培训稍做改进，会在培训中播放一些课堂实录，给参训教师提供观摩的案例，教师通过专家的讲座和课堂案例来领会相关的理论。这样的培训教师们听得激动，看得感动，但到了实际教学中却往往无法与自己的教学实践相结合，导致培训的应用效益较低。

建构主义学习理论认为，知识不是通过教师传授得到的，而是学习者在一定的背景下，借助学习伙伴的帮助，利用必要的资料，通过人际间的意义建构得到的。在学习过程中，教师是帮助者和促进者，不是传授者与灌输者，学生是主动建构者，不是被动接受和被灌输的对象。专家讲座式的培训，使参加培训的教师成了被动的接受者，当时听了很受启发，但由于没有亲身的参与和体验，在实践中就会脱节。而英特尔未来教育的培训，则是通

过讨论、交流、分享及项目活动，让每位教师在活动中体验不同角色，成为培训主体参与者和资源的提供者，成为先进教育思想的实践者，在参与中理解21世纪以学生为中心的教学方法，在理解中使用这些方法，更快地将这些先进的方法应用于教学实践中。

二、角色的转换让培训者在体验中提高

英特尔未来教育培训课程中提出，培训学生技术素养的方式是“做中学”，鼓励学生自己去寻求答案，这个原理同样在主讲教师的培训中适用。在intel成功技能的培训中，培训者和参加培训的教师通过不同角色的参与体验，让学员在“做中学”，在交流中分享，在分享中提高。比如，关于思辨能力的一节中，通过小组头脑风暴列出“重要的发现和发明”，对其中的一项列出正面的影响、负面的影响，以及对该项发现或发明的评价的一系列过程，让学员体验低阶思维向高阶思维转化的过程，在前四个步骤中，主讲教师的角色是组织者，学员的角色是学生，大家纷纷参与讨论；在第五个步骤的分享中，学员开始时并不能领会这个过程的作用，分享问题时总是离不开“重要的发现和发明”的主题，在主讲教师的引导下，学员通过转变角色，站在教师的角度思考问题形成的经过，得出了高阶思维的形成过程，对高阶思维有了明晰的体会。再如，在成功技能“模块5”和成功技能“模块6”教学演练中，学员分别担任教师、学生或者观察者的角色，承担本角色的任务，通过学生角色的体验，深刻理解学生学习的过程，通过观察者角色的体验，学习分享他人的长处，反思自己的不足。在这个演练活动中，学员积极性高，体会也深，在两期的培训中有15人次在反馈中说：“重新找回了做学生的感受，有利于教师在教学中结合学生的心理特点组织教学，符合新教学理念中教与学的关系，让教师在尝试做学生的过程中思考，该用什么样的教法把学生带入活泼有趣的课堂中，又快、又准、又全面地与人合作，共同完成任务。”有位学员写道：“通过一天的学习，对我的启发很大，新的教学理念、新的教学方法正在我头脑中涌动，这对一线的教师更好地搞好教学大有帮助。”

三、助学者的角色参与让学员体验辅助学习技巧的使用方式

英特尔未来教育基础课程明确要求，教师的角色是助学者，教师有90%的时间将花费在辅助学生学习上，只有10%的时间用于直接教学。在对主讲教师进行培训时，培训者通过引导学员阅读思考、组织讨论、交流分享等方

式，让学员感受学习辅助技能及其运用。如在制订计划时，教师的作用是指导，明确任务，检查计划的可行性，在学员交流分享时，教师从不打断学员的发言，让学员充分表达自己的思想；在学员讨论、制订计划及动手操作时，教师利用观察和监督技巧判断是否进行干预。在陕西省主讲教师的第四期培训中，一位学员没有按要求参与，而是自己玩儿电脑游戏，我走过去关掉了屏幕，并在后来的讨论中，以此为例说明干预的时机和技巧，全体学员感触很深。在第四期和第五期的培训中，有30人对学习辅助技巧感兴趣，并表示收获很大。

四、全员参与体验达到了资源共享、共同提高的目的

在参加骨干教师培训时，我就感受到来自全国各地的优秀教师不同的教学理念和风格，在每个人身上学到了在其他地方学不到的东西。于是在省主讲教师培训时，我特别注重引导学员参与讨论、交流分享的过程，每位教师都是学员，更是教员，不同的分组方式，让来自不同地区和不同学科的教师成了课堂中的优质资源，全体学员在短短的几天时间里互相熟知，观念的碰撞、方法的交流让大家成了朋友，在小组讨论、结对分享、项目制作过程中，全体学员的团队精神和合作能力爆发出来，下课时间到了还舍不得离开。一位培训教师在反馈意见中写道："接触到很多的优秀教师和他们的教学经验，听到了别的学员的好的建议、看法，收获很大。"培训结业时，大家已建立了深厚的友谊，直到现在，这两期的学员还在网上经常地交流研讨。

五、及时的意见反馈让学员成为培训的主人

在英特尔未来教育项目培训中，要求学员每天都要对当日培训进行反馈，这符合教学的一个"即时反馈、即时评价"的原则。由主讲教师整理后在第二天早上将反馈情况通报全班，并对每一个问题进行答复。当学员看到自己的反馈意见被点评时，自然感觉到这是对自己的尊重，感觉到自己是培训的主人。同时，主讲教师对学员提出的问题和建议一一进行回复，对属于讲课中的问题，及时改正。如在陕西主讲教师培训班第四期中，有学员提出了"注意学员的心理变化和感受，注重对学员学习的评价"，在第二天的培训中，我就对每位学员的发言进行鼓励性评价，课堂气氛活跃，学员参与度高，效果较前一天要好。

六、在参与项目活动中培养团队合作能力

在英特尔未来教育项目培训中，通过小组合作、项目制作等活动，让学员形成团队去完成任务，培养团队精神和合作能力。尤其是在大项目活动中，大家在分工、指定任务、协作完成的过程中形成了自己的团队，每个人都为团队做出了自己的贡献，参加培训的教师在反馈中说："项目设计过程中，我们合作很愉快，体会到了合作的重要性和分工的明确性。"

七、培训的效果

通过参与体验，参加主讲教师培训的教师对英特尔未来教育培训方式和内容非常感兴趣，在反馈中，90％的教师感到收获很大，并表示将应用于实际教学中。培训回来后，一位参加培训的化学教师在实际教学中，对学生高阶思维的培养也采用了这种方法，在二氧化碳课题的教学中，让学生先思考讨论二氧化碳的性质，再思考讨论二氧化碳为人类带来的危害，再思考讨论二氧化碳对人类的作用，然后组织学生辩论二氧化碳的功与过，学生参与度高，课堂气氛好，教学效果非常好。一些教师利用教学辅助技巧，改变了过去提问、干预、评价的单调性，并在教学中合理使用鼓励技巧，评价中使用诤友方式，缩短了教师和学生之间的距离，提高了教学效率。

八、培训中出现的问题

由于参加培训的教师大多数来自农村中小学现代远程教育项目学校，部分学校没有按要求派学科骨干教师参加，教师的水平参差不齐，加上平时教研活动开展较少，所以在培训开始时，对于先进的教育思想他们还不能有效地理解。在第一天的培训中，有不少教师反馈、提出对培训的目的意义不明确，要求增加计算机技术的培训深度，对培训中角色的转变还不太适应，所以在分享交流中还不能实现畅所欲言。同时对于部分教师来说，由于计算机技术基础较弱，完成一些任务需要的时间不够，也影响了培训的效果。

九、对今后培训的启示

根据培训的优势和出现的问题，我们在今后的培训中，要在开班仪式上明确培训的目的、方式、要求。在培训过程中，要引导学员积极参与，将教师们的关注点转移到培训的流程，注意主讲教师的教学程序。如在北京骨干教师培训中，邢磊老师讲课的方式、投入的激情和灵活的组织安排，就给我们提供了最好的范例。同时还要提前让学员总结自己教学中的经验教训，搜集典型的教学案例及反思，为培训搭建支架，让培训真正成为教师资源共享、共同提高的平台。在这点上，可以借鉴教育技术能力建设项目的培训方式。

研究校本研修资源应用的终极目标是提高教师的专业情意和专业素养，这主要体现在教师在教学实践中的思想态度、方法措施和行为跟进上，所以我们还可以通过听课、调研等方式对校本研修资源的利用情况进行分析评价。

案例 6—2

使用辅助学习技巧提高课堂教学效率的实践与思考

2007 年春，我参加了英特尔未来教育项目骨干教师培训，通过参与体验，对 21 世纪教学方法有了明晰的认识。在随后进行的主讲教师培训中，我通过和来自一线的主讲教师的深入交流，感觉本次培训感触最深的是对 21 世纪的教学方法中辅助学习技巧的掌握和使用，在培训反馈中，有 51%的教师认为这是培训中收获最大、应用最广的内容。通过一年来在课堂教学中的实践与思考，我认为，要培养学生适应 21 世纪生存和发展所必需的科学素养和能力，关键是教师在教学中要将学习体会到的方法应用到教学实践中去，合理使用辅助学习技巧，调动学生学习的主动性，让课堂成为学生思维的“孵化器”，提高课堂教学的实效性。

一、当前课堂教学中学习辅助技巧使用的现状

我在基层教研室工作，经常到校听课评课，在新一轮课程改革实施后，教师的课堂教学方式、学生的学习方式都有了很大的转变，课堂上的提问多了，小组合作多了，学生的参与度多了。但是透过这些现象，我们不难看出，绝大部分的课堂只是表面轰轰烈烈，实际上学生的思维并没有得到真正的培养，尤其是高阶思维方面更是没有涉及或涉及甚少。表现在提问中，就是问题设置过于简单，随意性大，如“对不对”“是不是”（见下面案例 1）；在课堂上，教师会对学生的发言随意打断纠正，监督多于观察，干预多于鼓励，并且随意性大，评价简单化，并多集中在简单表扬上或更正上；小组合作流于形式，学生没有足够的时间进行交流和分享，使课堂效益达不到预期。

案例 1：一节农村初中化学课上，教师讲授的内容是水的净化。教学引入时，教师提问：“什么是自来水?”学生对自来水比较陌生，回答多是“自己来的”“自来水水龙头一打开水就自己来的”。如果问“从哪儿来的”，学

生答“水管中来的”“水厂来的”“井中来的”，接着教师又问：“水厂的水又是从哪里来的?”……从这一连串的回答中可以看出，这几个问题和本课没有直接的联系，而且从学生的回答上看，对本课的学习也没有任何帮助。

二、使用21世纪教学方法中辅助学习技巧的实践与效果

我们利用到校听课、评课、辅导培训等方式，将21世纪以学生为中心的教学思想和辅助学习技巧推广到学校学科教师的教学实践中，在项目学校的主讲教师的带动下，我们用21世纪以学生为中心的教学思想为指导，在课堂中探索使用倾听、对话、指导、提问、观察和监督、鼓励和干预等技巧。通过初中各科的教学实践，取得了明显的成效。

（一）善于倾听是交流和指导的前提

在传统的课堂上，教师是课堂的主宰，靠一支粉笔一本书，一块黑板一张嘴，将课堂45分钟全部占用，甚至还占用了学生的休息时间，根本没有时间倾听学生的发言、讨论或交流，也就很难培养学生的思辨能力和合作精神。在利用英特尔未来教育培训理念和技巧进行教学实践时，我们注重引导教师从善于倾听入手，改变教学观念，做到任何学生的发言都不打断，任何问题的讨论没有结束前不下结论，对学生表达不清的问题，教师要引导学生自己补充完善，在倾听时用眼神、手势对发言的学生表示关注，注意观察全班学生，不放过学生任何有见解的看法。

案例2：在汉滨区初中青年教师优质课展示评比活动中，两位教师的上课内容都是七年级数学教材中的实数，当讲到实数的分类时，一部分学生将实数分为有理数，0，无理数，这是一个非常好的课堂生成点。一位教师的做法是没有让学生陈述理由，就否定了这种分类方法，而另外一个参加英特尔培训的教师则就这个分歧点，让学生充分发表自己的看法，进行辩论，教师引导学生注意倾听别人的发言，逐步形成正确的认识，最后，所有的学生都正确理解了这个问题。在随后进行的学生对教师的评价中，对第一位教师的评价是16分，对第二位教师的评价是20分（满分20分）。

这个评价结果说明，学生对教师倾听并让其发表看法的做法是认可的。

（二）敏锐的观察是实施有效指导和干预的基础

对学生进行有效的学习指导和对不良学习习惯的干预，需要教师具有敏锐的观察力。我们经常看到的情景是，学生正在热烈的讨论中，教师却要求保持课堂安静；学生正在积极思考中，教师已把问题的答案给出；还有更为

严重的是，课堂上学生出现了睡觉、做与课堂无关的打闹等小动作，教师却视而不见，继续高谈阔论；当课堂上出现对同一个问题有不同的见解争论时，教师只肯定了正确的一方，没有通过充分的讨论矫正错误。这些都是教师没有关注学生，对课堂过程的观察不足造成的。因此，在课堂上，教师要心中有学生，眼里有学生，对学生的一言一行做到心中有数，以便对学生进行有效的指导和干预。

案例3：在实数一节的教学中，汉滨实验初中一位教师采用了“先学后教，当堂训练”的教学方法，在出示教学目标后，让学生带着问题自学课本内容，要求学生有不懂的问题先在组内讨论。此时有少部分学生没有看书，也有少部分学生没看完书就进行讨论，教师在巡视中发现这些问题后及时提醒学生，要认真看书、思考。当同桌互相交流学习结果时，有个别学生总是打断同伴的发言，教师也及时进行干预。本节课由于教师在课堂上观察仔细、指导及时、干预到位，取得了良好的效果。

（三）有效的提问和及时的指导帮助学生建立学习“支架”

建构主义学习理论认为，知识不是通过教师传授得到的，而是学习者在一定的背景下，借助学习伙伴的帮助，利用必要的资料，通过人际间的意义建构而得到的。英特尔未来教育培训认为，在21世纪以学生为中心的教学方法中，教师是学习的辅助者，教师将花费90%的时间来辅助学生学习，而只花10%的时间直接教学，在90%的辅助教学时间里，教师大部分时间将用在指导学生学习上，因此，及时指导、帮助学生建立学习的“支架”显得尤为重要。在传统的课堂上，教师的指导是针对学生问答中的问题，往往直接给出答案，并没有提升学生的思辨能力。在应用英特尔未来教育培训理念的实践中，我们着重要求教师通过设置问题，在教学中给学生“搭思维的梯子”，同时达到新课程中“过程与方法”的目标要求，让学生在思维递进过程中掌握知识以及比知识更重要的东西——方法和技能。

案例4：在“等式的性质”一课的教学中，教师介绍了等式的性质后，设计了如下问题：若 $x=y$，a 为任何值时，思考下列问题。

（1）等式 $5x=5y$ 成立吗？为什么？

（2）等式 $x(5-a)=y(5-a)$ 一定成立吗？为什么？

（3）等式 $x/5=y/5$ 成立吗？为什么？

（4）等式 $x/(5-a)=y/(5-a)$ 一定成立吗？为什么？

这个案例中问题的设置具有递进性，尤其是每次问的为什么都能让学生深入思考，从而使学生对等式的性质有更深的理解，同时培养了学生的高阶思维能力。

（四）及时的反馈评价、恰当的鼓励提高学生的自信心

在传统的课堂上，教师的关注点通常在优等生身上，对回答正确的学生往往用简单的“很好”“正确”，或掌声表示肯定，对回答错误的学生则用“你坐下”“谁来帮助他”，甚至用“你怎么不认真听讲”等语言评价。在反馈环节中，有的教师随意性的语言也会挫伤大部分学生的自尊心，影响学生学习的自信心。

案例 5：在汉滨区高中优质课展示评比中，一位女教师的课堂教学设计和教学组织过程都非常到位，学生在课堂中也积极参与。但在反馈环节中，她让学生书写四个离子方程式，有很多学生举手，她却专门找了四个没有举手的学生上黑板书写，结果有一个学生写错了，她解释说她“专门找不举手的，就是想让课堂上出现错误，然后就这个错误来分析”，但她并没有在课堂上对这个学生所付出的努力做任何鼓励。结果在课后的学生评价中，她的学生评价分最低。这说明这位教师的做法全班学生都不是很认同。

英特尔未来教育培训提出，好的助学者应该多给学生鼓励，而不是表扬。另外，我们在实践中还要注意防止那些挫伤学生自尊心和自信心的评价，多关注过程，强调优点，对每一位学生在学习中付出的努力都给予一定的鼓励。

三、思考与建议

通过一年多的实践与思考，我们认为，21 世纪以学生为中心的教学法要使学生具有适应新世纪的能力和素养，就需要教师在教学实践中转变教学观念，更新教学方法。其突破口就是领会学习辅助技巧，并在课堂教学中合理有效地应用，提高课堂教学的实效性。

参考文献

1. [苏] 苏霍姆林斯基. 给教师的建议 [M]. 杜殿坤译. 北京：教育科学出版社，2005.6.

2. 张德. 人力资源开发与管理 [M]. 北京：清华大学出版社，1996.3.

3. 王志军. 校本研修实践探究 [M]. 北京：北京师范大学出版社，2011.8.

4. [美] 帕克·帕尔默. 教学勇气——漫步教师心灵 [M]. 吴国珍等译. 上海：华东师范大学出版社，2011.9.

5. 张丰. 校本研修的活动策划与制度建设 [M]. 上海：华东师范大学出版社，2012.4.

6. 王陆，张敏霞. 教学反思方法与技术 [M]. 北京：北京师范大学出版社，2012.11.

7. 徐崇文，魏耀发. 求索：为了教育的理想 [M]. 上海：上海三联书店，2011.5.

8. 徐崇文. 为了未来的求索 [M]. 上海：上海三联书店，2008.2.

9. 刘良华. 叙事教育学 [M]. 上海：华东师范大学出版社，2011.9.

10. 李永培. 做更好的教师——生态校本研修的实践探索 [M]. 上海：华东师范大学出版社，2012.6.

11. 何克抗. 教育技术培训教程 [M]. 北京：高等教育出版社，2007.10.

12. 周国韬. 教师专业发展与校本行动研究 [M]. 北京：中国轻工业出版社，2010.7.

13. [日] 佐藤学. 静悄悄的革命——创造活动、合作、反思的综合学习课程 [M]. 李季湄译. 长春：长春出版社，2012.6.

14. 于漪. 教育魅力——青年教师成长钥匙 [M]. 上海：华东师范大学

学出版社，2013.6.

15. 郑金洲．教师如何做研究［M］．上海：华东师范大学出版社，2007.3.

16. 李铁安．中小学教师如何写教育案例［DB/OL］http：//edu6.teacher.com.cn/tkc1374a/kcjj/ch3/kcxx.htm.

17. 吴成培．校本研修的文化性构建［DB/OL］http：//wenku.baidu.com/view/7748b546a8956bec0975e3b3.html.

江苏凤凰教育出版社
《行知工程》系列丛书目录

系列	序号	书　　名	主编	定价
校本研修系列	1	《校本研修资源的开发与利用》	陈朝林	30.00
	2	《校本研修与教师专业成长》	吴积军	30.00
	3	《卓越教师经典研修成长策略》	刘天宝等	30.00
	4	《特色校本课程开发范例解读》	刘永平　李秀伟 张雪梅	30.00
	5	《高效校本研修模型构建艺术》	刘素雁	30.00
	6	《走向实践的教研——中小学教育科研引领与应用》	江　敏	30.00
行思讲坛系列	7	《童趣数学课》	徐　芳	30.00
	8	《哲思数学课》	刘全祥	30.00
	9	《智慧数学课——黄爱华教学思维的实践策略》	黄爱华	30.00
	10	《灵动而朴素地教语文——潘文彬的微格教育生活》	潘文彬	30.00
	11	《师爱无疆——润泽学生心灵的教育故事》	侯忠彦	30.00
	12	《怎样反思更有效——促进教师专业发展的反思策略》	诸贝贝	30.00
	13	《成为高度自觉的教育者——写给后课标时代的数学教师》	许卫兵	30.00
	14	《把学生教聪明》	严育洪	30.00
	15	《教师最应该规避的教育误区》	杨坤道	30.00
	16	《用语文的方式教语文——潘文彬教学主张与实践智慧》	潘文彬	30.00
	17	《怎样让阅读教学更有效 ——提升教学能力的十种读诵模式》	汪秀梅	28.00
	18	《让生命在润泽中起舞——当代小学生最需要的主题班会》	吴联星　罗　琳 冯卫东	30.00
	19	《让生命欢快拔节——当代中学生最需要的主题班会》	冯卫东　吴联星	30.00
	20	《课堂因生成而精彩——高效教学的生成智慧》	张文质	30.00
	21	《回到每一个人的生命化教育 ——张文质二甲中学教育行动录》	张文质	30.00
精彩课堂系列	22	《让生命之花自主绽放——语文个性化教学建构策略》	商德远	30.00
	23	《从语文素养走向生命成长——小学语文读写课堂教学密码》	曾海玲	30.00
	24	《真实的品德课》	朱淑秀	30.00
	25	《英语课堂学习共同体——新型的师生交互学习场》	杨延从	30.00
	26	《指导自主学习——初中数学学与教的研究与实践》	刘其武	30.00
	27	《玩出精彩的课堂——小学低年级教与学方式转变研究》	陶红松	30.00

系列	序号	书名	主编	定价
教育管理力系列	28	《缔造唯美教育——延奎小学素质教育实施策略》	易增加	30.00
	29	《让普通学校崛起的20个细节——“生命为本”教育团队成长密码》	李其玉	30.00
	30	《“走”出教育的精彩：走动式学校管理文化构建》	罗　军	30.00
	31	《校长兵法：学校管理四十六计》	皮大鹏	30.00
教师修炼系列	32	《教育，爱与宽容——教师心灵礼仪修炼》	许力争	30.00
班级文化系列	33	《活力班级的文化建设》	胡　珏	30.00
	34	《做幸福的班主任》	吕　丽	26.00
教育家核心思想系列	35	《叶圣陶谈阅读》	叶圣陶 著 李怀源 选编	30.00
	36	《多元智能理论的本土化应用》	刘治富	30.00
	37	《大教育家最具施教力的教学思想》	白刚勋	30.00
高效能教学系列	38	《高效能教师的10个好习惯（中学卷）》	张　瑾	30.00
	39	《让作文落地生根——提高写作实效的教学策略》	黄桂林	30.00
	40	《高效能作文教学5项修炼》	陈步华	30.00
	41	《高效能校长的10个好习惯》	张　勤	30.00
	42	《高效能教师的10个好习惯（小学卷）》	谢　英	30.00
	43	《高效能语文教学5项修炼》	王其华	30.00
新课程探索系列	44	《语文新课程的批判与重建》	葛桂斌	30.00
美国名师教学译丛	45	《美国名师游戏教学本土化应用：幼儿园》	（美）玛西娅 L. 泰特 著 胡珍　瞿菁　编译	30.00
	46	《美国名师游戏教学本土化应用：小学英语》	（美）玛西娅 L. 泰特 著 杨永华　张心影　编译	30.00
	47	《美国名师游戏教学本土化应用：小学数学》	（美）玛西娅 L. 泰特 著 谢艳红　编译	30.00
	48	《美国名师游戏教学本土化应用：小学科学》	（美）玛西娅 L. 泰特 著 刘丽萍　编译	30.00
	49	《美国名师游戏教学本土化应用：小学社会》	（美）玛西娅 L. 泰特 著 姜梅芳　编译	30.00
	50	《美国名师游戏教学本土化应用：小学音体美》	（美）玛西娅 L. 泰特 著 尹立志　编译	30.00

系列	序号	书　　名	主编	定价
鲁派名师名校·教育探索者系列	51	《悦读立人——校园阅读文化体系构建策略》	杨世臣	30.00
	52	《教育智慧何处来——一位特级教师的思考手记》	付立金	30.00
	53	《和雅文化——校本课程的创新构建》	汤善香	30.00
	54	《让个性绽放精彩——学校课程体系整合与创生》	谢建伟　徐淑萍	30.00
	55	《让每个学生都幸福——最能润泽生命的学校文化建设》	谢建伟　张新喜	30.00
创新教学探索系列	56	《神奇的阅读教室——带学生踏上美妙的阅读之旅》	李祖文	30.00
	57	《打造有生命力的课堂——“两步八环节”教学模式探索与实践》	查联智	30.00
	58	《最能培养学生探究能力的课堂——小学科学与信息技术单元整体课程实施与评价》	李怀源	30.00
	59	《最能激发学生运动天赋的课堂——小学体育单元整体课程实施与评价》	李怀源	30.00
	60	《最能提升学生艺术素养的课堂——小学艺术单元整体课程实施与评价》	李怀源	30.00
	61	《“生命语文”探索——焕发语文生命力的思考与实践》	王自成	30.00
	62	《粘连作文教学：让习作成为有个性的自我建构》	黄瑞夷	30.00
	63	《备学式教学——在体验中建构数学思维》	单广红　范雪梅	30.00
	64	《向着自主进发——自主教育的创新实施智慧》	朱亚红	30.00
	65	《写中学——让学习更有效的学科写作教学》	钟传祎	30.00
	66	《小学科学实验总动员——大科学课堂有效提升学生创新力》	江美华	30.00
	67	《小学语文单元整体课程实施与评价》	李怀源	30.00
	68	《小学英语单元整体课程实施与评价》	李怀源	30.00
	69	《小学数学单元整体课程实施与评价》	李怀源	30.00
生态化校园系列	70	《点燃学习的激情——构建校园生态化学习型组织》	杨树岳	30.00
	71	《课改突围——构建学校生态化教学体系》	杨树岳	30.00
教育新思考系列	72	《语文教育向何处去》	王　丛	26.00
	73	《教育，就是做好普通的事》	孙志毅	27.00
	74	《走出语文的偏见——让学生体悟文本的原义》	丛智芳	30.00
	75	《让语文教学更高效——批注式阅读教学探索》	韩中凌	30.00
	76	《读写互促——探寻学以致用的语文教学》	曹　龙	30.00
	77	《跳出数学教数学——用文化融通数学教学》	马建秀	27.00

系列	序号	书名	主编	定价
名师感悟系列	78	《让心灵伴着歌声成长——22位音乐名师的教育智慧》	陈　璞	30.00
	79	《超越自我的教师——32位名师的成长感悟》	李卫东　李秀伟	35.00
	80	《心灵的守护者——19位名班主任的教育智慧》	王晓松　曲文弘	30.00
	81	《名师感悟班主任有效工作艺术90例》	符礼科	30.00
	82	《名师感悟有效教学90例》	林高明　徐玉烟	30.00
信息化教学系列	83	《巧用白板教语文——信息技术与语文教学操作指南》	蒋丽清	30.00
	84	《跨越式实现高效课堂 ——信息技术与课程整合高效教学方案评析》	陈　玲　刘　禹	30.00
教师必读系列	85	《教师必学的16堂修养课》	武宏伟	30.00
	86	《教师不可不知的教学心理效应》	叶勇军	30.00
	87	《班主任不可不知的管理效应》	奚一琴	30.00
	88	《教师不可不知的教育心理效应》	孙　媛	30.00
	89	《校长不可不知的管理效应》	谢申刚　张金豹	30.00
	90	《成为好教师的7项修炼》	王福强　李维华	30.00
	91	《如何让学生会学习》	龙　冰	30.00
	92	《如何让学生爱学习》	周震宇　许小燕	30.00
核心教学主张系列	93	《新生代语文名师核心教学主张》	许友兰	30.00
学生心理解码系列	94	《孩子问题行为一点通 ——只有好老师才知道的学生心理谜底》	严育洪	30.00
教育求索系列	95	《思政教学的人文力量》	戴晓华	30.00
	96	《师道新说——给教育者的30条箴言》	徐　卫	30.00
中国教育变革之路丛书	97	《百年树人师何为——教师队伍建设困顿与出路》	将丽珠　李玉向	30.00
	98	《入园何时不再难——学前教育困惑与抉择》	曾晓东 范　昕　周　慧	30.00
	99	《三尺书桌何处寻——流动人口子女教育困难与破解》	范先佐	30.00
	100	《苦旅何以得纾解——高考改革困境与突破》	郑若玲	30.00
	101	《择校纠结何时了——择校问题困局与治理》	曾晓东　周文海 曾娅琴	30.00
创新教学思想系列	102	《“大问题”教学的形与神》	黄爱华　张文质	30.00

系列	序号	书　　名	主编	定价
校长领导力系列	103	《高品质学校生长要素》	王益民	30.00
	104	《校长高校教学领导力提升策略》	徐世贵　郭文哿	30.00
教育漫笔系列	105	《课堂，诗意地栖居》	吴书华	30.00
新思维系列	106	《教育中的“不一定”——打破教育的19种思维惯式》	严育洪	30.00
教学提升系列	107	《有思想地教阅读——让学生学会品读文字真意》	王学东	30.00
教育艺术提升系列	108	《藏在师生体态语言里的教学智慧》	张　宇　廖生波	30.00
教学全手册系列	109	《小学习作教学全手册》	郭家海	30.00
	110	《中学写作教学全手册》	郭家海	30.00
	111	《情境教学操作全手册》	冯卫东	35.00
	112	《合作教学操作全手册》	李春华	35.00
	113	《探究教学操作全手册》	周新桂	35.00
	114	《自主教学操作全手册》	诸葛彪	35.00
	115	《创新教学操作全手册》	王　玮	35.00
	116	《班主任工作全手册》	刘沛华	35.00
	117	《新教师工作全手册》	周震宇	35.00
	118	《学生心理健康教育全手册》	刘海莉　刘春杰	35.00
	119	《高效教学操作全手册》	马友平	35.00
教育思想者系列	120	《教育，一切从孩子出发》	黄　俭	30.00

系列	序号	书　　名	主编	定价
创新人才培养系列	121	《创新人才培养校园科普精品课程开发与指导——人大附中创新人才培养》	罗　滨	30.00
	122	《创新人才培养特色校本课程开发与创新人才培养——清华附中“国际安全下的科学技术”课程构建与实施》	王殿军　方　研 赵宏雁	30.00
	123	《创新人才培养：学校实验室建设与管理》	刘克文 杨发丽　杨　平	30.00
	124	《创新人才培养：数学探究活动开发与指导》	马云朋　韩继伟	30.00
	125	《创新人才培养：化学研究活动开发与指导》	王　磊	30.00
	126	《创新人才培养：物理探究活动开发与指导》	廖伯琴	30.00
	127	《创新人才培养：地理探究活动开发与指导》	张建珍　陈　澄	30.00
	128	《创新人才培养：生物探究活动开发与指导》	张迎春	30.00
	129	《创新人才培养：理念探索与思维突破》	王晶莹	30.00
新生代通派名师系列	130	《简约数学教学》	许卫兵	30.00
	131	《语文教学的本真——情意课堂展现母语之美》	吴建英	30.00
	132	《语文课堂的理想追求——欢快达成三维目标》	董一红	30.00
	133	《阅读教学的真髓——意象构建读出文学的真美》	祝　禧	30.00
	134	《美术教育的真谛——审美人生教育让生命绚丽成长》	陈铁梅	30.00
	135	《语文教学的理想境界——无痕教学润泽生命》	李　凤	30.00
	136	《儿童作文的本义——嬉乐作文让儿童乐并成长着》	王笑梅	30.00
	137	《名师是怎样炼成的》	王建明　王笑君	35.00
幼师成长系列	138	《幼儿行为背后——教师如何读懂幼儿的心思》	吴亚英	30.00
	139	《最具教育力的22种幼儿教育思想》	杨　达	30.00
	140	《幼儿教师必知的安全应急措施》	杨　达	30.00
	141	《幼儿教师必备的教育技能》	李　玲	30.00
	142	《卓越园长21条幼儿园管理策略》	周　丹　江东秋	30.00